Anleitung zum geistigen Heilen

A. Wallace • B. Henkin

Anleitung zum geistigen Heilen

SYNTHESIS

Übersetzung aus dem Amerikanischen von Christine Rassmann

Titel der Originalausgabe: The Psychic Healing Book
            erschienen bei: Delacorte Press, New York

CIP-Kurztitelaufnahme der Deutschen Bibliothek

Wallace, Amy:
Anleitung zum geistigen Heilen : zur sicheren,
einfachen u. wirksamen Entwicklung d. geistigen
Heilpotentials / Amy Wallace u. Bill Henkin.
[Aus d. Amerikan. von Christine Rassmann]. —
Essen : Synthesis-Verl., 1982.
    Einheitssacht.: The psychic healing book ⟨dt.⟩
    ISBN 3-922026-06-0

NE: Henkin, Bill:

ISBN 3-922026-06-0

Danksagungen

Dieses Buch ist von zwei Leuten geschrieben worden, und doch, in gewisser Weise habe ich das Gefühl, daß viele daran geschrieben haben. Über die Jahre hinweg habe ich von vielen, vielen Menschen persönliche und professionelle Unterstützung und Hilfe bekommen — manche haben nie erfahren, daß sie meine Lehrer und Leitbilder waren, und den meisten wäre es egal gewesen, hätten sie es gewußt. Ein paar dieser Leute haben sich sehr um meine Entwicklung gekümmert, und ich möchte ihnen für ihre Unterstützung und Hilfe danken, und dafür, daß sie an dem Abenteuer meines Lebens und meines Weges teilgenommen haben. Meine Liebe und mein Dank für erwiesene Dienste gelten: Lewis Bostwick, Ken Burke, Bob Byars, Evelyn Chaitkin, Dennis Conkin, Ann Crawford, Niki Henkin, Carl Levett, Mark Malkas, Pam Neal, Grace Shapiro, Rachel Jack Thompson, Amy Wallace und besonders Werner Erhard und Diane Nelson.

Bill Henkin

Für ihre Hilfe beim Schreiben dieses Buches, beim Genießen meines Lebens und für alles andere möchte ich danken: Dennis, Lewis, Mark Rothe, Helen Palmer, John Bean, Mark Malkas, Amelie, Tamara, Bill, David und Flora, und besonderen Dank meinen Eltern. XXX.

Amy Wallace

Wunder sind natürlich. Wenn keine geschehen, ist etwas schiefgelaufen.

— A Course in Miracles

Inhalt

Einleitung

Dies ist kein Buch über Wunder. Es ist ein Buch über dich, dein Leben und das Leben der Menschen um dich herum. Es ist ein Buch über uns alle: über die Kräfte, die wir alle haben und die wir für gewöhnlich nicht einmal bemerken. Es ist ein Buch über Ehrlichkeit und Kommunikation, mit uns selber und mit anderen. Es ist ein Buch darüber, wie man gesund *wird* und gesund *lebt*.

Es gibt viele Bücher über übersinnliche Fähigkeiten. Die meisten davon lassen sich in zwei Kategorien einordnen: Es sind entweder ,,spirituelle'' Bücher, die den Standpunkt vertreten, daß der Leser, wenn er die übersinnliche Welt erfahren möchte, bestimmte religiöse Glaubenssätze annehmen muß, oder es sind von Parapsychologen oder anderen Wissenschaftlern verfaßte Studien *über* Menschen mit übersinnlichen Kräften. Diese Bücher sind sicherlich ein wertvoller Beitrag zu diesem Wissensgebiet, sie sind jedoch oft sehr trocken zu lesen.

Dies ist eine andere Art von Buch: Es ist ein ,,Leitfaden'' der übersinnlichen Wahrnehmung. Es ist einzigartig, weil das Konzept, das dahintersteht, einzigartig ist, das Konzept nämlich, daß jeder Mensch zu übersinnlicher Wahrnehmung fähig ist und daß jeder Mensch in seinem eigenen Leben übersinnliche Kräfte entwickeln kann — ohne Kristallkugeln, Tarotkarten oder schwarze Katzen.

Unserer Ansicht nach sind übersinnliche Kräfte keine magischen, zufälligen ,,Gaben'', die nur wenige Menschen besitzen. Vielmehr hat *jeder* Mensch diese Fähigkeiten und kann sie entwickeln, wenn er möchte.

Geistheilen ist ein Phänomen, das mindestens ebenso alt ist wie die uns bekannte Geschichte. Es ist jahrhundertelang für Mediziner und humanistische Philosophen ein beliebtes Thema gewesen und hat auch harte Zeiten erlebt, wo es aus der Gunst des großen Publikums gefallen war.

Wir leben in einer Zeit, in der die Leute allmählich anfangen, ihre natürlichen übersinnlichen Kräfte zu erkennen und Freude daran zu haben. Das Problem ist, daß in unserer Kultur noch immer angenommen wird, die natürliche Fähigkeit jedes Menschen, Dinge auf übersinnlichem Wege wahrzunehmen und sich selbst zu heilen, sei geheim und esoterisch und könne nur nach Jahren strengsten Studiums gemeistert werden.

Ein Ziel dieses Buches ist es, zu zeigen, daß diese Auffassung nicht unbedingt richtig ist. Jeder Mensch besitzt diese natürlichen Fähigkeiten — wir haben allerdings bemerkt, daß die meisten Menschen sich nicht die Freiheit nehmen, mit diesen Kräften zu arbeiten, weil sie sich davor fürchten oder weil sie meinen, nicht gebildet, intelligent, sensibel oder begabt genug zu sein, um zu lernen, sie zu gebrauchen. Wir halten das für Unfug.

Übersinnliche Fähigkeiten und die Fähigkeit zu heilen sind uns angeboren. Es bedarf keiner Geheimcodes oder Jahre harter Arbeit in einer Höhle im Himalaya, um sie zu aktivieren und im Leben zu benutzen. Wahrscheinlich benutzt du sie sowieso schon, ohne dir dessen bewußt zu sein.

In diesem Buch werden praktische Übungen mit einer Diskussion verschiedener Facetten der übersinnlichen Welt kombiniert. Du kannst alle Techniken entweder alleine üben oder mit Freunden. Am besten liest du jede Übung gründlich durch, bevor du damit anfängst, aber du kannst sie dir auch beim Üben Schritt für Schritt von einem Freund vorlesen lassen. Oder du läßt das Buch beim Üben offen neben dir liegen und schaust bei jedem neuen Schritt nach.

Übersinnliche Dinge sind nicht „gruselig", wie man so oft denkt. Sie sind jedoch auch kein Partyspielchen. Wir sind der festen Überzeugung, daß der Gebrauch deiner übersinnlichen Kräfte dein tägliches Leben auf tiefe und geheimnisvolle Weise bereichern und dir neue Wege des Abenteuers eröffnen wird.

Wir nehmen das ganze Buch hindurch Bezug auf bestimmte Ereignisse aus unserem eigenen Leben, die uns einzelne Punkte gut zu verdeutlichen scheinen. Sie sind zum Teil aus Amys und zum Teil aus Bills Leben. Einige Dinge geschahen in unser beider Leben, entweder getrennt und zu verschiedenen Zeiten oder ab und zu auch bei beiden von uns gleichzeitig. Da du uns im Laufe des Buches kennenlernen wirst, möchten wir hier ein paar Seiten in Anspruch nehmen und dich wissen lassen, wie unser Leben als Geistheiler aussieht und wie wir dazu kamen, unsere übersinnlichen Fähigkeiten zu entdecken und damit zu arbeiten.

Amys Geschichte

Ich werde dauernd gefragt: „Wie bist du denn dazu gekommen? Wann hast du entdeckt, daß du übersinnliche Fähigkeiten hast? Hattest du ein starkes übersinnliches Erlebnis, das dich auf diese Gaben aufmerksam gemacht hat?"

Die Antwort auf diese Fragen ist ziemlich alltäglich: Ich hatte eine Sitzung bei einem Auraleser und bin dadurch in ein Studium der übersinnlichen Kräfte hineingestolpert. Vor dieser Zeit hatte ich nie irgendein überragendes übersinnliches Erlebnis, das mir das Gefühl einer besonderen Begabung in mir gegeben hätte. Mein Sinn für meine eigene Besonderheit auf diesem Gebiet wuchs eher langsam — die wirklich aufregenden Sachen fingen an, als ich schon zwei Jahre dabei war.

Als ich fünfzehn war, begann ich, mich für ungewöhnliche Formen des Heilens zu interessieren, für Kräuter, Akupunktur, gesunde Ernährung usw., und ich probierte ein bißchen mit all diesen Dingen herum. Meine Freunde kamen mit ihren Erkältungen und Magengeschwüren zu mir, und meine Tinkturen schienen Wunder zu wirken. Ich beschloß, mich weiter mit dem Heilen zu befassen, aber an Geistheilen hatte ich kein besonderes Interesse. Als ich achtzehn war, zog ich nach Berkeley, Kalifornien. Einer meiner Freunde hatte einen Freund, der behauptete, Auraleser zu sein, und ich meldete mich aus einer Laune heraus zu einer Sitzung bei ihm an. Ich weiß nicht, was ich genau erwartete, außer daß ich insgeheim hoffte, er würde mir sagen, was für eine große übersinnliche Begabung ich hätte. Er sagte nichts dergleichen, sondern konzentrierte sich auf meine Beziehungen zu Freunden und Familie und wies mich darauf hin, warum einige dieser Beziehungen unbefriedigend waren und was ich dagegen tun konnte.

Das Ganze machte mich so neugierig, daß ich wissen wollte, wo er das gelernt hatte. Der Auraleser verwies mich an das Berkeley Psychic Institute, eine Schule, die von Lewis Bostwick geleitet wird; zu der Zeit hatte sie etwa zwanzig Vollzeitstudenten. Lewis war weitgereist; er war in verschiedenen Religionen und mystischen Schulen bewandert und hatte seine eigene Philosophie und Lehrmethode daraus gesammelt. Die Werbung für die Schule lief über Mundpropaganda, und von überall her kamen Leute zu Sitzungen und um sich heilen zu lassen.

Der Vollzeitunterricht an dem Institut besteht aus einer Kombination von Vorlesungen und Meditationen, die Lewis anleitet, und
daraus, daß man jeden Tag geübten Auralesern bei ihrer Arbeit zu-
schaut und ihre Methoden beobachtet. Allmählich gehen die Anfänger dann dazu über, selber einfache Dinge zu sehen, und von
dort geht es immer weiter. Die Schule bietet auch Grundkurse im
Heilen mit Geistführern an.

Ich machte rasche Fortschritte an dem Institut und sah in aller-
kürzester Zeit Auras und gab Heilungen. Meine erste Heilung war,
daß ich auf einem Fest jemandes Kopfschmerzen zum Verschwinden brachte. Seither habe ich Menschen mit viel stärkeren Leiden
geholfen, sich selbst zu heilen. Hier einige Beispiele:

1. Martha, eine zweiundzwanzigjährige Frau: Sie hatte vernarb-
te Eileiter und man nahm an, sie sei steril. Die Ärzte sagten ihr,
sie könnte nie mehr ein Kind bekommen. Nach mehreren Heilsitzungen ging sie zu einem dieser Ärzte, der entdeckte, daß das nar-
bige Gewebe verschwunden war. Sie hat jetzt ein Kind.

2. Sam, in den Vierzigern: Er hatte, Jahre bevor er zu mir kam,
eine teilweise Lähmung erlitten, von der er schon weitgehend genesen war; er litt jedoch noch an schmerzhaften Muskelkrämpfen
und schweren Depressionen. Er hatte mit Chiropraktik, Akupunktur und traditioneller allopathischer Behandlung versucht, die
Schmerzen zu lindern. Nach mehreren Heilsitzungen hörten die
Muskelkrämpfe auf, und die Depressionen legten sich.

3. Marie, dreiunddreißig: Sie hatte seit mehreren Wochen ab-
normale Vaginalblutungen. Die Blutungen hörten nach einer Heilung auf.

4. Alice, in den Zwanzigern: Sie litt an schwerer Darmentzün-
dung und mußte die meiste Zeit das Bett hüten. Nach einigen Heilungen hörten ihre schmerzhaften Anfälle auf, und sie konnte wieder aufstehen.

5. Patricia, ein drei Wochen altes Baby: Sie war vorzeitig geboren und hatte bei ihrer Geburt offene Herzklappen. Sie war kurz

vor dem Tod, als sie eine Fernheilung empfing, und dann schloß sich die Herzklappe in ein paar Stunden. Sie ist jetzt ein gesundes Kind.

6. Anna, Mitte vierzig: Sie hatte Arthritis im Nacken und im rechten Knie, die nach einer Heilung vollständig verschwand. Ein Jahr später bekam sie Arthritis in der linken Hüfte, die auch nach einer Heilung vollkommen kuriert war.

Ich habe auch Menschen mit Fällen von Bluterkrankheit, multipler Sklerose, Krebs und Erkrankungen der Wirbelsäule zu teilweiser Besserung verholfen.

Nach etwa einem Jahr beschloß ich, das Institut zu verlassen und mich selbständig zu machen. Ich begann, für Gruppen und Einzelpersonen Kurse zur Entwicklung übersinnlicher Fähigkeiten zu geben, und ich fing auch damit an, zu Hause Auralesungen und Heilungen durchzuführen, und das tue ich jetzt noch.

Zu der Zeit ungefähr begann einer meiner Freunde aus dem Institut mediale Fähigkeiten in Trance zu entwickeln. Er lernte, seinen physischen Körper zu verlassen und eine Kraft hereinkommen und durch ihn sprechen zu lassen. Ich hatte diese Fähigkeit am Institut ein paarmal gezeigt bekommen, aber ich war erstaunt, daß einer meiner Freunde sie besaß. Die Wesen, die durch ihn sprachen, waren mehr als freundlich, und wir begannen einen Studienkurs mit ihnen. Sie gaben uns (durch meinen Freund) Belehrungen über verschiedene übersinnliche Phänomene und lehrten uns fortgeschrittenere Meditationen, als wir an der Schule gelernt hatten. Wir betrieben diese Studien etwa ein Jahr lang, bis mein Freund Berkeley verließ.

Es versteht sich von selbst, daß diese zwei Jahre ziemliche Auswirkungen auf mein persönliches Leben hatten. Viele meiner Freunde fanden die Dinge, die ich tat, seltsam, und ich machte es noch schlimmer dadurch, daß ich eine Zeitlang Leute in meine Richtung drängen wollte. Ich fand, diese übersinnlichen Sachen waren das Tollste auf der Welt — sie hatten meinen Enthusiasmus gegenüber dem Leben gewaltig erhöht, es machte großen Spaß, ich traf neue und aufregende Leute, und ich hatte einen Weg gefunden, unabhängig zu sein und meinen Lebensunterhalt zu verdienen. Und ich fand, alle Leute sollten genau dasselbe tun wie ich. Ich wollte nur noch „übersinnliche" Leute kennen. Wahrscheinlich war ich so etwas wie ein übersinnlicher Snob.

Nach zwei Jahren und einigen unangenehmen Erfahrungen legte sich das. Ich merkte, daß ich gar nicht wollte, daß alle meine Freunde dasselbe taten wie ich — die ganze Zeit von professionellen Geistheilern und Auralesern umgeben zu sein ist genauso langweilig, wie wenn man die ganze Zeit irgendwelche anderen Profis um sich hat. Und ich hatte eine noch wichtigere Entdeckung gemacht: Ich wollte gar nicht die ganze Zeit auralesen und heilen.

Wie wir zeigen werden, kann man nicht jemandes Gedanken lesen oder in seine Aura hineinschauen, wenn er es nicht auch will. Nun habe ich mir nie viel aus Gedankenlesen gemacht, aber lange Zeit war es nicht unter meiner Würde, heimlich jemandes Aura anzuschauen — es gab mir ein Gefühl von Überlegenheit. Nach und nach war das jedoch nicht mehr so aufregend. Wenn ich einen ganzen Tag lang Auras gelesen habe, möchte ich *frei* haben. Manchmal möchte ich bis zu meiner nächsten Sitzung oder Heilung nichts Übersinnliches mehr denken, sprechen oder tun. Viele Leute respektieren jedoch die Freizeit eines Geistheilers ebensowenig wie die eines Arztes — wir alle kennen das, wenn Leute auf einer Party Ärzte, Rechtsanwälte oder Installateure um ihren professionellen Rat bitten. Manche Leute erwarten, daß ich auch auf Festen, per Telefon oder sonstwo ihre Aura lese und ihre Zukunft voraussage; ich sage ihnen im allgemeinen, daß ich sie nur nach Voranmeldung beraten kann.

Trotz dieser Unannehmlichkeiten ist der Nutzen, den ich durch meine übersinnliche Tätigkeit gewonnen habe, enorm. Eine Sache möchte ich insbesondere erwähnen: Wenn ich eine starke übersinnliche Fähigkeit mein ganzes Leben hindurch besessen habe, dann die, anderer Leute Gefühle außerordentlich scharf wahrzunehmen. Ich konnte immer spüren, was andere Menschen fühlen, nur konnte ich oft ihre Gefühle nicht von den meinen unterscheiden. Jetzt habe ich ein Gespür für meine eigenen Grenzen entwickelt, einen Sinn dafür, wo meine Gefühle aufhören und die eines anderen Menschen beginnen. Ich kann die Gefühle eines anderen mitfühlend beobachten, ohne unbedingt in sein Leiden verwickelt zu werden. Jedesmal, wenn ich eine Heilung mache, gebe ich mir selber einen kleinen Hinweis darauf, und diese Hinweise sind für mich von unschätzbarem Wert.

Nur weil ich meine übersinnlichen Fähigkeiten entwickelt habe, ist das Leben für mich keineswegs ein reines Zuckerlecken geworden. Ich renne fortwährend in dieselben Probleme und Schwierigkeiten wie alle anderen Menschen und bin davon genauso frustriert. Meine Frustrationen sind jedoch sehr viel weniger extrem geworden, und zwar deshalb, weil ich immer mehr spüre, daß ich kein Opfer der Umstände bin, sondern daß mein Leben meine eigene sehr aufregende und unendlich schöne Schöpfung ist.

Bills Geschichte

Schon als Kind war ich vertraut mit außersinnlicher Wahrnehmung, der Fähigkeit, etwas zu wissen, das ich offensichtlich nicht wissen konnte. Als ich älter wurde, nahm diese Begabung zu. Während meiner Collegezeit war sie besonders ausgeprägt: Wenn das Telefon klingelte, *wußte* ich gewöhnlich, daß der Anruf für mich war und auch, wer am anderen Ende der Leitung war — manchmal sogar, bevor das Telefon tatsächlich klingelte. Solche Sachen geschahen auch auf anderen Gebieten: Manchmal kam ich in ein Zimmer, wo Musik gespielt wurde, und wußte, wer der Komponist war, auch wenn ich die Musik nie zuvor gehört hatte. Einmal habe ich ein Examen geschrieben — und bestanden; es ging über ein Buch, das ich nie gelesen hatte, aber die darin enthaltenen Information war einfach *da* für mich. Beim Schreiben denke ich manchmal gar nicht daran, was ich ausdrücken will. Die Information ist einfach *da*, wie die Antworten in dem Examen.

Als ich nach Kalifornien zog, fand ich, daß einige meiner Freunde sich ganz aktiv mit übersinnlichen Dingen beschäftigten. Eine Frau mit Lungenemphysemen erlebte eine Spontanheilung, nachdem sie einem Kongreß von Heilern beigewohnt hatte. Andere konnten Auras lesen. Ich war beeindruckt, aber auch verwirrt, denn ich konnte nicht einmal meditieren: Meine Gedanken fingen immer an zu wandern und kreisten um die unmöglichsten Dinge, die gerade in meinem Leben geschahen oder geschehen waren oder vielleicht in Zukunft geschehen konnten. Die paar Male, die ich in Trance kam, war es immer so, daß meine Ruhe sofort aufhörte, wenn ich die Augen öffnete. Obwohl ich *wußte*, daß ich übersinnliche Fähigkeiten hatte, sah es so aus, als könnte ich sie überhaupt nicht nutzbar machen. Das war eine sehr frustrierende Zeit für mich.

1974 verbrachte ich den Sommer in Katonah, New York, wo ich ein Buch über transpersonale Psychologie herausbrachte. Ich verbrachte vierzehn Wochen mit Leuten, die gewissenhaft daran gearbeitet hatten, sich durch meditative Disziplinen aus ihrem persönlichen Gefängnis zu befreien. Ich sah, daß diese Leute über etwas Bescheid wußten, worüber ich nichts wußte, aber etwas wissen wollte. Mit ihrer Hilfe begann ich zu meditieren, auf meine Handlungen zu achten und auf das Geplapper, das immer im Hintergrund meines Bewußtseins vor sich ging, und ich las Bücher von und über Leute, die verschiedene Arten übersinnlicher Erfahrungen gemacht hatten.

Ich kam an einem Donnerstag nach Kalifornien zurück, und am

Freitag fing ich am Berkeley Psychic Institute zu studieren an. Ein paar Monate später begann ich mit einem Psychologen zu arbeiten, einem Jungianer und Buddhisten, dessen Einstellung zu unserer Arbeit meine übersinnliche Entwicklung unterstützte. Diese ganze Zeit hindurch führte ich Traumtagebücher und las eine bunte Mischung von klassischen mystischen Texten und zeitgenössischen Selbsthilfebüchern, die alle Meilensteine auf meinem urwaldgleichen Pfad darstellten.

Am Ende des nächsten Sommers nahm ich an einem *est*-Training teil, und das schuf für mich einen Kontext, in dem alles, was ich gelernt hatte, anfing, sich zu einem Bild zusammenzufügen. Die Leute, die ich dort kennenlernte, fanden übersinnliche Fähigkeiten nicht ungewöhnlich — es kam mir so vor, als ob sie sie für ganz normal hielten. Für sie war es in Ordnung, wenn ich übersinnliche Fähigkeiten hatte — sie interessierten sich für das, was ich damit *anfing*. Es war die vollkommene Unterstützung für mich.

Im weiteren Verlauf meiner Studien fand ich, daß die ,,Energien'', über die wir in diesem Buch sprechen werden, mir mehr und mehr zur Verfügung standen, daß ich gar nichts zu *tun* brauchte, um sie verfügbar zu haben; sie waren einfach da und warteten auf mich, genauso wie die Antworten in dem Collegeexamen dagewesen waren. Und dann, im Verlauf von einigen Monaten, begann ich mir bewußt zu werden, daß mein Leben mir sehr viel mehr Spaß machte als jemals zuvor. Die harten Zeiten wurden beinahe vergnüglich, und die guten Zeiten waren von unsagbarem Glück erfüllt.

Eines Abends saß ich zu Hause und schrieb ein Gedicht und bemerkte auf einmal, daß alles in meinem Leben genauso war, wie ich es wollte. Ich tat, was ich tun wollte, ich hatte, was ich haben wollte, ich war mit den Menschen zusammen, mit denen ich zusammen sein wollte: ich hatte ein Erlebnis vollkommener Zufriedenheit mit meinem Leben. Ein paar Monate später saß ich wieder zu Hause und schrieb ein Gedicht. Diesmal sah ich jedoch plötzlich, daß nichts in meinem Leben so war, wie ich es wollte: Ich war nicht mit den Menschen zusammen, mit denen ich zusammen sein wollte, ich tat nichts was ich tun wollte, ich hatte nicht, was ich haben wollte. Und wieder erlebte ich eine vollkommene Zufriedenheit in meinem Leben — obwohl es so aussah, als ob nichts klappte.

Ich habe keine Ahnung, was diese Ereignisse zu bedeuten haben, außer daß ich mich zum ersten Mal in meinem Leben frei fühlte. Ich meine nicht irgendein negatives Freisein, kein Abgehobensein, nicht die Freiheit von der Welt und meinem Platz darin, sondern die Freiheit, obenauf zu schwimmen oder nicht, ich selber zu sein, anstatt der, der ich sein zu müssen glaubte, oder zu sein, wie andere mich haben wollten. Mit „frei" meine ich auch nicht beziehungslos, distanziert oder problemlos, im Gegenteil: Ich hatte immer noch alle Probleme, die ich vorher auch hatte. Ich hing immer noch an Dingen, materiellen, spirituellen und was auch immer, und ich war auch Menschen verbunden und den Dingen, die ich in der Welt tun wollte, und vielen meiner Bilder, aber ich hatte angefangen, ein paar meiner verzweifelten Bedürfnisse abzubauen — irgend etwas Bestimmtes zu sein, zu tun oder zu haben —, die mich früher zu wütender Verzweiflung oder ohnmächtigem Zorn getrieben hatten. Ich fing an, einfach *sein* zu können.

In diesem neuen Zustand scheinen gute und schlechte Zeiten innerhalb eines Rahmens zu geschehen, der mehr oder weniger jenseits von Gut und Böse ist, sie können mir nichts mehr anhaben. Während sich einerseits in meinem Leben gar nichts geändert hat, ist es andererseits völlig gleichgültig geworden, was ich fühle oder denke: Alles ist einfach in Ordnung, so wie es ist. Und da finde ich die Energien wieder, die sowohl innerhalb wie außerhalb der Welt ihr Sein haben. Ich merke, daß ich bloß die Energien zu benützen brauche, um sehr klar zu wissen, was ich will, und dann brauche ich bloß aus dem Weg zu gehen, damit es geschehen kann. Manchmal gelingt mir das und manchmal nicht. Manchmal verblüffe ich mich selber, indem ich vergesse, wie real diese Energien sind und dann zum Beispiel finde, daß irgendein alberner Wunsch wahr geworden ist. Manchmal ist das, was ich mir wünsche, *nicht* das, was ich will. Und manchmal ist das, was ich will, nicht das, was ich mir wünsche.

Ich bin kein professioneller Heiler wie Amy. Ich habe das Heilen einfach als ein Gebiet unter anderen ähnlichen Gebieten studiert, und ich habe allein oder zusammen mit anderen Geistheilern ungefähr hundert Heilungen durchgeführt. Heilungen von Kopfschmerzen und Warzen bis hin zu Krebs und Hepatitis. Manchmal sind diese Heilungen erfolgreich, manchmal nicht, und manchmal sind sie teilweise erfolgreich.

Ich arbeite gern als Heiler, einmal, weil ich es gern habe, wenn Leute sich wohl fühlen, und zum anderen ist es eine Arbeit, die auch bewirkt, daß ich mich gut fühle. Wenn ich einen anderen Menschen heile, werde ich in dem Prozeß auch gereinigt und geheilt. Mein Hauptinteresse an der Geistheilung liegt jedoch darin, daß es für mich eine Art Weg aus dem Dickicht der kosmischen Unwissenheit in das Sonnenlicht persönlicher Erkenntnis ist. Für mich ist das Geistheilen ein Weg — nicht *der* Weg zur Befreiung. Und ab und zu merke ich, daß ich anderen durch das, was ich für mich entdeckt habe, auf ihrem Weg helfen kann.

Auf gewisse Weise ist das Schreibens dieses Buches ein Prozeß geistiger Heilung für mich gewesen — und vielleicht ist es ein Prozeß geistiger Heilung für dich, wenn du es liest. Es war eine Art Lebensübung für mich, bei der ich die Gelegenheit hatte, meine Arbeit und meine Gedanken anzuschauen, meine Erfahrungen und Beobachtungen, und ein paar davon biete ich dir zum Gebrauch in deinem eigenen Leben an. Auf dem Weg bin ich gewaltig gewachsen, und meine eigenen Fähigkeiten sind klarer und zentrierter geworden; vielleicht wird so etwas auch mit dir geschehen. Was immer du auch beim Lesen dieses Buches erlebst, wir wün-

schen dir viel Vergnügen, und laß uns wissen, wie dir die „Anleitung zum geistigen Heilen" gefällt.

1
Wir haben alle übersinnliche Kräfte

Was heißt „übersinnliche Kräfte"?

Das Telefon klingelt, und obwohl du monatelang nichts von ihr gehört oder an sie gedacht hast, sagst du: „Das muß Tante Margie sein." Und sie ist es auch.

Du machst den Fernseher an, um ein Fußballspiel anzusehen, und plötzlich, ohne auch nur darüber nachzudenken, weißt du, welche Mannschaft gewinnen wird. Und sie gewinnt auch.

Du gehst zu einem Fest und triffst jemanden, den du nie zuvor gesehen hast, und doch bist du sicher, daß du ihn von irgendwoher kennst.

Jeder von uns hat irgendwann solche Erfahrungen gemacht, als Zufall abgetan, mit irgendeiner pseudo-wissenschaftlichen Erklärung wegdiskutiert oder einfach Glück genannt. Sie geschehen im Laufe unseres Lebens jedoch immer wieder und lassen bei uns den Eindruck zurück, daß wir gelegentlich über eine unsichtbare Grenze in mysteriöse Gebiete eingedrungen sind, in denen Wunder selbstverständlich und wir alle wie Götter sind und wissen, was gewöhnliche Sterbliche unmöglich wissen können.

Dies sind die Gebiete des Übersinnlichen, und entgegen landläufiger Meinung sind sie nicht nur bleichgesichtigen Dandys in Samtjacketts, halbsenilen Ex-Kapitänen der britischen Marine oder schlampigen alten Jungfern, die mit achtzehn Katzen in einem schummrigen Mietshaus wohnen, vorbehalten. Es sind Gebiete unserer eigenen Realität, die wir ignorieren, weil wir Angst davor haben oder weil uns schon als Kind gesagt worden ist, daß sie nicht existieren, oder weil wir sie nicht verstehen und auch nicht verstehen, was sie mit unserem täglichen Leben zu tun haben. Wenn wir uns jedoch in unserem täglichen Leben beobachten, können wir sehen, wie oft wir aus diesen Gebieten schöpfen und wieviel in unserem Leben von Dingen bestimmt ist, die wir wissen und doch eigentlich nicht wissen können.

Der große griechische Philosoph Platon sagte, daß alles Lernen nur die Erinnerung der Seele sei. In diesem Buch wird sehr viel von der ,,Seele'' oder dem ,,Geist'' oder dem ,,Wesen'' oder der ,,Wesenheit'' die Rede sein. All dies sind Ausdrücke, die den Teil von uns bezeichnen, der auf einer anderen Seinsebene existiert als der physischen, materiellen, die wir so gut kennen.

Wir wissen nicht, was dein Bild von der ,,Seele'' ist, oder ob du auch nur an die Existenz einer solchen glaubst. Wenn wir das Wort benutzen, meinen wir den Teil eines jeden von uns, der Dinge zu wissen scheint, die wir eigentlich nicht wissen können. Wir meinen den Teil von uns, der echte Liebe für alle anderen Wesen fühlt und uns hier und da fühlen läßt, daß es wirklich ein größerer Segen ist, zu geben, als zu nehmen, einfach aus der Freude des Einander-Dienens heraus. Und wir meinen den Teil von uns, der überlebt — wenn irgend etwas überlebt —, wenn unser Körper, unser Denken, unsere Gefühle und unser Intellekt sterben.

Wir sagen, ,,wenn irgend etwas überlebt'', weil wir wirklich nicht *wissen,* ob irgend etwas unseren Körper überlebt, außer der Erinnerung anderer Menschen an uns. Aber wir sprechen von der „Seele" oder dem „Geist", als ob er diese Fähigkeiten hat, weil das einerseits sehr viele Dinge erklärt, die sonst unerklärlich wären, und außerdem kommen wir, wenn wir immer tiefer in die Gebiete des sogenannten Übersinnlichen vordringen, immer mehr in Kontakt mit unserer Version der Erfahrungen, von denen alle großen Mystiker und Propheten — von Jesus Christus und Gautama Buddha bis zu Uri Geller und Edgar Cayce — gesprochen haben.

Was ist ein Geistheiler?

Übersinnliche Fähigkeiten und die Fähigkeit zu heilen sind so eng miteinander verknüpft, daß es beinahe sinnlos ist, sie irgendwie zu unterscheiden. Heiler sind Menschen, die es gelernt haben, ihre übersinnlichen Fähigkeiten in eine bestimme Richtung zu lenken, nämlich die, physische Schmerzen und Leiden zu lindern. Aber ebenso wie wir alle manchmal wissen, wer am anderen Ende der Telefonleitung ist, wissen wir auch, wie wir uns selbst und andere heilen können. Wir achten nur nicht sonderlich auf diese Fähigkeit, weil wir nicht daran glauben oder weil wir sie fürchten.

Eine Binsenweisheit der Psychologie besagt, daß wir am meisten die Dinge fürchten, die wir am wenigsten verstehen. Ein Ziel dieses Buches ist es, die unverstandenen Gebiete verständlich zu machen. Unsere Hoffnung und Erwartung dabei ist, daß in dem Maße, wie sie dir vertrauter und mehr aus deiner eigenen Lebenserfahrung verständlich werden, diese Kräfte, die du sowieso besitzt, weniger mysteriös für dich sein werden und du deshalb mehr Zugang zu ihnen haben wirst. Betrachte deine Erfahrung dieses einzigartigen großen Geheimnisses — deines Lebens — und schau, ob das, was wir sagen, sich dort wiederfindet. Wenn das, was wir sagen, für deine eigene Erfahrung nicht zutrifft, dann ist es im wirklichen Sinne des Wortes nicht wahr.

Animismus und Spiritismus

Das englische Wort ,,psychic'' (= mit übersinnlichen Fähigkeiten begabt; Anm. d. Übers.) kommt von dem griechischen Wort *psychikos,* das heißt ,,von der Seele'' oder ,,geistig'' (von griechisch *psyche*, das heißt ,,Seele'' oder ,,Geist''). Es bezeichnet das, was sich jenseits natürlicher oder uns bekannter physikalischer Prozesse befindet. Im Englischen bezeichnet es auch einen Menschen, der Kräfte jenseits der physischen Welt wahrnimmt. Ein Geistheiler (engl. ,,psychic healer'') ist also ein Mensch, der seine Sensibilität für diese Kräfte dazu benützt, physische Leiden zu heilen.

In der Geschichte des Geistheilens gibt es zwei vorherrschende Theorien, nämlich die animistische und die spiritistische. Die erste vertritt die Ansicht, daß alle übersinnlichen Kräfte innerhalb der Seele des Individuums liegen, wenn sie auch bei den meisten Menschen unentwickelt und zum großen Teil unbenutzt sind. Die zweite Theorie geht davon aus, daß es körperlose Geister gibt, die durch lebende Menschen, sogenannte ,,Medien'', sprechen oder wirken. So wie wir das Vorhandensein der Seele nicht auf dieselbe Weise demonstrieren können, wie man zum Beispiel das Vorhandensein eines Eisbechers demonstrieren kann, so kann auch das Vorhandensein von körperlosen Wesenheiten oder Geistern nicht demonstriert werden. Aber es ist hier so wie mit anderen unfaßbaren Aspekten des Übersinnlichen: Die Tatsache, daß wir Geister nicht in der Hand halten können, bedeutet nicht, daß es sie nicht gibt.

Es ist in gewisser Hinsicht bedeutungslos, welche dieser Theorien dich mehr anspricht. Wenn du den Eindruck hast, daß deine übersinnlichen Fähigkeiten zu dir gehören, dann wirst du sie in dem dir entsprechenden Tempo und nach deinem eigenen Bedürfnis aus deinem Unterbewußtsein aufrufen. Wenn du den Eindruck hast, daß Geister durch dich wirken oder Engel deine Schritte lenken, dann wirst du dich an diese anderen Wesen wenden, wenn du Informationen und Hilfe brauchst. In beiden Fällen arbeitest du von den Ebene eines höheren Bewußtseins aus, die wir als das Gebiet des Übersinnlichen bezeichnen.

Wir selbst bevorzugen die animistische Theorie, da sie uns einen Schritt näher ist als der Spiritismus und es daher leichter ist, zu sehen, auf welche Weise wir, jeder einzelne von uns, im Grunde unsere eigene Erfahrung kreieren. Die Vorgehensweisen, wenn wir in Kontakt mit unseren übersinnlichen Fähigkeiten kommen wollen, sind jedoch für beide Fälle im wesentlichen dieselben, und ab und zu sieht es in diesem Buch sicher so aus, als ob die Theorien sich überschneiden. Die Arbeit bleibt dieselbe, du machst die gleichen Entdeckungen, und du kannst dein Wissen auf dieselbe Weise anwenden. Es ist immer die Rede von deiner übersinnlichen Welt.

Einer der grundlegenden Leitsätze dieses Buches ist der, daß alles im Leben, in der Welt und im Kosmos sich genauso entfaltet, wie es sich entfalten soll, ob wir das nun immer erkennen oder nicht. Das bedeutet nicht, daß wir ins Bett kriechen und der Dinge harren sollen, die da kommen; es bedeutet auch nicht, daß wir nicht voll und ganz, begeistert und moralisch einwandfrei leben sollten; und es bedeutet nicht, daß wir nicht in jedem Augenblick die Wahl haben, wie wir leben wollen oder wie wir uns, unser Leben und das Leben der Menschen um uns herum erfahren. Es bedeutet einfach, daß wir frei sind, unser Leben so zu sehen und zu leben, daß wir die größte Befriedigung daraus beziehen — die ehrlichste und tiefste Freude.

Christus sagte, wir sollen dem Kaiser geben, was des Kaisers ist, und Gott, was Gottes ist. Auch die Welt dessen, der sich mit übersinnlichen Dingen beschäftigt, hat diese zwei Seiten: Gott und der Kaiser bekommen beide, was ihnen gebührt. Du zahlst Steuern — nicht weil dir das Spaß macht, sondern weil Steuern dazu da sind, daß man sie bezahlt. Du erlebst dein höheres Selbst oder Gott oder wirst ein Heiler, nicht weil dich das notwendigerweise zu einem besseren oder auch nur glücklicheren Menschen macht, sondern weil es so ist.

Eins sein

Egal, wie dein religiöser oder philosophischer Hintergrund ist, du hast bestimmt von der Idee gehört, daß *wir alle eins sind* oder sogar daß *alles eins ist*. Es gibt einen Seinszustand — oder wenn du willst eine Bewußtseinsebene —, in dem diese Idee nicht nur ein Wort ist, sondern real wird, weil du ihre Wahrheit erlebst. Vielleicht ist dir dieser Zustand bereits vertraut. Für viele von uns wird es klar, wenn wir lieben, wenn wir fühlen, wie unsere Seele mit der eines anderen Menschen verschmilzt. Manchmal, wenn wir zusammen mit einer Gruppe von Menschen auf ein gemeinsames Ziel hinarbeiten, erleben wir ein ähnliches Gefühl von Einheit oder von Verbundenheit mit jedem anderen in der Gruppe. Von der Liebe zu einem anderen Menschen oder zu einer Gruppe von anderen ist es nur ein kleiner Schritt zu dem mächtigen und, wie man sagt, mystischen Erlebnis der Liebe und des Verschmelzens mit allen Menschen oder sogar mit allem, was ist.

Dieser Zustand der Einheit ist etwas, worauf sich alle Heiligen und Weisen in unserer Geschichte berufen. Bevor wir ihn nicht selbst erlebt haben, widersetzen wir uns oft diesem Zustand oder vermeiden oder fürchten ihn, weil wir glauben, daß wir dabei den Kontakt mit unserer eigenen Individualität verlieren. Nichts ist weniger wahr. Es ist vielmehr so, daß wir in diesem mystischen Zustand der Einheit am vollkommsten erleben, wer wir in Wirklichkeit sind. In diesem Zustand, mehr als in irgendeinem anderen Bewußtseinszustand, werden wir am tiefsten zu unserem wahren Selbst, denn nur wenn wir zuerst die vollkommene Einheit mit uns selber erlebt haben, können wir die vollkommene Einheit mit anderen erfahren. Wann sind wir je mehr wir selbst gewesen, als wenn wir jemanden geliebt haben? Wann sind wir je in einer Gruppe mehr wir selber gewesen, als wenn wir die Gruppe geliebt und uns eins mit ihr gefühlt haben?

Im Verlauf dieses Buches findest du ein paar einfache Übungen, die auf diese Art von Erleben hinführen. Sie sind so angeordnet, daß du sie immer einen Schritt nach dem anderen durchführen kannst. Du brauchst nie zur nächsten Übung weiterzugehen, wenn du dich noch nicht dazu bereit fühlst, aber du kannst Nutzen davon haben, wenn du die fortgeschritteneren Übungen liest, auch wenn du dich noch nicht bereit dazu fühlst, sie durchzuführen. Es sieht jetzt vielleicht nicht so aus, aber außer Techniken wirst du aus diesem Buch nichts lernen, was du nicht schon weißt. Was du lernen *wirst,* ist, daß du schon Dinge weißt, von denen du jetzt vielleicht nichts zu wissen glaubst.

Einer der ersten Schritte zum Heilen besteht darin, dein geistiges Zentrum zu finden und zu lernen, dich und andere von dort aus zu lieben, anstatt aus der Schwitzkammer deiner Bedürfnisse und Wünsche heraus. In dem Maße, wie deine Liebe aus einem solchen Zentrum kommt, kannst du wahrnehmen, wie alle Dinge miteinander verbunden und tatsächlich Teile desselben größeren Einen sind.

Wenn alles eins ist, bist du von der Notwendigkeit befreit, über einzelne Dinge zu urteilen. Es ist der Zustand „jenseits von Gut und Böse", in dem nichts richtig oder falsch, gut oder schlecht, besser oder schlimmer ist. Wenn du aus dem Zustand der Einheit heraus beobachtest, bist du vollständig im Übersinnlichen.

Wenn du an dem Punkt angelangt bist, wo du auf übersinnlichem Wege Informationen erhältst, dann erfordert der Schritt zum Heilen nicht mehr viel Anstrengung. Wenn du einen Freund heilen möchtest, begibst du dich in einen Zustand der Einheit mit ihm oder ihr und fragst dann *dich selber* nach dem körperlichen Zustand deines Freundes. Da auf dieser Ebene dein Freund ein Teil von dir ist, weißt du die Antwort schon. Und auf der Grundlage der Antwort, die du von dir selber bekommen hast, kannst du anfangen, deinen Freund zu heilen.

Wie im Vorhergehenden angedeutet ist, gibt es noch einen Schritt zwischen dem Einswerden mit dir selbst und anderen und dem Heilen. Dieser Schritt, in dem du Informationen empfängst, ist entweder das „Auralesen" oder eine andere ähnliche Form der übersinnlichen Wahrnehmung; er geht immer der Heilung voraus und ist Teil davon.

Der Astralkörper

So wie du eine körperliche Anatomie besitzt, hast du auch eine geistige Anatomie, die hauptsächlich aus der Aura besteht — den Energiestrahlungen, die alles Lebende umgeben — und den Chakras — besonderen Energiepunkten in der Aura. Diese nichtkörperliche Anatomie ist als „Astralkörper" bekannt, und dieser Astralkörper kann den physischen Körper für bestimmte Zeiträume verlassen. Dieser Zustand wird „Astralreise" genannt. Über

Astralreisen, in dem Maße wie sie mit Heilen zu tun haben, werden wir in Kapitel 8 („Weiter fortgeschrittene Techniken des Heilens und Hellsehens") sprechen.

Aura und Farben

Die Aura existiert nicht nur in der Einbildung — sie ist in der Kirlian-Fotografie in streng kontrollierten wissenschaftlichen Experimenten aufgezeichnet worden. Geistheiler benutzen das Auralesen dazu, die Gesundheit, den mentalen, emotionalen und seelischen Zustand ihrer Klienten zu bestimmen. Sie sehen die Aura oft in Farbe, aber manchmal erscheint sie auch in Gestalt von Wellen oder anderen Energiemustern. Manche Hellseher sehen die Aura nicht einmal, sondern empfangen einen andersgearteten Eindruck davon, wie die Aura aussehen würde, wenn sie sie sehen könnten. Andere bekommen einfach einen Eindruck von der Energie, die einen Menschen umgibt, der sich überhaupt nicht in visuelle Eindrücke umsetzt.

Obwohl Visualisierungstechniken, wie wir sie in diesem Buch in einiger Ausführlichkeit beschreiben werden, ein äußerst nützliches Werkzeug sind, so sind sie doch nur ein Werkzeug, und kein einziges Werkzeug ist für die übersinnliche Arbeit unumgänglich. Jedes Werkzeug ist hilfreich für dich, und du kannst es benutzen oder nicht, je nach Situation und Neigung.

Verschiedene esoterische Lehren sprechen von bis zu sieben verschiedenen Schichten der Aura; für unsere Zwecke brauchen wir uns jedoch nur mit einer zu befassen. Wir haben in unserer eigenen Arbeit gefunden, daß alle Informationen, die wir als Auraleser und Heiler brauchen, in dieser einen Aura enthalten sind.

Eine gesunde Aura steht vom Kopf bis zu den Zehen etwa dreißig Zentimeter aus dem Körper heraus. Viele Menschen haben allerdings keine vollständige Aura: Wenn jemand zum Beispiel sehr
viel sitzt und sich kaum körperlich betätigt oder spazierengeht,
dann ist seine Aura unterhalb der Knie sehr wahrscheinlich dünn
und fransig. Auch wenn ein Körperteil verletzt ist oder wenn jemand auf andere Weise von einem Körperteil entfremdet ist, vielleicht, weil er ihn für häßlich oder krank hält, dann ist die Aura
um diesen Körperteil herum sehr wahrscheinlich schwach.

Wie wir schon gesagt haben, wird die Aura nicht immer in Farbe
gesehen. Viele Anfänger sehen sie als wellenförmiges, fließendes,
weißliches Band. Viele Auraleser können jedoch sozusagen auf einen Knopf an ihrem geistigen Bildschirm drücken und dann die
Aura in einer Vielfalt von sich verändernden Farben sehen, so daß
sie aus den Unterschieden die Verfassung des Klienten ablesen
können.

Zwar ist es ganz generell möglich, den verschiedenen Farben
und Mustern der Aura bestimmte Bedeutungen zuzuschreiben —
die Farben werden jedoch immer ganz subjektiv gesehen, und nie
werden zwei Auraleser gleichzeitig genau dieselben Schattierungen
in ein und derselben Aura sehen. Wenn du — zum Spaß oder pro-
fessionell — auralesen möchtest, dann solltest du eine ungefähre
Vorstellung davon haben, was die Farben im allgemeinen für dich
bedeuten. Eigentlich ist es jedoch wichtiger, jede Farbe jedesmal
ganz neu, wie zum ersten Mal sehen zu können, und immer neu
zu entdecken, was sie in ihrem speziellen Kontext dieses Mal bedeutet. Die Aura ist in ständiger Bewegung. Ihre Farben und Muster verändern sich bei jedem Gedanken oder Gefühl, das hindurchgeht. Dazu kommt, daß die Farben in ihrer Fluktuation sich
vermischen und verschmelzen, und so ist es, wie beim Regenbo-
gen, oft unmöglich zu sagen, wo die eine Farbe aufhört und die
nächste anfängt.

Wir raten dir wirklich dringend, jede deiner Auralesungen so zu machen, als ob du den ganzen Prozeß jedes Mal ganz und gar neu entdecken würdest. Wir wissen jedoch, daß es einfacher ist und daß du ein klareres Bild bekommst, wenn du wenigstens eine ungefähre Idee davon hast, wonach du eigentlich schaust. Die folgende Liste soll dich dabei anleiten; verändere sie jedoch nach deiner eigenen Erfahrung.

Ganz allgemein kann man die Farben wie folgt auslegen:

Schwarz Schwarz ist die Farbe des Todes und der Zerstörung und kann als ein Zeichen der Depression verstanden werden — besonders wenn sie als schwarze Wolke um den Kopf eines Menschen erscheint. Der Tod ist jedoch der Zustand, der der Wiedergeburt vorangeht, und Zerstörung geht dem Neuaufbau voran, der Kreativität. ,,Wenn die Nacht am tiefsten, dann ist der Morgen nicht mehr weit.'' In diesem Sinne kann Schwarz als außerordentlich positive Farbe gedeutet werden. Schwarz steht auch für das unsichtbare Licht Gottes, das gekommen ist, um die Seele zu durchdringen und zu reinigen.

Grau Grau ist die Farbe von Langeweile und Unbehagen, und sie verdeckt für gewöhnlich Gefühle von Furcht oder Ärger.

Braun Gewöhnlich ist Braun eine Erdfarbe und weist auf eine starke Verbindung zur physischen Ebene hin. Wenn sie sich um die Füße und Beine eines Menschen zeigt, kann das bedeuten, daß der- oder diejenige sich sehr viel körperlich betätigt. Manchmal, besonders wenn die Farbe trübe und verwaschen erscheint, kann sie auf niederes Energieniveau hinweisen.

Grün Grün ist eine Wachstumsfarbe, und wenn sie in einer Aura vorhanden ist, bedeutet das gewöhnlich, daß die Person eine Veränderung in ihren Einstellungen, Meinungen oder ihrer Lebensweise durchläuft. Es ist eine positive Farbe, die sich auch zeigen kann, wenn ein Mensch unter dem Streß eines großen inneren Wandels meint, sein Leben liefe gerade sehr schlecht. Helles Apfelgrün ist ein Zeichen seelischer Entwicklung.

Blau Blau ist die Farbe der Kreativität, der Phantasie und des

Selbstausdrucks. Wie das Meer und der Himmel — zwei der Symbole für diese Farbe — steht sie für das weibliche oder für die weibliche Seite des Männlichen. Dunkelblau ist oft ein Zeichen der Verdrängung und Unterdrückung, die entsteht, wenn ein Mensch tut, was andere Leute von ihm erwarten, anstatt seine eigenen Ideen zu verwirklichen.

Gelb Gelb ist die Farbe des Intellekts und erscheint, wenn ein Veränderungsprozeß im Gange ist, bei dem Unbewußtes bewußt wird. Es bezeichnet jede Art von Veränderung und Bewegung, besonders aber Prozesse der Verfeinerung und des Wachstums des Bewußtseins. Gelb erscheint meist als Schein um den Kopf herum.

Orange Orange ist vor allem eine Farbe des Heilens. Wie die Sonne, die eines der Symbole für diese Farbe ist, steht sie für das Männliche oder für die männliche Seite des Weiblichen. Wenn diese Farbe in der Aura erscheint, kann das bedeuten, daß dieser Mensch starke hellseherische Fähigkeiten besitzt oder daß er sich in einem Prozeß der körperlichen oder seelischen Selbstheilung befindet.

Rosa Rosa ist die Farbe der Intuition und des instinktiven Wissens um die Erde. Es wird manchmal als Farbe der „planetarischen Intuition" bezeichnet.

Rot Rot ist die Farbe der Emotionen und des Zum-Leben-Erweckens durch Wärme. Alle starken Gefühle, wie Wut, Furcht und Liebe erscheinen als Rot. Dunkelrot zeigt eher unterdrückte, quälende Gefühle an, während ein leuchtendes, klares Rot Intensität und Leidenschaft bedeutet.

Violett Violett ist die Farbe der Spiritualität und Frömmigkeit. Bei Menschen, die meditieren oder starke religiöse Gefühle haben, erscheint gewöhnlich diese Farbe in der Aura.

Gold Gold ist die Farbe reiner Intuition, außerordentlicher übersinnlicher Fähigkeiten und der Selbsterkenntnis. Mystiker und andere Menschen, die in einem Zustand der Seligkeit sind, strahlen oft einen leuchtenden goldenen Schein aus. Gold ist eine männliche Farbe, die oft durch die Sonne dargestellt wird. Es ist auch eine reinigende und heilende Farbe.

Silber Silber, die weibliche Farbe des Mondes, hat eine ähnliche Bedeutung wie Gold, wird jedoch weniger oft gesehen. Sehr viel Silber in der Aura eines Menschen kann auf außergewöhnliche übersinnliche Fähigkeiten wie Telekinese (das Verbiegen oder Bewegen von Gegenständen durch Gedanken) oder Levitation hinweisen. Silber ist die Farbe der Astralreise, und man sagt, daß eine Silberschnur den Astralkörper mit dem physischen Körper verbindet, wenn die beiden getrennt sind.

Weiß Reines Weiß ist die Farbe, die erscheint, wenn ein Mensch höchste geistige Ziele erreicht hat, die Farbe für Läuterung und Erleuchtung. Allerdings können auch bestimmte Meditationsarten, wie TM, die zur Erleuchtung führen oder auch nicht, diese Farbe in der Aura hervorrufen.

Man liest eine Aura wie eine Landkarte, und die Farben stehen oft in Beziehung zueinander. So kannst du etwa um die Herzgegend ein dunkles Rot sehen, und du legst dieses Rot als Zeichen für Wut aus, die aus einer emotionalen Verletzung des Menschen entsteht. Ein Orange neben dem Rot bedeutet dann vielleicht, daß dieser Mensch dabei ist, seine emotionale Wunde zu heilen, da Orange eine Farbe des Heilens ist. Wenn du in derselben Aura um den Kopf herum Grün (eine Farbe des Wachstums) vermischt mit Gelb (der Farbe des Intellekts) siehst, könntest du daraus schließen, daß der Mensch aus seinem Schmerz heraus neue Wege des Denkens entdeckt und seine alten Denkmuster verändert.

Die Farben in einer Aura können gleichmäßig geschichtet erscheinen, etwa so wie die Schichten einer Torte; sie können aber auch scheckig und chaotisch aussehen oder zu einem schmutzigen Wirrwarr zusammengemischt sein. Wie auch immer das Farbmuster aussieht — man sieht selten eine Aura, die nicht in Bewegung ist und durch aufleuchtende und sich verändernde Farben die Gemütsveränderungen des Menschen reflektiert. Das läßt den Prozeß des Auralesens vielleicht schwierig erscheinen, es sind jedoch nur die feinen und subtilen Farben des Bewußtseins und Bewußtseinszustandes, die sich so schnell verändern. Die allgemeinen, vorherrschenden Farben einer Aura verändern sich langsamer, über einen Zeitraum von Wochen, Monaten und sogar Jahren hinweg.

Formen in der Aura sind in ihrer Auslegung, wie die Farben, von der Interpretation des Auralesers abhängig und auch von der spezifischen Energie des anderen Menschen. Zum Beispiel können von einem Körper ausgehende Wellen ein Zeichen von Kraft und Charisma sein — dem ,,Glanz'', den wir von manchen besonders starken Menschen ausgehen fühlen —, sie können aber auch darauf hinweisen, daß dieser Mensch der physischen Ebene nicht genügend verbunden ist, was ihn daran hindert, sich vollständig zu verwirklichen.

Die Chakras

Man deutet die Farben und Formen in einer Aura auch in Hinblick auf die Chakras — die Energiepunkte, die man über den ganzen Energiekörper verteilt findet. In der Kosmologie der Hindus zeigt die Entwicklung der Chakras eines Menschen seinen seelisch-geistigen Entwicklungsstand an. Das Wort *Chakra* kommt aus dem Sanskrit und bedeutet ,,Rad'', und indische Yogis sehen die Chakras seelisch unentwickelter Menschen als kleine Scheiben von der Größe etwa eines Silberdollars und von matter Färbung. Wenn ein Mensch zu vollem Bewußtsein erwacht, öffnen sich seine Chakras und bilden Wirbel, die wie Blumen in leuchtenden Farben erscheinen.

Es gibt viele verschiedene Weisen, an die Auslegung der Chakras heranzugehen. Die kabbalistische Auslegung kennt zehn verschiedene Energiepunkte; ein amerikanischer Wissenschaftler hat auf die Verbindung zwischen den Chakras und den Drüsen des endokrinen Systems hingewiesen; tibetanische Auslegungen sehen ein einziges Chakra, wo wir zwei verschiedene sehen (das sechste und siebente); und in einigen philosophischen Systemen, einschließlich denen, die diesem Buch zugrunde liegen, werden die Chakras als Anzeiger für den allgemeinen Seinszustand des Menschen benutzt, die auch über seine Gesundheit Auskunft geben und über seine Bereitschaft, die Aufgaben, die er sich für dieses Leben gestellt hat, anzugehen.

Die Chakras werden zwar nach den Teilen des physischen Körpers, mit denen sie korrespondieren, bestimmt, sie existieren jedoch im physischen Körper nicht. Sie erscheinen im Astralkörper und werden sowohl beim Auralesen als auch beim Heilen nur aus praktischen Gründen in bezug auf den physischen Körper lokalisiert. Wenn man Energie auf ein bestimmtes Chakra im Astralkörper richtet, wird der physische Körper an dieser Stelle beeinflußt.

Für unsere Zwecke identifizieren wir sieben Hauptchakras und vier Nebenchakras, mit denen wir arbeiten. Alle elf Energiezentren sind an einen ,,Energiekanal'' angeschlossen, der hinter der Wirbelsäule und parallel dazu verläuft. Um die verschiedenen übersinnlichen Fähigkeiten anzuregen oder auszuschalten, können die Chakras willentlich geöffnet und geschlossen werden; wir zeigen in Kapitel 3 (,,Selbstheilung'') Techniken zur Beeinflussung der Chakras.

Ein Chakra kann beschädigt sein und erscheint dem Auraleser dann vielleicht als gesprungen oder rissig. Es kann auch aus der Verbindung mit dem Energiekanal kippen. Solche Unregelmäßigkeiten in den Chakras werden im allgemeinen durch seelische Belastungen oder Traumata verursacht, und solche Belastungen können sowohl durch Ereignisse oder Gefühle hervorgerufen werden, die wir als ,,positiv'' betrachten, als auch durch ,,negative''. Alles, was das normale Funktionieren eines Individuums stört, kann auch die Chakras stören. Zum Beispiel setzt sich sehr oft die Erinnerung an ein schmerzhaftes Erlebnis (das von einem Auraleser buchstäblich als Bild gesehen werden kann) in einem Chakra fest und verdreht oder verstopft den Energiefluß zu oder von diesem Chakra. Aus diesen Blockierungen können sowohl körperliche als auch seelische Probleme resultieren, und ein Heiler kann oft sehr viel erreichen, indem er einfach die Chakras reinigt und wieder auf den Energiekanal ausrichtet, eine Technik, die wir in Kapitel 5 (,,Fortgeschrittene Techniken des Heilens und Hellsehens'') beschreiben werden.

Das erste oder ,,Wurzel''-Chakra befindet sich bei Männern am unteren Ende der Wirbelsäule und bei Frauen zwischen den Eierstöcken. Es ist das einzige Chakra, das nicht bei Männern und Frauen an derselben Stelle sitzt. Es wird manchmal das ,,Überlebens''-Chakra genannt und reguliert die Mechanismen, die den physischen Körper am Leben erhalten. Wenn du zum Beispiel in einer unmittelbaren Gefahr oder in einer Notsituation bist, öffnet sich dein erstes Chakra und setzt die Informationen frei, die du brauchst, um am Leben zu bleiben oder um jemand anderem zu helfen, am Leben zu bleiben. Wenn du kein Geld mehr hast und auch keine Arbeit und gerade aus deiner Wohnung geflogen bist, lebst du sehr wahrscheinlich ,,aus deinem ersten Chakra'' heraus, das heißt, der Großteil all deiner psychischen Aufmerksamkeit ist dann darauf gerichtet, die Grundfunktionen deines Lebens aufrechtzuerhalten.

Das zweite oder ,,Milz''-Chakra sitzt knapp unterhalb des Nabels. Durch dieses Energiezentrum nehmen wir die Gefühle anderer Menschen wahr. Viele Menschen haben ein aktives zweites Chakra und sind außersinnlicher Wahrnehmung fähig, ohne sich dessen bewußt zu sein. Ein wenig von dieser Fähigkeit zu haben ist keine schlechte Sache, denn es ermöglicht dir, anderen Menschen gegenüber einfühlsam zu sein und gefährliche Situationen zu spüren. Ein weit offenes Milzchakra kann jedoch traumatisch sein, es führt gewöhnlich zu Problemen, die sich ungefähr folgendermaßen auswirken: Du bist guter Laune und triffst dich mit einem Freund zum Kaffee und um ein bißchen zu reden, aber dein Freund hat Probleme und ist deprimiert. Du kannst dich in ihn hineinversetzen und ihn verstehen und ihm helfen, die gute Seite an seiner Lage zu sehen. Dein Freund fühlt sich nun viel besser und geht froh und erleichtert weg. Du jedoch fühlst dich seltsam deprimiert. Ohne es zu merken, hast du die Probleme und Gefühle deines Freundes in dich aufgenommen.

Wir sind nicht dafür, diese Art von außersinnlicher Wahrnehmung zu fördern, weil es Möglichkeiten gibt, die weniger kompliziert sind und weniger Schwierigkeiten machen.

Das zweite Chakra reguliert auch die sexuelle Energie und ist der Punkt, von dem aus wir sexuelle Gefühle aussenden und wo wir solche empfangen. Es ist ein wichtiges Zentrum im Tantra-Yoga, einer Meditationsart, bei der die sexuelle Vereinigung als Mittel, um höhere Bewußtseinszustände zu erreichen, im Mittelpunkt steht.

Das dritte Chakra, das sich in der Gegend des Sonnengeflechts befindet, ist das Zentrum des Körpers, von wo aus psychische Energien verteilt werden — eine Art psychische Energiepumpe. Es liegt zwar etwas oberhalb des Nabels, ist aber das Chakra, von dem die Rede ist, wenn du „Nabelschau" betreibst. Wenn das dritte Chakra nicht richtig arbeitet, wirkt sich das auf alle psychischen Energien im Körper aus und bewirkt allgemein Ungleichgewicht und Disharmonie in dem betreffenden Menschen. Wenn du Angst hast oder nervös bist und dein Magen sich zusammenzieht, fühlst du eigentlich das Zusammenziehen dieses Zentrums.

Das vierte Chakra, das in der Herzgegend liegt, ist das Chakra von Liebe, Zuneigung und Mitleid. Es ist das Chakra der Einheit, das, wenn es funktioniert, die wahre Liebe hervorruft: die Liebe zu sich selbst (im Unterschied zum Narzißmus) ebenso wie die Liebe zu anderen, zu einer Gruppe oder zu allen Menschen und Dingen. Viele östliche Meditationsarten sind auf die Öffnung des vierten Chakras ausgerichtet.

Das fünfte Chakra, das sich an der Kehle unter dem Kehlkopf befindet, ist das Chakra der Kommunikation. Wenn du etwas zu sagen hast und es nicht sagst, zieht sich dein Halschakra zusammen, und du bekommst einen rauhen Hals, Kehlkopfentzündung oder „einen Frosch im Hals". Wenn du besonders sensibel bist, spürst du eine Reaktion in deinem fünften Chakra, wenn jemand anderer dir etwas Wichtiges zu sagen hat. Ein ganz oder teilweise geschlossenes fünftes Chakra ist heute eine Universalkrankheit, die wir alle haben, und es ist der Ruin manch eines Auralesers oder Geistheilers.

Gruppentelepathie wird auch mit dem fünften Chakra in Verbindung gebracht, ebenso wie *Hellhören,* das heißt das übersinnliche Wahrnehmen von Stimmen. Die wichtigste Funktion dieses Zentrums ist, daß du hier deine „inere Stimme" empfängst, den Teil von dir, der dein wahres Ich ist und der dich immer richtig berät. Man kann es auch so ausdrücken, daß das fünfte Chakra der Ort ist, wo dein Geist oder deine Seele (die immer weiß, was gut für dich ist) mit deinem Bewußtsein oder deiner Persönlichkeit in Kommunikation tritt. (Dazu bedarf es gewöhnlich einiger Übung.)

Das sechste Chakra, das in der Mitte der Stirn sitzt, ist das „dritte Auge". Es ist das Chakra der Visualisierung, das es dir möglich macht, Auras, Chakras (deine eigenen und die anderer Menschen) und Bilder in deinem Kopf zu sehen. Die Fähigkeit des Visualisierens wird *Hellsehen* genannt und wird in verschiedenem Ausmaß von den meisten Auralesern benutzt. Ein verstopftes sechstes Chakra führt oft zu Kopfschmerzen.

Eine weitere Funktion dieses Zentrums ist die, daß es dir anzeigt, wenn andere Menschen an dich denken, eine Art von „mentaler Telepathie". Wenn jemand einen starken Energiestrom in deine Richtung sendet, entweder weil er wissen will, was du denkst, oder weil er an dich denkt, dann „hast du ihn im Kopf". Du nimmst das vielleicht als dumpfen Schmerz wahr — normalerweise eher ein Druck als ein Schmerz —, und zwar knapp oberhalb von und zwischen den Augenbrauen.

Das Öffnen des dritten Auges wird in vielen mystischen Traditionen als großes Ereignis angesehen; es steht für spirituelles Erwachen und Erleuchtung. Um übersinnliche Fähigkeiten zu entwickeln, ist es jedoch nicht unbedingt notwendig, dieses Chakra zu öffnen.

Das siebente oder „Kronen-Chakra" befindet sich oben auf dem Kopf. Es ist das Chakra des „Wissens" und der reinen Intuition. Wenn ein Medium in Trance geht, bringt es durch dieses Chakra kosmische Energie in seinen Körper und lenkt sie durch alle anderen Zentren hindurch. Kosmische Energie steht in direkter Verbindung mit der Energie der Erde, der Erdenergie. Die richtige Benutzung dieser beiden Energien und einer Kombination der beiden verhilft einem Heiler nicht nur zu einer gewissen psychischen Stabilität, sondern hilft ihm auch, bei seiner Arbeit ein „klarer Kanal" zu werden und zu bleiben. Wir beschreiben in Kapitel 3 („Selbstheilung") eine Technik, um diese Energien einzulassen und zu benutzen. Wenn das siebente Chakra geöffnet und richtig entwickelt ist, hast du eine Intuition, die höchste übersinnliche Fähigkeit, die es gibt, die das Hellsehen weit übersteigt. Durch Meditation auf dieses Chakra hin erreichen die Mystiker einen Zustand transzendentalen Friedens und kosmischen Bewußtseins. In diesem transzendentalen Zustand bedarf es keinerlei Anstrengung mehr, um übersinnliche Disziplinen auszuüben oder übersinnliche Fähigkeiten zu gebrauchen; du kannst ohne Fragen oder Schwierigkeiten Informationen empfangen, indem du einfach nach innen schaust.

Das siebente Chakra ist auch dasjenige, welches spiritistische Medien benutzen, wenn sie ihren Körper verlassen, um Wesen durch ihn sprechen zu lassen. Medialität in Trance ist eine ziemlich komplexe Angelegenheit und kann für den Unvorbereiteten gefährlich werden. Sie sollte deshalb nicht durch Bücher erlernt werden, sondern nur unter der direkten Anleitung und Aufsicht eines erfahrenen Mediums oder Lehrers.

Außerdem gibt es noch vier Nebenchakras. Sie befinden sich in den Handflächen und im Spann der Füße.

Die Fußchakras helfen uns, die Verbindung mit der Erde aufrechtzuerhalten, die das lebenswichtige Gleichgewicht zwischen den Erd- und den kosmischen Energien, die durch das siebente Chakra hereingezogen werden, etabliert. Geschlossene Fußchakras sind oft die Ursache für kalte Füße, und wenn die im Körper vorhandene Erdenergie eingeschränkt ist, fühlt der Mensch sich benommen oder ,,abgehoben'' oder ,,nicht ganz da''.

Viele Medien, die mit Trance arbeiten, nehmen ihre Füße ganz vom Boden weg, um ihre Verbindung mit der materiellen Ebene so gering wie möglich zu halten. Vielen Anfängern in übersinnlichen Bereichen wird angeraten, täglich Spaziergänge von zwei bis drei Kilometern zu unternehmen, damit psychische Aufmerksamkeit auf die Fußchakras gelenkt wird und sie sich öffnen.

Die Handchakras sind der Sitz der kreativen Energie und liegen genau zwischen Daumen und Zeigefinger. Diese Chakras kommen ins Spiel, wann immer wir etwas machen oder tun, und viele Auraleser und Heiler benutzen die Hände sowohl zum Empfang wie auch zur Weitergabe von heilender Information und Energie.

Es gibt noch bestimmte andere Formen, die man heranziehen kann, um auf übersinnlichem Wege Informationen zu erlangen — die Aura und die Chakras sind jedoch fast immer der Ausgangspunkt.

Die Beziehung zwischen Heiler und Klient

Wie du dir sicher vorstellen kannst, ist die Beziehung zwischen einem Auraleser oder Heiler und seinem Klienten einzigartig und oft sehr vertraulich. Wenn ich dich in deiner Eigenschaft als Heiler aufsuche, stimme ich zu, daß du Dinge über mich erfährst, die ich vor meinen engsten Freunden oder sogar vor mir selbst verborgen habe. Und darüber hinaus gebe ich meine Einwilligung, daß du unsere kombinierten Energien dazu benutzt, Veränderungen in meinem Körper und solche, die möglicherweise über den Körper hinausgehen, zu bewirken.

Wenn ich mich so deinen Händen anvertraue, gehe ich nicht nur davon aus, daß du weißt, was du tust; ich gehe auch davon aus, daß du, was immer du tust, mit ganz außerordentlicher Integrität tun wirst. Ich gehe davon aus, daß du die Information, die du empfängst, nicht auf irgendeine Weise benutzen wirst, die mir oder einer anderen Person Schmerz zufügt. Ich gehe davon aus, daß du, wenn du auf mein Leiden keine Antwort weißt, mir das sagen wirst und nicht, um dein gefährdetes Ego zu schützen, vorgeben wirst, daß du Krebs heilen kannst, wenn deine Stärke eigentlich darin besteht, Kopfschmerzen zu kurieren. Ich gehe davon aus, daß du mich nicht belügst, weder durch Auslassen noch durch Hinzufügen von Dingen. Und ich gehe davon aus, daß du bei allem, was du tust, in guter Absicht handelst.

Wenn du als Heiler nicht bereit bist, ethisch zu handeln, dann kannst du geradesogut an dieser Stelle mit der Lektüre des Buches aufhören und etwas lernen, das weniger Anforderungen an dich stellt. Die Techniken des Heilens sind nicht schwierig, aber es erfordert mehr als technisches Können und Sensibilität für psychische Zustände, um ein Heiler zu sein.

Karma und Ethik

Vielleicht hast du von *Karma* schon gehört. Karma ist die unbewußte Erinnerung an oder das Wissen um unvollendete Beziehungen, unerfüllte Wünsche und andere unvollendete Zyklen und das Verhaftetsein damit. Im Sanskrit bedeutet das Wort eine „Tat" oder „Handlung". Webster's Dictionary definiert Karma als buddhistischen oder hinduistischen Ausdruck für „die Gesamtheit der Handlungen einer Person in einem der aufeinanderfolgenden Stadien der Existenz, von denen man annimmt, daß sie das Schicksal der Person im nächsten Stadium determinieren; daher auch, in allgemeinem Sinn: Schicksal, Bestimmung". Unser Karma ausleben heißt auf der Grundlage von tiefen Erinnerungen oder Gefühlen handeln, die aus anderen Lebenszeiten in unser Gedächtnis eingegraben sind. Wir leben auch Karma aus, wenn wir auf der Grundlage tiefer Erinnerungen oder Gefühle handeln, die wir aus der Kindheit oder anderen Zeiten in unserem Leben von unserem bewußten Denken unbemerkt in die Gegenwart mit herübergebracht haben.

„Aufeinanderfolgende Stadien der Existenz" bedeutet nicht unbedingt aufeinanderfolgende Leben oder Inkarnationen, sondern auch aufeinanderfolgende Augenblicke des Jetzt. Sobald du „Jetzt" sagst, besteht dieser Augenblick des „jetzt" nicht mehr — er ist vergangen und für immer vorbei. Die Zeit ist ein willkürliches Maßsystem, das die Menschen erfunden haben, um ihr physisches Leben verständlich zu machen. Für deine Arbeit als Heiler ist es jedoch hilfreich, wenn du bedenkst, daß es vielleicht so etwas wie Zeit gar nicht gibt, sondern nur eine unendliche Reihe von Augenblicken des „Jetzt". „Man kann nicht zweimal in denselben Fluß steigen" — diese Beobachtung machte im fünften Jahrhundert vor Christus der griechische Philosoph Heraklit und meinte damit genau das; und dasselbe meinte auch ein guter Freund von uns, als er sagte: ,,Zweimal? Du kannst nicht *einmal* in denselben Fluß steigen!''

Die Beziehung zwischen Karma und Zeit ist folgende: Was immer du bis zu diesem Augenblick gewesen bist oder getan hast, ist, was du in diesem Moment bist. Wenn das alte Sprichwort uns rät, jeden Moment so zu leben, als wäre er unser letzter, dann meint es damit nicht, daß wir uns ,,auf Teufel komm raus amüsieren'' sollen, sondern einfach, daß wir bereit sein sollten, für uns selbst einzustehen — uns selber gegenüber oder den Geistern, die uns leiten, oder Gott, und zwar in jedem Augenblick. In gewisser Weise wird durch unmoralisches Handeln Karma angesammelt und macht es schwieriger, frei und unbelastet von seelischer Schuld in jeden neuen Augenblick des Jetzt einzutreten.

Die Gesamtheit deines Tuns in diesem Moment, in diesem spezifischen Stadium deiner Existenz, bestimmt dein Schicksal im nächsten Augenblick; dieses Wissen wird dir helfen, in diesem Moment gut und richtig zu handeln. Wenn du etwas tust, das dein Gefühl dafür, was gut und richtig ist, verletzt, dann machst du dir deine Arbeit als Heiler schwieriger und wahrscheinlich weniger wirksam, weil du dein Gewissen belastest. Du machst dir dein Leben schwer und stehst dir selbst im Weg.

Gleichzeitig gibt dir das Heilen jedoch eine wunderbare Gelegenheit, dein eigenes Leben gut und richtig zu leben und anderen Menschen in ihrem Leben dabei zu helfen. Gut und richtig bedeutet nicht, daß du dich immer so verhalten mußt, wie der ,,Richter'' in dir es von dir verlangt — dann bist du genausowenig du selber wie der Teil von dir, der dir vielleicht sagt, daß du ab und zu unmoralisch sein sollst. Du bist die Seele unter dem Richter. Du bist der Geist oder das Wesen, das Teil von allem ist. Du bist die Wesenheit, die du in einem Zustand der Einheit mit allem bist. Und trotz der Ablenkungen durch das tägliche Leben weißt du das bereits.

Was ist eine Geistheilung?

Das bringt uns zu der Frage: Wer macht nun eigentlich die Heilung? Bist du der Heiler, oder ist es der Mensch, den du heilst? Was ist mit den „heilenden Geistern" oder „heilenden Meistern", von denen du vielleicht gehört hast? Wenn du es nicht bist, der die Heilung macht, wie kannst du dann überhaupt unmoralisch handeln? Und wenn du unmoralisch handeln kannst, ist es dann möglich, daß du als Heiler schwerwiegenden Schaden anrichtest?

Die Heilung kommt aus dem Seinszustand, in dem alles eins ist, und so gesehen macht eigentlich niemand die Heilung. Sie ist etwas, das geschieht, unabhängig davon, was dein Klient oder du als Heiler tun können. Heilung findet statt, wenn zwei Kräfte übereinkommen, daß ein Seinszustand in einen anderen überführt werden soll. Wenn der Heiler und der zu Heilende in einem Zustand der Einheit sind und der zu Heilende sich in die Hände des Heilers begibt, dann konzentriert der Heiler die Aufmerksamkeit beider Wesenheiten auf dasselbe erwünschte Ergebnis, die Heilung. Manchmal geschieht es dann, daß der Seinszustand sich verändert und eine Heilung stattfindet.

Gewissermaßen wird durch die vereinigte geistige Kraft zweier Teile des größeren Organismus das Bewußtsein von allem zur Anwendung gebracht, und der ganze Kosmos stimmt der Veränderung zu. Diese Mobilisierung kosmischer Kräfte fühlt sich sehr ähnlich an wie eine Form von zielgerichteter Meditation oder ein Gebet. Es ist auch tatsächlich ein Gebet und bringt nicht weniger ins Spiel als den Glauben, der Berge versetzt. Heilen ist ein Prozeß, in dem der Heiler sich vollständig mit der vollkommen harmonischen Energie des Kosmos, die du vielleicht Gott nennen möchtest, in Einklang bringt und dadurch zu einem klaren Kanal wird, durch den diese Energie fließen kann. Er leitet diese Energie dann auf und durch seinen Freund, mit dem er sich in einem Zustand bewußter und willentlicher Einheit befindet.

Ein paar der Techniken in diesem Buch sollen dir als Anfänger im Heilen dabei helfen, in diesen Zustand der Einheit mit deinem Freund und mit dem Kosmos zu kommen und in Harmonie mit ihnen zu arbeiten.

Wenn man sieht, was für ungeheure Energien bei einer Geistheilung ins Spiel kommen, muß man fast davon ausgehen, daß diese Energien, wenn sie mißbraucht werden, großes Unheil in der Welt anrichten und anderen Menschen Schaden zufügen können. Das ist vielleicht so, und es gibt Berichte über Geistheiler, die durch den Mißbrauch ihrer Fähigkeiten Schaden angerichtet zu haben scheinen, besonders Medizinmänner gewisser primitiver Stämme und einige Kulte „schwarzer Magie". Wir gehen dennoch davon aus, daß dem nicht so ist. Wenn wir dich drängen, deinem eigenen Gefühl für das Gute und Richtige zu folgen, dann tun wir das in deinem eigenen Interesse, nicht so sehr in dem deiner Klienten.

Erstens sind deine Fähigkeiten als Heiler von deiner Bereitschaft und Fähigkeit abhängig, sowohl mit deinem Klienten wie auch mit dem gesamten Kosmos eins zu werden. In dem Maße, wie du nicht in einen solchen Zustand der Einheit kommst oder kommen kannst, sind deinen Fähigkeiten Grenzen gesetzt. Zweitens, da wir als Ausgangspunkt für unsere Arbeit die Annahme gesetzt haben, daß alles, was geschieht, Teil der harmonischen Entfaltung des Kosmos ist, ist es in gewisser Weise unmöglich, als Heiler irgendwelchen „Schaden" anzurichten, auch wenn uns das nicht immer bewußt sein mag.

Und endlich sind, geradeso wie du als Heiler letztendlich für deine Erfahrung verantwortlich bist, auch deine Freunde für ihre eigene Erfahrung selbst verantwortlich. Du kannst als Heiler nichts *mit* jemand anderem machen, du kannst ihm nur helfen, zu tun, was er sowieso getan hätte. Wenn ein Mensch nicht bereit ist, geheilt zu werden, dann gibt es nichts auf Gottes weiter Erde, das du tun kannst, um ihn zu heilen. Deshalb haben alle großen Heiler auch Klienten, die sie nicht heilen können.

Wenn du dich in Harmonie mit jemandem begibst, zeigt dir deine Kommunikation auf der Geistebene mit ihm vielleicht an, daß er zu diesem Zeitpunkt nicht bereit ist, geheilt zu werden, oder daß er nicht bereit ist, von dir geheilt zu werden. Vielleicht ist es seine Bestimmung, die Krankheit, mit der er zu dir gekommen ist, auszutragen, weil er damit eine karmische Schuld begleicht, oder es ist seine Bestimmung, von einem anderen Heiler geheilt zu werden, weil er mit diesem eine karmische Verknüpfung hat. Wenn du in Harmonie mit dem Kosmos bist, bedeutet das nicht unbedingt, daß die Dinge so laufen, wie du es willst. Es bedeutet, daß die Dinge so sind, wie sie sind.

Wenn das so ist, fragst du dich vielleicht, was für einen Unterschied es dann überhaupt macht, ob du Heiler bist oder nicht, ob du gut und richtig handelst oder nicht, ob du deine Fähigkeiten zum ,,Guten" oder zum ,,Bösen" benutzt oder warum du überhaupt weiterlebst?

Es ist vielleicht schwer zu verstehen, aber es macht überhaupt keinen Unterschied. Wie wir gesagt haben, wirst du nicht Heiler, um ein besserer oder glücklicherer Mensch zu werden. Du wirst Heiler, um Heiler zu werden — weil das Heilen da ist —, aus keinem anderen Grund. Es wird deine Arbeit behindern und dir beträchtliche Unannehmlichkeiten schaffen, wenn du meinst zu wissen, was für jemand anderen gut ist. Als Heiler wirst du nie jemand anderem deine eigenen Ideen überstülpen können, auch wenn es vielleicht so aussehen kann, wenn du jemandem hilfst, sein eigenes Sein und seine eigenen Ideen zu entdecken.

Auch auf die Gefahr hin, den ganzen Vorgang des Heilens völlig verwirrend erscheinen zu lassen, wollen wir unzweideutig festhalten, daß jeder Mensch Herr über sein eigenes Leben ist, daß alles, was wir im Verlauf unseres Lebens von der Geburt bis zum Tod von der Realität entdecken, nichts anderes ist als unsere eigene Schöpfung. ,,Ich bin nicht auf der Welt, um deinen Erwartungen gerecht zu werden / und du bist nicht auf der Welt, um den meinen gerecht zu werden", sagte der Begründer der Gestaltpsychologie Fritz Perls; als Heiler gehen wir in dieser Behauptung noch einen Schritt weiter: Ich bin nicht hier, um etwas *mit* dir zu machen, und du bist nicht hier, um *mit* mir etwas zu machen.

Der Zustand des Einsseins ist die Realität, die wir unter dem Drama und Aufruhr unseres täglichen Lebens verschüttet haben. Wir sind immer eins, auch wenn wir uns dessen nur gelegentlich bewußt werden. Das bedeutet, daß ich du *bin* und du ich. Das klingt vielleicht wie ein mystischer Hokuspokus, aber wenn du einmal selbst erfahren hast, wie es ist, mit einem anderen eins zu sein oder mit allen anderen, dann wird dir diese Wahrheit klar. Ein Ziel dieses Buches ist es, dich zu einer solchen Erfahrung hinzuführen.

Samuel Taylor Coleridge, ein englischer Dichter des 18. Jahrhunderts, empfahl, eine „freiwillige Suspendierung des Unglaubens" zu praktizieren, um die Wahrheit hinter einer scheinbaren Fiktion sehen zu können. Um zu lernen, ein Heiler zu sein, mußt du deinen Unglauben zurückstellen und ausprobieren, was wir dir anbieten. Selbst wenn es für dich nicht funktioniert, hast du nur ein paar Stunden Lese- und Übungszeit verloren und dafür ein paar praktische Erfahrungen aus erster Hand mit den Dingen des Übersinnlichen gewonnen. Die meisten Übungen in diesem Buch sind jedoch weder heikel noch schwierig. Sei bereit, deinen Unglauben einstweilen beiseite zu stellen, wenn nötig, und nimm an, was für dich geschieht.

Wir möchten diese Einleitung mit zwei Warnungen und einer Einladung beschließen. Die erste Warnung ist die: Bilde dir als Heiler nie ein, ein Arzt zu sein, wenn du nicht ein abgeschlossenes Medizinstudium hast und tatsächlich Arzt bist. Heiler arbeiten mit großen und mächtigen kosmischen Kräften und bringen sehr oft meßbare Ergebnisse hervor; manchmal können sie heilen, was Ärzte nicht heilen können, manchmal auch nicht. Manchmal bewirken sie Ergebnisse, die völlig anders sind, als was sie erwartet hatten. Und manchmal bewirken sie überhaupt nichts. Die Mächte, mit denen ein Heiler zu tun hat, sind auf einigen Seinsebenen verständlich, auf anderen nicht. Sie sind auch auf einigen Seinsebenen vollkommen kontrollierbar und auf anderen vollkommen unkontrollierbar. Ein Heiler kann versagen, er kann unrecht haben, und manchmal wird einer wegen unerlaubten Heilens verklagt und kann dann aus den Gefängnismauern heraus Astralreisen unternehmen. Der physische Körper ist ein komplizierter Mechanismus, und wenn ein Teil des Mechanismus nicht in Ordnung ist, ist es vollkommen passend und richtig, ihn zu einem qualifizierten Mechaniker zu schicken, dem Arzt. Wenn jemand mit Krebs zu dir kommt, dann arbeite auf alle dir bekannten übersinnlichen Arten mit ihm — und rate ihm dringend, außerdem medizinische Hilfe und Behandlung zu suchen.

Die zweite Warnung ist folgende: Heilen ist nicht die einzige Art, in der du deine übersinnlichen Fähigkeiten zum Ausdruck bringen kannst. Es ist eine Richtung unter vielen, die dein psychisches Wachstum anregen wird. Es ist jedoch nur *eine* Richtung, und die Entwicklung deiner heilerischen Fähigkeiten entwickelt nur eine Facette deines größeren Selbstes. Wenn du dich zu sehr mit dem ,,Heiler-Sein'' identifizierst, verfängst du dich in den Schleiern der Illusion und schneidest dich damit vielleicht von einer noch volleren und reicheren Entwicklung auf dem Weg zur vollständigeren Erfüllung ab. Es hilft dir vielleicht, wenn du daran denkst, daß du nichts tust, als was schon da ist — das wird dich frei machen für alles, was noch auf dem Weg deiner Entwicklung da ist. Es ist nicht wichtig, daß du ein Heiler bist, nicht wichtiger als es ist, Arzt oder Klempner oder ein betrunkener Landstreicher zu sein. Es ist einfach etwas, was man sein kann. Bleibe offen. benutze deine Fähigkeiten, um zu wachsen, und stagniere nicht in einem Egotrip, daß du als Heiler etwas Besseres bist als irgend jemand anderer oder auch nur etwas Besseres, als du warst, bevor du Heiler wurdest.

Die Einladung ist die: Geistheiler zu sein bedeutet einen Schritt auf einem lohnenden Weg voller Abenteuer, auf dem du dir selbst dienen kannst, indem du anderen dienst. Es ist ständig aufregend, mehr und mehr von dir zu entdecken, die verblüffenden Fähigkeiten zu entdecken, mit denen du als menschliches Wesen geboren bist. Heiler zu sein erfordert sehr wenig, nur die Bereitschaft, du selbst zu sein.

2
Einfache Heilungen

Übersinnliche Energie ist eine mächtige Sache. Sie ist kein Spielzeug — braucht jedoch auch nicht furchterregend oder geheimnisvoll zu sein. Wie du dir vielleicht inzwischen denken kannst, gibt es unzählige Arten und Techniken des Geistheilens, und sie werden von den verschiedensten Menschen — von Kabbala-Schülern bis zu den !Kung-Medizinmännern in Botswana — praktiziert. Tatsächlich verläßt sich jeder Heiler letztendlich auf ein System, das ganz und gar sein eigenes ist. Auf dem Weg zum Heiler lernt jedoch jeder diese Kunst so, wie sie bereits vorher von jemandem praktiziert worden ist. So wie bei jeder anderen Kunst oder Wissenschaft ist es auch hier einfacher und wirksamer, deine eigene Methode erst dann zu schaffen, wenn du die grundlegenden Fähigkeiten, von denen man schon weiß, daß sie funktionieren, gemeistert hast.

In diesem Kapitel zeigen wir dir die grundlegenden Schritte, um eine einfache Heilung durchzuführen, um mit Visualisierungstechniken zu heilen und um eine Heilung ,,in Abwesenheit'' durchzuführen, das heißt die Heilung einer Person, die nicht physisch anwesend ist. Wir werden auch über das Heilen mit Geistführern sprechen und über Chirurgie mit übersinnlichen Kräften; auf die Methoden dieser letzten beiden Heilungsarten werden wir jedoch nicht sehr detailliert eingehen.

Energie

Um dich durch die folgenden Übungen durchzuarbeiten, hilft es dir, wenn du mit der Terminologie Bescheid weißt. Zum Beispiel sprechen wir sehr viel von ,,Energie'' in diesem Buch. Wenn wir ,,Energie'' sagen, meinen wir in etwa das, was die Chinesen mit ,,Chi'' bezeichnen oder die Hindus mit ,,Prana'' oder was Wilhelm Reich meint, wenn er von ,,Orgon'' spricht. In ganz alltäglicher Ausdrucksweise kannst du ,,Energie'' vielleicht mit ,,Schwingungen'' gleichsetzen — guten, schlechten oder beliebigen. Energie ist einfach das magische, unsichtbare Etwas, das den Kosmos erfüllt und für das praktisch jede Sprache ein Wort hat, ohne es jedoch offenbar erklären zu können.

Wenn wir von Energie sprechen, unterscheiden wir zwischen ,,Erd''-Energie, ,,kosmischer'' Energie, ,,Heil''-Energie und so fort. Diese Unterarten definieren sich selber: Erdenergie ist die Energie des Planeten Erde, kosmische Energie ist die Energie des Kosmos und so weiter. Eines der grundlegenden Prinzipien, mit denen wir arbeiten und das von den fortgeschrittensten Theorien der Teilchenphysik untermauert wird, ist, daß alles im Universum aus Energie besteht und daß diese Energie, obwohl sie immer dieselbe ist, zu verschiedenen Zeiten verschiedene Formen annimmt. Ein Teil der Energie nimmt zum Beispiel die Form eines Holzstückes an und ein anderer die Form eines Lammkoteletts. Diese Formen der Energie können beide durch den Vorgang des Verbrennens umgewandelt, verändert werden. Wenn du ein Stück Holz verbrennst, nimmt seine Energie die Form von Hitze, Rauch, Asche und so weiter an — wenn du ein Lammkotelett ißt, nimmt seine Energie deine Form an.

Erden

Des weiteren sprechen wir vom ,,Erden''. Das Erden ist eine einfache und erstaunlich wirksame Technik, um mit der Erdenergie in Verbindung zu kommen oder zu bleiben. Es ist für alle Phasen der Meditation oder der übersinnlichen Arbeit wichtig, und zwar als Mittel, dein Wesen in Kontakt mit seiner physischen Manifestation zu halten, deinem Körper. Die übersinnlichen Seinsebenen können nämlich wirklich nur von einem gründlich geerdeten Ort aus gemeistert werden. Die einzige Situation in deinem Leben, wo du besser nicht geerdet bist, ist, wenn du versuchst, zu levitieren (zu schweben).

Zum Erden setzt du dich in einen Stuhl mit gerader Lehne und stellst die Füße flach auf den Boden. Nimm alles von deinem Schoß. Kreuze weder Arme noch Beine, und lege deine Hände auf die Oberschenkel, vorzugsweise mit den Handflächen nach oben. Schließe die Augen, entspanne dich, und lasse dein Bewußtsein, so gut du kannst, leer werden.

Jetzt stell dir ein Seil vor oder eine Schnur, ein Tau, einen Draht, einen Holzstock (was immer vor deinem geistigen Auge erscheint), ein Energieseil, das, wenn du ein Mann bist, vom unteren Ende deiner Wirbelsäule ausgeht, und wenn du eine Frau bist, von der

Stelle zwischen deinen Eierstöcken (das heißt also von deinem ersten Chakra) und das mit dem tief inneren Mittelpunkt der Erde verbunden ist. Falls du im zwanzigsten Stock irgendeines Hochhauses wohnst, dann laß das Seil mitten durch die Wohnungen deiner Mitbewohner hinunterlaufen, durch alle Schichten von Stahl, Stein und Glas. Psychische Energie läßt sich von solchen Dingen nicht behindern. Mach diese Übung so oft, bis du dich wohl damit fühlst. Dein „Erdungsseil" gibt deinem Körper Sicherheit, daß er fest mit Mutter Erde verbunden ist, und in dieser physischen Sicherheit wird er die neuen Energien, denen du ihn aussetzt, bereitwilliger annehmen können.

Als Bill das Heilen lernte, mußte er mehrere Tage lang an dieser Übung arbeiten. Jedesmal, wenn er sein Erdungsseil hinunterließ, ringelte es sich wieder herauf oder war zu Ende, bevor er den Mittelpunkt der Erde erreichte. Er war damals nicht besonders geerdet und mußte üben, mit der Erde verbunden zu sein. Mach dir also nichts daraus, wenn es ein bißchen Zeit braucht, bis du mit dem Prozeß vertraut bist. Das Erden ist ein so unschätzbares Werkzeug beim Heilen, daß es sich lohnt, wenn du dir die Zeit zum Üben nimmst, bis du sicher bist, daß du es mit Leichtigkeit und ganz bequem kannst — mit genügender Übung wird es dir gelingen.

Visualisieren

Bei der Erdungsübung solltest du dir ein Seil „vorstellen". Wir haben das erklärt und sprachen dabei von deinem „geistigen Auge". „Vorstellen", „sich ausmalen" und „visualisieren" sind alles Wörter für ein und denselben Vorgang — den, dir ein seelisches Bild zu schaffen. Visualisierung ist eine der stärksten und am meisten benutzten Techniken beim Heilen. Die östlichen Mystikerschulen haben jahrhundertelang den Wert dieser Technik betont, und fast jede zeitgenössische Schule zur Steigerung des Bewußtseins tut das auch.

Zum übersinnlichen Wahrnehmen oder zum Heilen ist es nicht notwendig, daß du die Bilder ganz klar siehst — manche Leute finden es ganz leicht, sich Bilder vorzustellen, andere bekommen nie ein klares Bild. Die meisten Leute finden jedoch, daß das Visualisieren mit ein wenig Übung leichter wird, und je leichter du deine übersinnliche Energie kanalisieren kannst, indem du dich voll auf ein mentales Bild konzentrierst, wie auch immer du das erreichst, desto leichter kannst du dieses Bild in die physische Realität einer Heilung übertragen.

Und noch eines: Wenn du als Heiler arbeitest, bist du normalerweise in einem Zustand einer leichten ,,Trance''. Zumindest beim Lernen wird es dir sicherlich helfen, wenn du dich nicht mit Dingen umgibst, die dich ablenken. Mach zum Beispiel das Radio aus, wenn du heilst. Nimm den Telefonhörer von der Gabel. Rauche nicht dabei und kaue auch nicht Kaugummi. Erlaube dir, ein klarer Kanal für die psychischen Kräfte in dir zu sein. Und nimm dir Zeit. Entspanne dich und achte darauf, daß du jeden einzelnen Schritt auf dem Weg vollendest, und genieße es, wie diese wunderbare, natürliche Gabe sich Schritt für Schritt entfaltet.

Eine einfache Heilung

1. Dein(e) Freund(in) soll auf einem Stuhl mit gerader Rückenlehne sitzen, die Füße flach auf dem Boden; so kann die Energie am besten durch die Chakras fließen. Er/sie soll nichts auf dem Schoß

haben, die Arme und Beine nicht überkreuzen und die Hände vorzugsweise mit den Handflächen nach oben auf die Oberschenkel legen, um eine offene und empfangende Haltung zu schaffen. Er/sie kann die Augen schließen oder offen halten, nach Belieben, sollte aber nicht in einen meditativen oder Trancezustand kommen, denn das beeinträchtigt den Heilungsvorgang. Keiner von euch beiden sollte Kaugummi kauen, rauchen oder irgend etwas anderes tun, das euch ablenkt.

2. Schließe einen Augenblick die Augen, entspanne dich, laß — so gut du kannst — alles Geplapper aus deinem Bewußtsein verschwinden und richte deine volle Aufmerksamkeit auf deine(n) Freund(in).

3. Erde dich und dann deine(n) Freund(in). Du erdest ihn oder sie in gleicher Weise wie dich selber, indem du dir ein Seil vorstellst, das vom unteren Ende seiner Wirbelsäule, bzw. von der Stelle zwischen ihren Eierstöcken zum Erdmittelpunkt läuft. Wundere dich nicht, wenn das Erdungsseil des anderen anders aussieht als deins: Du arbeitest mit seiner Energie, die vielleicht eine andere Form annimmt als deine.

4. Wenn diese ersten drei Schritte vollendet sind, kannst du mit der eigentlichen Heilung beginnen. Du kannst die Augen aufmachen, wenn dir das lieber ist, oder auch mit geschlossenen Augen arbeiten.

Stell dich neben den anderen. Fühle seine Aura, indem du deine Hände mit den Handflächen nach unten etwa dreißig Zentimeter über seinen Kopf hältst. Schau, ob du Wärme, Fülle oder Kribbeln spürst. Wenn du die Aura siehst, visualisierst, ahnst oder spürst, kannst du anfangen, deine Hände vom Kopf abwärts zu bewegen, den Hals entlang, die Schultern, die Arme, den Rumpf, die Beine und die Füße entlang. Bewege deine Hände über die ganze Aura und vergleiche die Temperaturen, Empfindungen, Gefühle und Bilder, die dir an den verschiedenen Stellen erscheinen.

Achte darauf, was in deinem eigenen Körper und Bewußtsein

vor sich geht, und lerne mit der Übung allmählich, deine eigenen Reaktionen von denen zu unterscheiden, die in dir den Zustand des anderen widerspiegeln. Um das zu lernen, gibt es keine Technik: Du lernst beim Üben, dich auf deinen Sinn dafür, was da ist, zu verlassen. Es ist in sich selber schon ein übersinnlicher Vorgang, wenn du lernst, diese Unterscheidung zu machen; du lernst, deine Intuition von deinen Gedanken zu unterscheiden, und lernst, dich auf erstere zu verlassen und letztere als Informationsquelle zu benützen.

Während du deine Hände über die Aura des anderen bewegst, kannst du besonders auf die Körperstellen achten, die er oder sie als schmerzhaft oder krank angibt.

5. Wenn Teile des Körpers sich kalt anfühlen oder über diesen Stellen keine Empfindung in deinen Händen ist, dann fließt die Energie dort nicht richtig. Das ist oft in den Beinen unterhalb der Knie der Fall, weil die meisten Menschen sich nicht genug bewegen.

Um den Energiefluß in Ordnung zu bringen, stellst du dir vor, wie orangefarbenes Licht aus deinen Händen in diese kühlen Gebiete fließt. Orange ist, wie du weißt, eine der Farben mit heilenden Eigenschaften und ist warm wie die Sonne.

Die Energie, die aus deinen Händen fließt, ist nicht „deine" Energie, sondern eine Form neutraler, kosmischer Energie. Diese Unterscheidung ist sehr wichtig. Genauso wie es keine zwei Menschen gibt, die genau gleich aussehen, so gibt es keine zwei Körper, die aus genau derselben Form von Energie bestehen. Jeder Körper kann nur mit seiner eigenen, persönlichen Art von Energie richtig arbeiten. Wenn du bei einer Heilung einen Teil von dir selber — deine eigene Energie — an einen anderen abgibst, dann kann das nur sein System verstopfen, und bei dir hinterläßt es ein Gefühl von Ausgelaugtsein.

Wenn du jedoch kosmische Energie zum Heilen verwendest, dann ist dies klare und saubere Energie, die nicht voll steckt von deinen Problemen und Gefühlen und dem, was du zum Frühstück gegessen hast. Wenn du kosmische Energie aus deinen Händen in den Körper des anderen fließen läßt, wird sie zu seiner Energie. Es ist so ähnlich wie bei einer Bluttransfusion, nur einfacher. Damit du kosmische Energie benutzt und nicht deine eigene, brauchst du dich nur darauf einzustellen.* Wir werden in Kapitel 3 („Selbstheilung") mehrere Übungen anbieten, die dir dabei helfen.

Wie in Kapitel 1 besprochen, scheinen gewisse Farben spezifische psychische Eigenschaften zu besitzen. Viele Geistheiler visualisieren Farbenenergie, so wie wir vorgeschlagen haben, orangenes Licht zu benutzen. Farbvisualisierungen variieren je nach der Stärke der Energie, die du weitergibst. Die Erfahrung wird dir zeigen, daß du manchmal behutsam mit der Anwendung von Farbenenergie umgehen mußt, und manchmal wirst du sie stark oder sogar heftig anwenden wollen.

6. Wenn Teile der Aura sich heiß anfühlen oder die Aura dick oder dicht zu sein scheint, dann herrscht in diesen Gebieten ein Überschuß an Energie; sie hat sich vielleicht an einer Stelle angestaut, weil sie an einer anderen Stelle blockiert ist. Es gibt zwei Wege, diese Blockierungen zu lösen. (1) Visualisiere, wie deine Hände diese dicke Energie wie heiße Karamellmasse in die kühleren Gebiete ziehen und dadurch die ganze Aura ins Gleichgewicht bringen. Oder (2) stell dir vor, daß du die überschüssige Hitze aus der Aura herausziehst, wo sie sich in neutraler Energie auflöst. Welche der beiden Methoden du auch anwendest, mache sie auf jeden Fall wirklich mit deinem Körper: Tauche deine Hände in die Aura ein und ziehe die Energie; bring sie wirklich dorthin, wo du sie haben willst. Es ist dir am Anfang vielleicht peinlich, und du fühlst dich unbeholfen dabei, aber wenn du diese Übung aktiv ausführst, wird sie real für dich, und das stärkt dich in deiner Arbeit.

* Siehe auch Bob Toben: „Raum/Zeit und erweitertes Bewußtsein", Synthesis Verlag, 1981.

7. Schritt 6 und 7 können zwei Minuten dauern oder auch eine halbe Stunde. Nimm dir die Zeit, die du brauchst. Wenn du damit fertig bist, visualisiere saubere, klare, helle, goldene Energie, die sanft aus deinen Händen über den ganzen Körper deines Freundes/deiner Freundin fließt. Glätte seine/ihre Aura, indem du vom Kopf bis zu den Füßen die Umrisse entlangstreichst.

8. Wenn dein(e) Freund(in) die Augen geschlossen hatte, dann kann er/sie sie jetzt aufmachen. Laß ihn oder sie ein paar Minuten lang die Hände zusammenlegen und einfach stillsitzen. Das Händefalten stoppt den Energiefluß aus dem Körper heraus durch die Handchakras, und durch das Stillsitzen kann er/sie sich sammeln — im wahrsten Sinne des Wortes. Du hast seine/ihre Energie gerade durch Körpergebiete fließen lassen, wo sie vielleicht in der letzten Zeit nicht war, und er/sie fühlt sich jetzt vielleicht ein wenig zerstreut.

Während der andere still dasitzt, visualisierst du einen Magneten vor deiner eigenen Aura, der die Aufgabe hat, alle eigene Energie, die du während der Heilung an den anderen abgegeben haben könntest, zurückzuziehen. Denk daran, nur du kannst deine Energie benutzen; deshalb kannst du sie geradesogut zurückholen und nicht verschwenden. Dann mache umgekehrt dasselbe, gib jegliche Energie, die du von deinem Freund vielleicht aufgenommen hast, an ihn zurück. Dieser Magnetprozeß bewirkt, daß du nun wieder so sauber und geordnet bist wie am Anfang, und er macht die Heilung wirksamer. Es ist so etwa, wie wenn du hinter dir zusammenfegst, und ist außerdem, wie wir beim fünften Schritt erwähnt haben, ein wichtiger Schutz gegen den Austausch von Energien.

Dieser letzte Punkt kann nicht genug betont werden. Wir haben schon gesagt, daß dein Freund deine Energie nicht benutzen kann und du nicht seine. Man muß aber noch aus einem anderen Grund vorsichtig sein:

Wenn du die Energie des anderen aufnimmst, kannst du auch seine Krankheiten — die physischen wie die mentalen — aufnehmen. Das ist eine fortgeschrittene Art des Wahrnehmens, wie andere Menschen sich fühlen, von der wir in Kapitel 1 gesprochen haben.

Für einige Heiler ist es ganz selbstverständlich, daß sie die Probleme des anderen aufnehmen. Wenn solch ein Heiler an einem gebrochenen Bein arbeitet, weiß er schon, daß er einen oder zwei Tage lang herumhumpeln und die Verletzung seines Freundes in seinem eigenen Körper ausleben wird.

Wir finden das jedoch völlig unnötig. Die negative Energie, die du bei einer Heilung aus deinem Freund herausziehst, wird einfach dadurch, daß du es willst, in neutrale, sichere, kosmische Energie zurückgeführt. Manche Heiler waschen sich die Hände nach einer Heilung, um sich von jedweden unerwünschten Schwingungen, die sie vielleicht aufgenommen haben, zu reinigen; andere schütteln einfach bei der Arbeit in regelmäßigen Abständen ihre Hände aus. Du kannst tun, was sich für dich am angemessensten anfühlt. Wir schütteln beim Heiler immer wieder unsere Hände aus und schnippen die Energie mit den Fingern weg, aber andere Heiler finden das nicht nötig.

9. Wenn dein Freund nach all den Eingriffen in seine psychische Privatsphäre Angst gekriegt hat, kannst du ihm einen Witz erzählen; oder du fragst ihn, welches Gemüse er als Kind am wenigsten gern gegessen hat. Mit neunzigprozentiger Sicherheit ist das Spinat (die anderen zehn Prozent sind Kohl). Da du das im voraus sagen kannst, wird dein Klient nun sicher sein, daß du hellsehen kannst und sich erst recht fürchten.

Viele Menschen halten diese übersinnlichen Sachen für magischen Hokuspokus und mystische Zauberei, und es ist sehr gut möglich, daß sie sich vor dir und dem, was du tust, fürchten. Es macht die Sache für dich und deine Freunde angenehmer, wenn du in einem leichten Ton endest, und sie werden so die Heilung leichter in sich integrieren können, als das anders vielleicht möglich wäre. Wenn du es schaffst, dich selbst nicht zu ernst zu nehmen (was nicht heißt, daß du deine Arbeit nicht ernst nehmen sollst), dann hilfst du damit deinen Freunden, Ängste, Verlegenheit, Allergien gegenüber deinen Katzen und ihr eigenes Sich-zu-wichtig-Nehmen zu überwinden.

10. Zum Schluß soll dein(e) Freund(in) sich vornüberbeugen und den Kopf für einen Augenblick zwischen die Beine hängen lassen, dann aufstehen und sich ausführlich recken und strecken. Du tust dasselbe. Das Vornüberbeugen dient dazu, daß überschüssige Energie durch das siebente Chakra oben auf dem Kopf herausfließt, und läßt deinen Körper sich nach der übersinnlichen Erfahrung wieder physisch und ,,real'' fühlen.

Das Heilen mit Visualisierungen

Dies ist eine Grundübung des Visualisierens, an der sowohl du als auch dein Freund aktiv teilnehmen können.

1. Du beginnst mit den Schritten 1—3 der vorigen Übung. Es ist hilfreich, aber nicht notwendig, auch den siebenten Schritt ganz durchzugehen, so daß dein Freund gründlich ,,gereinigt'' ist und daraufhin das Folgende besser aufnehmen kann.

2. Bitte ihn, sich in seinem Kopf ein Bild davon zu machen, wie er meint, daß der betroffene Körperteil aussieht. Wenn ihr an seinem ganzen Zustand oder Körpergefühl arbeitet und nicht an einem speziellen Körperteil, dann bitte ihn, sich ein Bild von seiner allgemeinen Kondition oder Erscheinung zu machen, wie er sie sich vorstellt. Dann bitte ihn, dieses Bild langsam aufzulösen, indem er es allmählich verblassen läßt. Bei diesem Prozeß des Erschaffens und Auflösens seines Selbstbildes kann dein Freund negative Anteile des Bildes loslassen.

3. Laß deinen Freund nun ein zweites Bild des schmerzhaften Körperteils oder seines ganzen Körpers schaffen, so wie er in einem Zustand vollkommener Gesundheit aussehen würde. Bitte ihn, sich auf dieses Bild zu konzentrieren, während du die Heilung vornimmst.

4. Nun schaffe für dich selber ein Bild davon, wie dein Freund oder der kranke Teil seines Körpers in gesundem Zustand aussehen würde. Wenn dein Bild vollständig ist, fängst du an, an der Aura deines Freundes zu arbeiten, wie es in der vorigen Übung beschrieben ist. Wenn du zum Beispiel an Kopfschmerzen arbeitest, hältst du deine Hände über seinen Kopf, wenn du an Magenschmerzen arbeitest, hältst du deine Hände über seinen Magen und so weiter. Arbeite mehrere Minuten lang an der Aura über dem betreffenden Körperteil oder so lange, bis du das Gefühl hast, daß der Vorgang abgeschlossen ist. Wenn du damit fertig bist, löst du das Bild auf, indem du es langsam verblassen läßt, und dann bittest du deinen Freund, mit seinem Bild dasselbe zu tun.

5. Stelle dir eine helle, goldene Energie vor, die durch eure beiden Körper wandert.

6. Beende die Heilung mit Schritt 9 und 10 der vorigen Übung.

Heilung in Abwesenheit

Heilung in Abwesenheit nennt man den Vorgang, bei dem du heilende Energie an jemanden schickst, der körperlich nicht in deiner Gegenwart ist. Das heißt vielleicht, daß du deinem Onkel in Buxtehude mitteilst, um acht Uhr abends wolltest du ihm etwas orangefarbenes Licht schicken, um sein schmerzendes Knie zu heilen. Oder es kann bedeuten, daß du physische Energie an jemanden schickst, der sich dessen nicht bewußt ist.

Das letzte Beispiel bringt eine wichtige ethische Frage ins Spiel, nämlich die, ob es fair ist, an jemandem zu arbeiten, ohne daß er es weiß und dem voll zustimmt. Als allgemeine Regel ist unsere Antwort „ja". Es ist nicht *falsch*, das zu tun, da niemand deine übersinnlichen Einflüsse empfangen kann, ohne in seinem Wesen einverstanden zu sein. Krankheit sollte jedoch, wie Gesundheit, der Wahl des einzelnen überlassen bleiben. Es ist irgendwie unhöflich, in anderer Leute Leben herumzufuschen. Die meisten Menschen würden es auch nicht als Zeichen nachbarlicher Freundschaft betrachten, wenn du heimlich die Möbel in ihrem Haus umstellen würdest, weil die Einrichtung nicht deinem Geschmack entspricht. Und es ist nicht rücksichtsvoller, den Energiekörper eines anderen ohne seine Zustimmung umzustellen.

Manch ein Anfänger findet die Versuchung, an allem und jedem zu üben, unwiderstehlich: an Pflanzen, Tieren, kränklich aussehenden Typen im Bus — jeder wird zum Patienten. Diese Art von Arbeit läuft aber im Endeffekt auf nichts anderes hinaus als ein Sicheinmischen. Man macht es zu seinem eigenen Vergnügen und nicht zum Nutzen des anderen.

Wenn jemand krank ist, dann ist das seine Sache. Wenn er zu dir kommt, um geheilt zu werden, dann wird es zu eurer gemeinsamen Sache. So einfach ist das. Du kannst niemanden gegen seinen Willen heilen, und ein Teil von ihm wird ganz schön ärgerlich sein, wenn du es trotzdem versuchst.

Manchmal ist natürlich eine Heilung in Abwesenheit angemessen. Wenn du mit dem Menschen, an dem du arbeiten willst, in Verbindung getreten bist, und er einer Heilung zugestimmt oder darum gebeten hat, dann kannst du darangehen. Die unten vorgeschlagene Technik ist einfach und so ähnlich wie das vorhergehende „Heilen mit Visualisierung".

1. Wenn du willst, kannst du mit deinem Freund (deiner Freundin) ein Datum und eine Uhrzeit ausmachen und ihn (sie) bitten, während der Zeit, die du an ihm (ihr) arbeitest, etwas Ruhiges und

Entspannendes zu tun. Es ist jedoch nicht immer angebracht, weil manche Menschen ängstlich werden, wenn sie die genaue Zeit wissen, zu der du arbeitest. Du mußt das von Fall zu Fall selber beurteilen.

2. Setz dich auf einen Stuhl mit gerader Lehne, entspanne dich und erde dich, wie du es in Schritt 1—3 der einfachen Heilung gelernt hast.

3. Leere dein Bewußtsein, so gut du kannst, und schaffe dir ein geistiges Bild von dem Menschen, den du heilen willst. Wenn du nicht weißt, wie er aussieht, dann schaffe dir eine Silhouette oder ein undetailliertes Bild davon, wie du meinst, daß er aussieht. Es ist nicht so wichtig, ob du genau weißt, wie der Mensch aussieht, solange du genau weißt, wer es ist, den du heilen willst.

4. Wenn dein Bild klar genug ist, dann erde die Person, so als ob sie in demselben Raum mit dir wäre, indem du einfach eine Erdungsschnur in dein Bild hineinvisualisierst. Dann laß orangenes Licht das Bild füllen und im Körper und in der Aura deines Freundes leuchten.

5. Wenn du an einer bestimmten Körperstelle arbeitest, konzentriere das Orange stark auf diese Stelle. Dann visualisiere auf einem extra Bildschirm in deinem Geiste, wie dieser Körperteil in gesundem Zustand aussehen würde. Nun überlagere vor deinem geistigen Auge den kranken Teil in deinem ersten Bild mit dem Bild des gesunden Körperteils.

6. Nimm dir soviel Zeit, wie du brauchst, um diese Schritte zu vollenden. Wenn du fertig bist, laß deine Bilder sich auflösen, und stell dir dann eine helle gelbe Sonne vor, die den Körper deines Freundes erfüllt; mach dasselbe auch für deinen Körper.

7. Beende die Heilung, indem du dich vornüber beugst wie in Schritt 10 von der einfachen Heilung.

Wenn jemand zu einer Heilung ja sagt, ist deine Rolle als Heiler klar. Was machst du aber, wenn dein Freund auf dich zukommt und sagt: ,,Meiner Mutter geht es wirklich schlecht, sie ist mit einem seltenen Fall von Krankitis im Krankenhaus, und nichts scheint zu helfen . . . Könntest du nicht *bitte* versuchen sie zu heilen? Ich würde sie ja fragen, ob sie will, aber sie glaubt nicht an all diese Sachen.''

Wenn du nicht einfach nein sagen kannst, dann ist hier ein Weg, wie du einen übersinnlichen Fauxpas vermeiden kannst:

Erde dich, wie in Schritt 1—3 von der einfachen Heilung beschrieben. Stell dir vor, daß du tatsächlich mit dem kranken Körper der abwesenden Person sprichst, und sage ihm, daß du ihm positive, heilende Energie schicken wirst. Sage ihm, daß er davon soviel annehmen kann, wie er will, und daß der Rest der Energie einfach an seiner Aura abprallen wird.

Es sieht vielleicht zuerst nicht so aus, aber du schaffst tatsächlich einen Kontakt und stellst auf übersinnlicher Ebene eine Kommunikation mit dem kranken Menschen her. Er wird dich wahrscheinlich nicht bewußt hören, aber deine Botschaft kommt trotzdem an.

Wenn du den Kontakt hergestellt hast, kannst du auf die angemessene Weise heilende Energie hinschicken. Du kannst dir vielleicht schöne Blumen vorstellen, die zu deinem Freund hinfließen, oder du stellst dir einfach vor, daß die Krankheit überwunden und dein Freund gesund und glücklich ist. Wie wir schon gesagt haben, raten wir dir wirklich dringend ab, mit astralen Siebenmeilenstiefeln in der Aura argloser Leute herumzulaufen. Wenn du es jedoch für nötig befindest, dann laß deine Bemühungen leicht und sanft sein, und vielleicht geschehen manchmal erstaunliche Dinge.

Das Heilen mit Geistführern

Wie wir in Kapitel 1 erwähnt haben, gibt es praktisch bei aller übersinnlichen Arbeit sowohl animistische wie spiritistische Traditionen. Wir haben auch gesagt, daß wir die animistischen Traditionen bevorzugen, weil sie das Übersinnliche näher an das stellen, was wir als seine wirkliche Quelle betrachten, nämlich uns selber. Die spiritistische Tradition ist jedoch lang und ehrwürdig und hat viele erfolgreiche Anhänger.

,,Geistführer'' oder ,,heilende Führer'' oder ,,heilende Meister'' sind die Hilfsgenossen und Berater sehr vieler Heiler. Das Wort ,,Geist'' (Gespenst) hat allerdings auch alle möglichen irreführenden und gruseligen Bedeutungen, die wir hier ausschalten möchten.

Sowohl die spiritistische wie auch die animistische Tradition gehen von der Voraussetzung aus, daß alle Menschen eine ,,Seele'' haben oder ein ,,Wesen'', das in gewisser Weise unsterblich ist und das den Körper zu Lebzeiten ,,bewohnt''. Wenn ein Mensch stirbt und die physische Form ihren Erdenzyklus vollendet hat, lebt das Wesen weiter, und zwar auf einer anderen Existenzebene, die wir vage die ,,Astralebene'' nennen. Das Wesen nimmt immer wieder andere physische Formen an und lebt andere Leben, indem es bei jeder Reinkarnation mit der Geburt in einen neuen Körper eintritt.

Jeder Mensch hat unterbewußte Erinnerungen an seine vorangegangenen Leben (manche Menschen erinnern sich bewußt). In einigen Traditionen, in denen Vergangenheit, Gegenwart und Zukunft alle als verschiedene Facetten desselben zeitlosen ,,Jetzt'' betrachtet werden, nimmt man an, daß die Menschen auch unterbewußte ,,Erinnerungen'' an zukünftige Leben haben. Diese Version der Reinkarnationstheorie erklärt die Fähigkeit mancher Menschen, die Zukunft vorauszusehen.

Zwischen den Inkarnationen — zwischen dem Tod eines Körpers und der Geburt des nächsten, den ein bestimmtes Wesen bewohnen wird — ist das Wesen in gar keinem Körper. In seinem astralen Zustand behält es alle Informationen und alle Erfahrungen, die es in seinen vielen Inkarnationen gesammelt hat, jedoch ohne die starken Emotionen, die mit dem physischen Zustand einhergehen. Viele Wesen, die auf der Erde in irgendeiner Weise als Heiler gewirkt haben, behalten ihr Interesse für diese Arbeit bei und lernen auf der astralen Ebene weiter.

Ein Wesen entschließt sich vielleicht aus einem Wunsch heraus, seine Fähigkeiten anzuwenden, oder aus karmischer Verschuldung oder auch einfach aus Freundschaft und gutem Willen heraus, mit verkörperten Menschen zusammenzuarbeiten. Diese Zusammenarbeit kann für beide Teile vorteilhaft sein: für den Heiler, weil er vom allgemeinen und fachlichen Wissen des Wesens profitiert, und für das Wesen, das auf der physischen Ebene nicht so stark und wirksam operieren kann wie jemand, der in einem Körper ist, weil er so durch den existierenden Körper eines anderen arbeiten und wirksamer sein kann.

Wie gewinnt ein Heiler die Hilfe anderer Kräfte? Einige sagen, daß die anderen Kräfte auf sie zugekommen sind oder daß sie Visionen hatten. Andere stellen selber den Kontakt mit der anderen Kraft her und bitten um Hilfe. Wieder andere behaupten, die Kräfte seien einfach da.

In jedem Falle ist der erste Schritt beim Heilen mit Geistführern der, mit dem oder den Wesen oder Kräften, mit denen der Heiler arbeiten will, in Kontakt zu treten. (Manchmal identifiziert das Wesen sich selber mit Namen oder Geschlechtsangabe und macht so das Zusammenkommen mit dem Heiler einfacher.) Der Heiler hält dann seine Hände über den Körper des Klienten und bittet das Wesen, sich auf seine Hände zu konzentrieren und durch sie zu arbeiten.

Der Heiler kann sich für die Vorschläge dieser Kraft öffnen und zulassen, daß seine Hände geführt werden. Eine solche Führung kann in einem leichten Gefühl dafür, in welche Richtung die Hände bewegt werden müssen, zum Ausdruck kommen oder auch in einem starken Magnetismus, der die Hände des Heilers buchstäblich über der Aura des Klienten hin und her zu ziehen scheint oder sie über einem bestimmten Punkt festhält. Andere Heiler ziehen es vor, selbst zu bestimmen, wo sie ihre Hände hinlegen, und geben dann ihren Führern Anweisungen. Wenn der Heiler das Gefühl hat, daß die Arbeit beendet ist oder von der heilenden Kraft angezeigt bekommt, daß die Heilung vollständig ist, bittet er das Wesen zu gehen.

Gewöhnlich kommuniziert eine körperlose Wesenheit auf eine von zwei Arten mit einem Heiler. Die eine, die wir gerade beschrieben haben, kann am leichtesten als eine „Intuition" des Heilers gesehen werden. Die zweite wird *Hellhören* genannt und bedeutet, daß der Heiler Stimmen von körperlosen Wesen hören oder sogar Gespräche mit ihnen führen kann.

Hellhören ist nicht genau dasselbe, wie wenn du mit deinen Ohren hörst; es ist eher eine Art Hören mit dem „inneren" Ohr — wie wenn du etwas denkst, aber erkennen kannst, daß es nicht einfach das übliche Selbstgespräch ist. Viele Menschen, die Stimmen hören und denken, sie sind verrückt, sind tatsächlich nur „hellhörig", ohne es zu wissen.

Das Phänomen des übersinnlichen Hörens läßt sich nicht leicht beschreiben, und nicht alle Menschen, die mit übersinnlichen Kräften arbeiten, besitzen oder benutzen diese Fähigkeit. Manchmal kann sie durch Übung entwickelt werden, aber für viele Menschen ist sie einfach zu seltsam und erschreckend, und andere Wege, das Übersinnliche zu erkunden, bringen konkretere Ergebnisse. Die Heiler, die hellhörig sind und diese Fähigkeit benutzen, können von heilenden Führern in seelischen, psychologischen und Ernährungsfragen ihrer Klienten beraten werden und Anweisungen bekommen, wo sie ihre Hände hinlegen sollen.

Die hier beschriebenen spiritistischen Praktiken dürfen nicht mit

Medialität in Trance verwechselt werden, bei der das Wesen direkt in den Körper des Mediums oder Heilers eintritt. Viele Medien haben zwar Wesen, die durch sie arbeiten, der Arbeitsvorgang ist jedoch ein ganz anderer. Medialität kann, wie wir in Kapitel 1 gesagt haben, gefährlich sein und ist kein Kinderspiel.

Du solltest auch nicht versuchen, mit einem Geistführer zu heilen, es sei denn, du bist unter persönlicher Aufsicht eines erfahrenen spiritistischen Heilers. Es mag zwar im Austausch mit Freunden sowohl im Körper als auch außerhalb sehr viel zu lernen geben, das Ziel aller übersinnlichen Arbeit ist jedoch, daß du zum vollkommenen Schöpfer deiner selbst wirst — oder genauer gesagt, erkennst, daß du es schon bist — und daß du deine eigene Macht und Wahlfreiheit entwickelst.

Körperlose Wesenheiten lernen auch, genau wie du. Sie wissen nicht immer die Lösung für das Problem, an dem du gerade arbeitest. Außerhalb des Körpers zu sein ist nichts Besseres als im Körper zu sein, es ist nur eine andere Seinsform. Nicht alle Wesen sind heilig, und viele Amateurspiritisten haben den Fehler begangen, ihr persönliches Verantwortungsbewußtsein aufzugeben, weil sie dachten, ein Wesen müßte es irgendwie besser wissen als sie. Wesenheiten, die nicht in einem Körper sind, können das Gefühl dafür, was es bedeutet, auf der physischen Ebene zu wirken, verlieren. Ihnen macht es nichts aus, von einem Bus überfahren zu werden, aber für dich könnte das ein unzeitgemäßes Ende deines Dienstes auf Erden bedeuten.

Von einem Geist „besessen" zu sein oder Wesen im Haus zu haben ist im Grunde das Ergebnis der eigenen Unfähigkeit, nein zu sagen. In der übersinnlichen Arbeit ist es sehr nützlich, diese Fähigkeit zum Neinsagen zu entwickeln. Während man nämlich einen Menschen, den man nicht im Haus haben will, wahrscheinlich bitten würde zu gehen, kommt es vielen Menschen nicht in den Sinn, daß sie dasselbe auch zu einem körperlosen Mitbewohner sagen können.

Vor zwei Jahren kam eine Freundin von Bill in Chicago bei einem Autounfall ums Leben. An dem Abend, als sie starb, fand Bill sie überall in seiner eigenen Wohnung. Als er ins Badezimmer kam, lag sie in der Badewanne; als er ins Wohnzimmer ging, saß sie in seinem Lieblingsstuhl; als er zum Schreibtisch ging, versuchte sie, mit ihm zu sprechen. Schließlich setzte er sich hin und sagte ihr, daß er sie zwar von Herzen liebte und sehr bedauerte, daß sie auf der physischen Ebene nicht mehr zusammensein konnten, daß er es aber nicht haben konnte, wenn sie dauernd in seiner Wohnung herumhing. Sie müsse erkennen, daß sie tot war und andere Dinge zu tun habe. Sie verschwand sofort und ist nur ein paar Mal für einige Minuten wiedergekommen, um guten Tag zu sagen.

Alles, was diese Geister wollen, ist ein bißchen Kommunikation. Einer unserer Lehrer hat das sehr passend ausgedrückt: ,,Warum soll man sich vor einem Wesen fürchten, das so einsam und verschreckt ist, daß es in einem Wandschrank leben muß?''

Chirurgie mit psychischen Kräften

Wir sind beide keine Geistheiler, die chirurgisch arbeiten, und in diesem Buch findest du keine Anleitung dazu. Die wachsende Beliebtheit und allgemeine Bekanntheit dieses Themas verlangt jedoch, daß wir hier ein wenig darüber sprechen — es ist schließlich eine Art des Geistheilens.

Chirurgie mit psychischen Kräften ist genau das, was der Name sagt: das Operieren ohne chirurgische Instrumente, ohne Werkzeuge, ohne Klinikaufenthalt, ohne Betäubung. Der Chirurg legt seine bloßen Hände auf den Körper des Patienten, läßt seine Finger in das Fleisch eindringen und nimmt die notwendige Behandlung vor, indem er zum Beispiel oft Klumpen von krankem Gewebe oder Fremdkörper herauszieht. Wenn er fertig ist (die ganze Operation dauert vielleicht nur zwei Minuten und kaum jemals länger als eine halbe Stunde), schließt sich die Wunde vollständig, indem der Chirurg nur mit der Hand darüberstreicht, und es bleibt kaum eine oder gar keine Narbe zurück. Die Operation verläuft gewöhnlich völlig schmerzlos.

Das mag vielleicht unglaublich erscheinen, aber vielen tausend Menschen ist durch diese Heilmethode geholfen worden. Die weitverbreitete Anwendung paramedizinischer Chirurgie auf den Philippinen hat diese Methode auch an anderen Orten, wo es wenig Geistheiler gibt, die Operationen durchführen, populär gemacht.

Der vielleicht berühmteste philippinische Geistheiler ist Tony Agpaoa. Die Kunde von seinen bemerkenswerten Erfolgen läßt viele verzweifelte Europäer und Amerikaner die kostspielige Reise unternehmen, um sich von ihm behandeln zu lassen. Seine Operationen verlaufen blutig; während jedoch normalerweise das Blut acht bis zehn Minuten braucht, bis es gerinnt, gerinnt es bei Tonys Arbeit in Sekunden.

Viele chirurgische Geistheiler behaupten, daß es nicht nötig ist, den Körper überhaupt zu öffnen (und viele ziehen kein Blut heraus), daß sie es vielmehr tun, um die Operation glaubwürdiger zu machen. Rosita Rodriguez, eine von Tonys Schülerinnen, sagt: ,,Man muß verstehen, wenn jemand fünfzehnhundert bis zweitausend Dollar für eine Reise von fünfzehntausend Kilometern ausgibt, um ein bißchen Blut zu sehen, damit er an die Heilung glauben kann — dann *muß* Tony den Körper öffnen. Ursprünglich war es für primitive Völker gedacht, aber die Amerikaner sind darauf gestoßen und haben beschlossen, daß es *die* Sache sei. Sie alle wollen Blut sehen.''

Wenn die Finger des Chirurgen in den Körper eingedrungen sind, ziehen sie das kranke Gewebe ,,magnetisch'' an. Für einige Chirurgen ist es nicht einmal notwendig, nahe der betroffenen Gegend in den Körper einzudringen, der Magnetismus zieht die Unreinheit von überall aus dem Körper heran.

Es scheint niemand wirklich zu wissen, wie die Finger des Heilers widerstandslos in das Fleisch eindringen können. Möglicherweise verändert die Energie sich von einer materiellen Form in eine andere. Der verstorbene Pfarrer Harold Plume, ein Geistheiler, der in Monterey, Kalifornien, chirurgisch arbeitete, sagte: ,,Hoo Fang (sein geistiger Führer beim Heilen) sagte mir, daß er meine Finger durch sehr schnelle Schwingungen auflöst. Wissen Sie, wenn Sie dieses Sofa in sehr schnelle Schwingungen versetzen würden, würde es sich auflösen. Und mit meinen Fingern ist es dasselbe. Wenn meine Finger in dieser schnellen Vibration den Körper eines anderen berühren, fühlt der diese Schwingungen auch, und der Teil *seines* Körpers löst sich gleichfalls auf. Deshalb kann die Energie direkt eindringen, ohne Wunde und ohne Blutvergießen. Es ist die verrückteste Sache . . .''

Vielleicht ist es auch so, wie die indischen Yogis behaupten, wenn sie sich schmerzlos Nägel und Messer in den Körper stecken, daß diese einfach zwischen den Zellen hindurchschlüpfen.

3
Selbstheilung

Wenn du Kopfschmerzen hast, und die Kopfschmerzen gehen weg, dann bist du die Person, die dich geheilt hat. Wenn du dir in den Finger geschnitten hast, und die Wunde heilt zu, dann bist du es, der dich geheilt hat. Wenn du dich nachts erkältet hast, und am nächsten Morgen fühlst du dich besser, dann bist ebenfalls du derjenige, der dich geheilt hat.

Selbstheilung ist ein ganz normaler und natürlicher Vorgang, der so sehr zu unserem Körper gehört, daß wir bei den meisten kleineren Unstimmigkeiten, von denen wir genesen, und auch bei einigen größeren, die Arbeit des Heilens dem autonomen Nervensystem anvertrauen — jenem unbewußten Teil von uns, der auch unseren Atem, unsere Verdauung, unseren Herzschlag und die allsiebenjährliche Gesamterneuerung unserer Zellen reguliert.

Der hauptsächliche Unterschied zwischen diesem autonomen Heilvorgang und der Selbstheilung, wie wir sie hier beschreiben, ist der, daß in den folgenden Techniken Fähigkeiten, die jetzt unbemerkt in dir schlummern, anfangen werden, bewußt zu werden, und daß du sie dadurch unter Kontrolle bekommen wirst.

Erwachen

In praktisch allen Traditionen, die mit Geist, Bewußtsein und mystischen Dingen zu tun haben, ist der erste Schritt auf dem Weg zur Erkenntnis deiner eigenen individuellen Macht der Prozeß des „Erwachens". Hinter diesem Denken steht die Theorie, daß die allermeisten von uns in einem Zustand mehr oder weniger großer Unbewußtheit herumlaufen. Der große armenische Mystiker Gurdjieff nannte diesen Zustand „schlafen", und tatsächlich fühlt es sich, wenn du anfängst „aufzuwachen", so an, als ob du bis jetzt dein Leben nur verträumt hast. Die Bibel sagt von diesem Aufwachprozeß: die „Schuppen" fallen einem von den Augen, denn wenn du aufwachst, fängst du plötzlich an, Dinge auf eine Weise zu sehen und zu verstehen, die dir zuvor verborgen oder unverständlich war.

Der erste Schritt zum Erwachen — für unsere Zwecke der erste Schritt zur Aktualisierung unserer Heilkräfte — ist das Beobachten. Das heißt einfach nur, daß du darauf aufmerksam wirst, was die ganze Zeit mit dir geschieht. Es heißt nicht, daß du dich oder andere beurteilst, und auch nicht, daß du versuchst, dich oder andere zu verändern. Es bedeutet einfach, daß du wahrnimmst, wie du auf dich selber, auf andere und auf die Welt insgesamt reagierst. Schau, was dich glücklich macht, was dich traurig macht, was dich ärgert, langweilt, fasziniert, und schau vor allem, was dich „einschlafen" läßt, was in deinem Leben dich davon abhält, in der Gegenwart zu sein, im „Hier und Jetzt" zu sein.

Den meisten Menschen geht es, wenn sie anfangen, zu beobachten, so, daß sie ein paar Sekunden lang bei der Sache sind und dann ein paar Stunden wieder weg. Dann erinnern sie sich daran, daß sie sich ja beobachten wollten, und sie sind wieder für ein paar Sekunden da, und dann wieder für ein paar Stunden weg. Nach und nach — manchmal nach ein paar Tagen, gewöhnlich nach ein paar Wochen, gelegentlich auch gleich —, wenn sie weitermachen mit dieser Übung, sind sie für längere Zeiträume da und weniger lange Zeit weg. Sie denken auch öfter daran, das Bewußtsein einzuschalten, und schalten weniger oft ab. P. D. Ouspensky, einer der Schüler Gurdjieffs, nannte dies den Prozeß des „An-sich-selbst-Erinnerns".

Das Sich-selbst-Beobachten aktiviert die schlafenden Teile des Bewußtseins, die wir als „Unterbewußtsein" kennen. Wenn dieser Teil des Bewußtseins wach wird, setzt er einen enormen Vorrat unberührter Kräfte in einem Individuum frei — die Kräfte des Übersinnlichen —, und diese freigesetzten Kräfte machen sich oft so bemerkbar, daß der Mensch sehr viel zufriedener mit seinem Leben ist und in erhöhtem Maße das Tempo und die Richtung seiner eigenen seelischen Entwicklung bestimmen kann. Es ist der Anfang der Selbsterkenntnis, die, wie alle Weisen in unserer Geschichte bestätigt haben, der erste Schritt zur persönlichen Befreiung aus dem Gefängnis ist, das wir selber aus unserem Leben machen.

Selbstheilung beginnt mit Selbstbeobachtung. Wir werden in diesem Kapitel verschiedene Techniken zur Selbstheilung darstellen. Alle diese Techniken enthalten irgendeine Form von Selbstbeobachtung, und als Heiltechniken sind sie auf alles anwendbar, von einer angestoßenen Zehe bis zu Krebs.

Du kannst mit diesen Übungen weitermachen und mit allen restlichen Übungen in diesem Buch, und dich dabei beobachten. Selbstbeobachtung hat keine zeitlichen oder räumlichen Grenzen. Du kannst dich immer und überall selber beobachten. Es ist ein fortlaufender Prozeß, und wenn du dabei bist, öffnen sich dir alle möglichen Türen, und du brauchst auch keinen bestimmten Grad von Selbst-Bewußtheit erreicht zu haben, um mit anderen Übungen oder anderen Formen des Lernens weiterzumachen. Wenn du dich selbst beobachtest, wird alles in deinem Leben Teil deines Wachstumsprozesses.

Schmerz und Krankheit

Schmerz und Krankheit sind das Ergebnis von Störungen und Unausgewogenheiten in deiner Lebensenergie. Solche Störungen und Unausgewogenheiten können von einer einzelnen Aufregung herrühren, von einer Reihe kleinerer Störungen oder auch von irgendeinem alten, längst vergessenen Konflikt, der in deinem Leben nie wirklich gelöst worden ist. Sie können jedoch auch das Ergebnis von unmittelbaren Erfahrungen sein: Wenn du zum Beispiel gerade eine Zeitlang mit jemandem zusammen warst, den du als fürchterlich langweilig empfindest, dann wundere dich nicht, wenn dir der Nacken weh tut. Und unerwiderte Liebe kann dir tatsächlich Herzschmerzen verursachen.

Der Teil deines Körpers, der in Mitleidenschaft gezogen ist, läßt dir eine Botschaft zukommen. Zum Beispiel verrät eine Erkrankung der Geschlechtsorgane einen Widerwillen gegen Sex; ein rauher Hals oder eine Kehlkopfentzündung deutet auf den Wunsch hin, nicht zu kommunizieren; Augenkrankheiten auf den Wunsch, nicht zu sehen, was um dich herum oder in deinem Leben vor sich geht; Schmerzen in Schultern und Nacken deuten darauf hin, daß du die Lasten des Lebens auf dir trägst.

Da eine Krankheit im psychischen — oder astralen — Körper auftaucht, bevor sie sich im physischen Körper zeigt, kann ein Geistheiler sie oft diagnostizieren, bevor sie tatsächlich ausbricht, oder kann zumindest wissen, daß eine Krankheit im Anzug ist. Diese Fähigkeit kann man sowohl auf sich selber als auch auf andere anwenden.

Krankheit ist ein Prozeß, durch den dein Körper dir Unausgewogenheiten und Störungen zu erkennen gibt, die du in deinem Leben machst oder in deinem Leben geschehen läßt. Wenn du siehst, daß bei dir eine Krankheit im Anzug ist, dann kannst du dich fragen, was in deinem psychischen Raum nicht in Ordnung ist und was du tun kannst, um dich wieder ins Gleichgewicht zu bringen. Kranksein ist natürlich Teil des Gesundseins, und manchmal mußt du einfach deine Krankheit kriegen. Dennoch, ein wenig Vorbeugen erspart eine Menge Kurieren, und wenn du die Möglichkeit hast, übersinnliche Informationen über deinen Körper zu bekommen, kannst du oft eine Krankheit vermeiden oder erleichtern, indem du deinen Körper fragst, was er zur Wiederherstellung seines Gleichgewichts braucht, und es ihm dann gibst.

Bill hat viele Jahre hindurch unter einem schwachen Rücken gelitten. Ein- bis zweimal im Jahr war es gewöhnlich so, daß er aufwachte und sich fast nicht mehr bewegen konnte, und er mußte dann zwei Tage im Bett verbringen und an die Decke starren. Die Mediziner waren ratlos. Röntgenaufnahmen ließen keine Veränderungen an seiner Wirbelsäule erkennen, und Rückenspezialisten konnten auch an seiner Rückenmuskulatur nichts entdecken. Ein Chiropraktiker streckte ihm die Wirbelsäule, und obschon Bill es sehr genoß, in zwei Minuten drei Zentimeter länger zu werden, hatte er jedoch eine halbe Stunde später immer noch fürchterliche Schmerzen.

Zwei Dinge brachten schließlich Klarheit in seine Rückengeschichte, und wie es scheint, auf Dauer. Das eine war Rolfing*, eine Methode, tiefsitzende Muskelverspannungen zu lösen, die augenscheinlich eher physisch als psychisch ist, und das andere waren übersinnliche Gespräche, die er mit seinem Rücken führte. Er sagte: ,,Okay, Rücken. Was ist los? Was willst du von mir, das du nicht bekommst?'' Und sein Rücken antwortete: ,,Liebe mich. Ich liebe dich.'' Bill sagte: ,,Du bist mein einziger und heißgeliebter Rücken.''

Sein Rücken jammerte: ,,Du liebst mich nicht auf die richtige Weise. Du gehst so komisch, das belastet mich, und du sitzt ko-

---

* Siehe auch Don Johnson: ,,ROLFING — und die menschliche Flexibilität'' sowie Ken Dychtwald: ,,KörperBewußtsein'', beide Synthesis-Verlag, 1981.

misch, das belastet mich noch mehr. Genauer gesagt, du gönnst mir nie die geringste Ruhe. Du bist immer am Tun und Tun und Tun. Du hörst nie auf, um dich mal hinzusetzen und einfach zu *sein*. Jeder Teil deines Körpers und deines Bewußtseins braucht von Zeit zu Zeit eine Gelegenheit, einfach aufzuhören und sich zu entspannen, und ich spreche für deinen Körper. Ich meine nicht, daß du viele Ferien brauchst. Leg dich einfach jede Stunde oder so für ein paar Minuten hin. Lade dich wieder auf.''

Und so fing Bill an, auf seinen Rücken zu achten. Er bemerkte, daß er ihn nach einem langen Tag gewöhnlich weh tat, und er erkannte, daß der Rücken — somit er selber — müde waren. Also legte er sich einfach ein paar Minuten lang auf den Boden auf den Rücken und spürte, wie der Schmerz nachließ. Zu der Zeit sagte sein Körper ihm auch, daß er sich rolfen lassen sollte. Und da sie nicht gestorben sind, leben Bill und sein Rücken heute noch glücklich zusammen.

Diese Geschichte von Liebe und Leidenschaft klingt nicht besonders übersinnlich, und die ganze Erfahrung war tatsächlich auch sehr körperlich für Bill. Die Richtung, die die Heilung nahm, erfuhr Bill jedoch auf übersinnlichem Wege von sich selber. Und er bekam die Information einfach dadurch, daß er sich selbst befragte und darauf vertraute, daß er sich selbst die Wahrheit sagen würde. Das meinen wir damit, wenn wir davon sprechen, daß du deine Gesundheit und deine Krankheiten ,,besitzt'' und daß du sie dir selber geschaffen hast. Vertraue auf dich. Du weißt mehr, als du glaubst.

Nun laß uns zur Sache kommen: Alles, was du bis jetzt über das Heilen anderer Menschen gelernt hast, kannst du auch zu deiner eigenen Heilung anwenden, und die Techniken, die in diesem Kapitel folgen, sind ebenso auch für das Heilen anderer anwendbar. Wenn du einen Freund heilst, heilst du *dich*, und wenn du dich heilst, heilst du auch deinen Freund. Die erste Technik ist sehr ähnlich wie die einfache Heilung in Kapitel 2.

Eine einfache Selbstheilung

1. Sitze auf einem Stuhl mit gerader Rückenlehne, die Füße flach auf dem Boden. Nimm alles von deinem Schoß, kreuze weder Arme noch Beine, und lege deine Hände auf die Oberschenkel, vorzugsweise mit den Handflächen nach oben. Kaue keinen Kaugummi, rauche nicht, mach das Radio aus und so weiter. (Wir werden diesen Schritt im folgenden ,,Sitzen in der Grundhaltung'' oder ,,in Trance gehen'' nennen.)

2. Schließe die Augen, entspanne dich, und laß dein Bewußtsein, so gut du kannst, leer werden; richte dann deine volle Aufmerksamkeit auf dich.

3. Erde dich.

4. Stelle dir deine Aura vor, und fang dabei am Kopf an. (Es macht nichts, ob du sie sehen kannst oder nicht. Wir werden uns in den nächsten Kapiteln mit Auralesen befassen.) Verfolge in deinen Vorstellungen deine Aura vom Kopf den Hals hinunter, entlang der Schultern, der Arme, des Rumpfes, der Beine, der Füße. Du arbeitest einfach daran, in deinem Bewußtsein ein ,,Gefühl'' oder einen ,,Eindruck'' von deiner Aura zu bekommen. Wenn du siehst, visualisierst, fühlst oder irgendwie bemerkst, daß deine Aura an einer Stelle dünn oder kühl ist, oder wenn du kühle Farben oder kühle Bilder siehst oder wenn du an einer bestimmten Stelle deiner Aura überhaupt keinen Eindruck empfängst, dann fließt die Energie dort nicht richtig. Visualisiere neutrales, orangenes Licht, das in diese Gebiete fließt.

Wenn dir Teile deiner Aura heiß vorkommen oder dick oder dicht, dann hat sich an diesen Stellen zu viel Energie angestaut, weil sie an anderen Orten blockiert ist. Entferne diese überschüssige Energie genauso, wie du es in der ,,einfachen Heilung'' bei deinem Freund gemacht hast, außer, daß du nicht mit den Händen in deine eigene Aura zu greifen brauchst. Stell es dir in diesem Fall einfach nur vor — aber intensiv.

5. Wenn du den vierten Schritt vollendet hast und die Energie gut durch deine ganze Aura fließt, dann visualisiere eine klare, saubere, neutrale, hellgoldene Energie, die deinen ganzen Körper umspült.

6. Stell dir vor, wie deine Hände vom Kopf bis zu den Füßen deine ganze Aura ausstreichen.

7. Öffne die Augen, falte die Hände und sitze einen Augenblick still. Dann beuge dich vor, und laß etwa eine Minute lang deinen Kopf zwischen den Beinen hinunterhängen. Steh schließlich auf und strecke dich ausgiebig. Wenn du dich etwas benommen oder „abgehoben" fühlst, lauf noch ein bißchen herum, bevor du wieder in die Welt hinausgehst. (Diesen Schritt nennen wir im folgenden „aus der Trance heraus kommen".)

Energie fließen lassen

In Kapitel 1 haben wir kurz von Energie gesprochen und darüber, daß man ein richtiges Gleichgewicht von Erd- und kosmischer Energie dazu benutzen kann, seine psychische Stabilität aufrechtzuerhalten. Wir bezogen uns dabei auf einen Prozeß, in dem wir Energie zum Fließen bringen und durch unseren Körper laufen lassen. Dieses Energiefließenlassen ist ein ideales Mittel, um deine Batterien wieder aufzuladen, dein Energiegleichgewicht wiederherzustellen, wenn es unter den Härten des täglichen Lebens verlorengegangen ist, oder um deinen Energiehaushalt einer generellen Reinigung zu unterziehen. Wir empfehlen zwar nicht extra, diese Übung regelmäßig zu machen — du kannst das tun, wenn du willst, und wenn nicht, läßt du es sein —, aber wir stellen fest, daß sie sich wunderbar dazu eignet, dich am Morgen auf die Beine zu bringen oder nach acht Stunden Streß wieder weich werden zu lassen. Schließlich wird es dir auch gute Dienste leisten, wenn du diese Übung vor und nach langen Heilungen machst, erst, um dich in psychisches Gleichgewicht zu bringen, und hinterher, um es wieder herzustellen.

a) Erdenergie fließen lassen
1. Beginne mit Schritt 1—3 der einfachen Heilung (Kapitel 2).
2. Wenn du gut geerdet bist, konzentrierst du deine Aufmerksamkeit auf die Fußchakras (die sich, wie du weißt, im Fußspann befinden). Stell dir vor, wie die hellbraune Energie des Planeten Erde durch deine Fußchakras heraufgezogen wird, sich in deinen Beinen und deinen Oberschenkeln ausbreitet und dann in dein erstes Chakra fließt (am unteren Ende der Wirbelsäule, wenn du ein Mann bist; zwischen den Eierstöcken, wenn du eine Frau bist). Du kannst diese Energie vielleicht buchstäblich *fühlen* — vielen Leuten geht das so.
3. Nun stell dir vor, wie die Erdenergie in deinen Körper hinaufwandert, durch das zweite, dritte, vierte, fünfte, sechste und siebte Chakra. Sende einen Teil davon in deine Handchakras. Stell dir vor, wie die Energie in deine Aura fließt.
4. Wenn die Energie dein siebtes Chakra oben auf dem Kopf erreicht hat, dann laß sie durch den Körper wieder herunterfließen. Wenn sie beim Zurücklaufen das erste Chakra erreicht hat, spülst du sie über deine Erdschnur direkt zum Erdmittelpunkt hinunter. Dort wird sie, mitsamt allem psychischen Müll, den sie mitgenommen hat, neutralisiert.
5. Komm aus der Trance.

b) Erdenergie und kosmische Energie fließen lassen
Wenn du die Erdenergie ohne Schwierigkeiten fließen lassen kannst und die Schritte so gut weißt, daß du nicht mehr ins Buch schauen mußt, dann kannst du etwas kosmische Energie hinzufügen.

1. Beginne mit Schritt 1—3 von ,,Erdenergie fließen lassen''.

2. Während die Erdenergie durch deinen Körper wandert, konzentrierst du dich nun auf das siebte Chakra oben auf deinem Kopf. Stell dir vor, wie die goldene Energie des Kosmos durch die Krone in dein siebtes Chakra oben auf dem Kopf hereingezogen wird und dann direkt in dein drittes Chakra, am Solarplexus, hinunterwandert.

3. Nun stell dir vor, wie die Erdenergie und die kosmische Energie sich in deinem dritten Chakra treffen, und mixe sie zusammen wie Milch und Kakao.

4. Wenn du die beiden Energien zusammengemischt hast, laß die Mischung durch deinen Körper fließen. Laß sie ein bis zwei Minuten zirkulieren, und erde sie dann hinaus, das heißt, spüle sie über deine Erdungsschnur zum Erdmittelpunkt hinunter.

5. Komm aus der Trance. Im folgenden, wenn wir von ,,Energie fließen lassen'' sprechen, meinen wir das Fließenlassen von kosmischer und Erdenergie zusammen, wie wir es gerade getan haben.

Die Chakras öffnen und schließen

Gewöhnlich wird Leuten, wenn wir ihnen sagen, wir lernen jetzt die Chakras öffnen und schließen, ganz mulmig zumute, wenn sie sich vorzustellen versuchen, wovon wir eigentlich sprechen, und sie sind sicher, daß sie es — egal was es ist — nie schaffen werden. Keine Angst! Du hast es gerade getan.

Als du in der vorherigen Übung Erdenergie durch deine Fußchakras heraufgeholt hast, hast du sie geöffnet. Man kann schließlich nicht erwarten, daß die Energie durch eine geschlossene psychische Tür kommt, nicht? Und genauso hast du dein siebtes Chakra geöffnet, als du kosmische Energie durch deinen Kopf hereingezogen hast. Das Öffnen und Schließen der Chakras ist nur eine Sache des Zulassens: Du tust es einfach. Du kannst dazu ein geistiges Bild zu Hilfe nehmen.

Gewöhnlich betätigst du deine Chakras automatisch, durch eine Art astraler Vorrichtung, die den Energiefluß in und aus deinem psychischen System reguliert, genauso wie dein autonomes Nervensystem deinen Atemfluß und deinen Blutkreislauf reguliert. Manchmal ist es jedoch von Vorteil, wenn du die Energie, die in deinen psychischen Haushalt hereinkommt, kontrollieren oder ein bestimmtes Chakra öffnen und schließen kannst.

In Kapitel 1, als wir über die Chakras sprachen, haben wir auf Unannehmlichkeiten hingewiesen, die du bekommst, wenn dein zweites Chakra weit offen ist. Wenn derselbe Freund, der so viele Probleme hat, mit dir Kaffee trinken will, und du willst ihm helfen, ohne dabei seine Depressionen aufzusaugen, dann brauchst du nur dein zweites Chakra mindestens zur Hälfte zu schließen, und es ist sehr viel weniger wahrscheinlich, daß du dich in Mitgefühl mit ihm verlierst. Dann bist du frei, dir seine Schwierigkeiten anzuhören, und wenn ihr das beide wollt, kannst du ihm Rat und Hilfe anbieten. Und wenn du dann gehst, fühlst du dich immer noch wohl: Du hast dir nicht sein psychisches Gepäck aufgeladen.

Deine Energien sollen dir dienen und nicht im Widerstreit mit dir sein. Deine Energiezentren sollen so funktionieren, wie es der jeweiligen Situation angemessen ist. Wenn du zum Beispiel über eine lange Zeit hinweg auf ,,Überleben'' eingestellt warst, um mit deiner Miete, deiner Arbeit, deinem Lebensunterhalt usw. klarzukommen und eines Tages hast du eine Menge Geld, und dein Vermieter schickt dir einen Strauß Rosen, dann ist es nicht mehr angemessen, aus dem ersten Chakra zu leben. Du überlebst wunderbar. Dein erstes Chakra weiß das aber vielleicht nicht auf Anhieb. Es hat wochen- oder monatelang auf Hochtouren gearbeitet und ist es gewohnt, hundertprozentig offen zu stehen.

Es wird sich allmählich von selber schließen, aber du läufst in der Zwischenzeit vielleicht immer noch ängstlich und angespannt herum, weil du noch auf Überleben eingestellt bist. Viel einfacher ist es, das Chakra zu schließen, wenn du weißt, es ist an der Zeit, und es bei Bedarf wieder zu öffnen. Und das ist für alle Chakras so.

Hier ist eine kleine Übung, die dir ein Gefühl dafür geben soll, wie es ist, wenn die Chakras sich öffnen und schließen. Es ist ein bißchen so, wie wenn du die Flügelklappen an einem Flugzeug ausprobierst. Wenn du dich an diese Fähigkeit, die Energiezentren zu öffnen und zu schließen, gewöhnt hast, kannst du sie jederzeit auf- oder zumachen.

1. Sitze in der beschriebenen Grundhaltung, leere dein Bewußtsein und erde dich.

2. Konzentriere deine Aufmerksamkeit auf das erste Chakra. Wie wir in Kapitel 1 gesagt haben, erscheinen die Chakras als kleine runde Scheiben, etwa in der Größe eines Silberdollars, und sind von stumpfer Färbung. Wenn deine anders aussehen, braucht dich das nicht zu beunruhigen: Wir haben Chakras gesehen, die sahen aus wie runde Stecknadeln, wie alte Münzen, Kronkorken, Pyramiden und alle möglichen anderen Formen. Wenn du dein Chakra nicht sehen kannst, dann tu einfach so, als ob du es könntest, und stell dir vor, wie es aussehen würde, *wenn* du es sehen könntest.

3. Stell dir vor, daß dein erstes Chakra sich wie eine Kameralinse öffnet oder wie eine Blume, die ihre Blütenblätter entfaltet.

4. Wenn es so weit offen ist, wie es bequem geht, dann stell dir vor, wie sich das Chakra langsam schließt, bis es ganz zu ist.

5. Nun stell dir wieder vor, wie es sich öffnet.

6. Stell dir wieder vor, wie das Chakra sich schließt.

7. Wiederhole Schritt 5 und 6 so lange, bis du ein klares Gefühl hast, wie es ist, wenn dein erstes Chakra offen ist, und wie es ist, wenn es zu ist.

8. Wiederhole die ganze Übung mit allen sieben Hauptchakras,

dann mit den Handchakras und dann mit den Fußchakras. Nimm dir so viel oder so wenig Zeit, wie du zu jedem Schritt brauchst. Nach und nach wirst du merken, daß du jedes Chakra sofort öffnen oder schließen kannst, indem du es einfach zuläßt.

Wenn du mit dieser ganzen Übung fertig bist, wirf noch einen letzten Blick auf jedes deiner Chakras und entscheide, wie weit es offen sein soll — ganz, halb, viertel, 10 Prozent oder sonstwie —, und laß das Chakra das wissen. Schließe im Augenblick noch keines deiner Chakras vollständig.

10. Komm aus der Trance.

In einer Ecke des Zimmers sein

Diese Übung dient dazu, dir bewußt zu machen, daß du es vollkommen unter Kontrolle hast, worauf du deine Energie konzentrierst. Außer daß sie deine allgemeinen übersinnlichen Fähigkeiten schärft, ist diese Übung nützlich, wenn du übersinnliche Informationen „liest" (siehe Kapitel 4), wenn du Heilungen außerhalb des Körpers machst (siehe Kapitel 8) und in der Eigendiagnose.

1. Sitze in der beschriebenen Grundhaltung, leere dein Bewußtsein und erde dich.

2. Bleibe geerdet, und öffne für einen Moment die Augen, um die vier Ecken des Raumes anzuschauen, wo die Wände auf die Decke treffen.

3. Wähle eine dieser Ecken aus, und schließe wieder die Augen.

4. Stell dir vor, du bist in dieser Ecke und schaust auf deinen Körper herunter, der auf dem Stuhl sitzt. Bleib etwa eine Minute lang dort. Stell dir vor, wie dein Körper von dieser Ecke des Raumes aus aussieht. Was tut er? Stell dir vor, daß du die Aura um

deinen Körper herum sehen kannst. Wie sieht sie aus? Wenn du sie nicht sehen kannst, wie würde sie aussehen, *wenn* du sie sehen könntest?

5. Stell dir vor, daß du wieder in deinem Körper bist, in der Mitte deines Kopfes. Wie fühlt es sich da an? Ist es anders als in der Ecke des Raumes? Wenn ja, wie?

6. Gehe ein paarmal zwischen deinem Körper und der Ecke des Raumes hin und her. Schau jedesmal, wenn du in der Ecke bist, deinen Körper an, und stell dir die Aura vor, die ihn umgibt, bzw. stell dir vor, daß du sie sehen könntest.

7. Komm aus der Trance.

Arbeite nicht länger als fünfzehn Minuten hintereinander an dieser Übung, aber mach sie so oft, bis du dich wohl fühlst, wenn du in deinem Körper bzw. in der Ecke des Raumes bist. Mach diese Übung nicht beim Autofahren.

Meditation und Heilen mit Farben

In den vorhergehenden Kapiteln haben wir dich gelehrt, farbige Heilenergie zu benutzen. Bis jetzt hast du hellbraune Erdenergie, goldene kosmische Energie und orangefarbene Heilenergie verwendet.

Es ist allgemein bekannt, daß Farben die Stimmung beeinflussen: Die Verpackungen und buntfarbigen Auslagen in Supermärkten sind darauf ausgerichtet, daß die Konsumenten zum Kaufen angeregt werden; das braune Holz in einem Landhäuschen macht eine gemütliche, erdige Stimmung; ein Zimmer, das in ruhigen Blau- und Grüntönen gehalten ist, wirkt beruhigend, während ein Raum, der grell orange und rot tapeziert und möbliert ist, den ge-

genteiligen Effekt hat. Wenn du am Abend vorhast, am nächsten Tag ein schwarz-weißes Kleid zu tragen, und am nächsten Morgen deine Meinung änderst und Rosa wählst, dann paßt du deine Kleidung deiner Stimmungsveränderung an.

Um herauszufinden, wie die verschiedenen Farben auf dich wirken, kannst du die folgende Farbmeditation ausprobieren.

Erde dich als erstes. Dann, anstatt in Trance zu kommen, indem du kosmische und Erdenergie hereinholst, laß *farbige* Energie durch dich laufen. Nimm die Farben der untenstehenden Liste, und visualisiere zuerst einen Tropfen von einer Farbe auf deinem geistigen Bildschirm; dann stell dir vor, wie diese Farbe durch deine Füße und Beine heraufkommt und durch dein Kronenchakra herunter und laß sie durch deinen ganzen Körper zirkulieren. Verwende auf jede Farbe eine halbe bis eine Minute, dann laß sie verblassen und die nächste hereinkommen. Wir empfehlen diese Reihenfolge:

1. Schwarz am Anfang; dann gehe über zu
2. Grau. Beachte den Unterschied. Jetzt bring
3. Braun herein. Fang mit Hellbraun an, dann stell dir vor, wie die Farbe intensiver wird. Das Nächste ist
4. Rot. Fang wieder mit einem hellen Rot an, und laß es zu einem satten Scharlachrot werden. Darauf folgt
5. Orange, das dir schon vertraut ist. Fühlt sich das Orange in dieser Übung anders an als in den vorhergehenden? Als nächstes kommt
6. Gelb. Laß auf das Gelb ein
7. helles Apfelgrün folgen, das zu einem dunklen Seegrün wird. Die nächste Farbe ist
8. Himmelblau. Laß es sich langsam zu einem Königsblau vertiefen. Darauf folgt
9. Rosa. Von Rosa gehe weiter zu
10. Lavendelblau. Laß das sich vertiefen zu

11. Violett. Danach kommt
12. Gold. Nach Gold
13. Silber. Und nach Silber
14. Weiß.

Komm aus deiner Trance heraus.

Schau bei dieser Meditation, welche Farbe für dich am angenehmsten ist. Wenn du dich hinsetzt, um Energie durch dich fließen zu lassen, oder wenn du irgendeine der Selbstheilungsübungen in diesem Kapitel machst, kannst du am Anfang einen Augenblick lang eine Farbe, die du gern magst, durch deinen Körper fließen lassen. Du brauchst nicht die ganze Farbübung zu machen, bis du zu deiner Farbe kommst, sondern stell dir einfach vor, daß sie spontan erscheint, und laß sie auf die gewohnte Weise durch dich wirken.

Farben sind sehr wirksam, wenn du andere Menschen heilen willst. Stell dir dazu einfach vor, daß die Farbe deiner Wahl (mit Orange hast du es ja schon gemacht) durch deine Hände (noch einmal: benutze *nicht* deine eigene Energie) in den Körper und/oder die Chakras und die Aura deines Freundes fließt. Um zu entscheiden, welche Farbe du benutzt und ob du eine andere benutzt als Orange — die Grundfarbe —, läßt du dich am besten von deiner Intuition und deiner Erfahrung leiten. Wir finden Orange nicht zu stark, und es gibt Schwung, während Blau sich beruhigend auswirkt, wenn jemand nervös ist.

Wenn dein Freund gut geerdet ist, kannst du ihn mit zuviel Energie nicht negativ beeinflußen. Alles, was mehr ist, als er gebrauchen kann, geht durch seine Erdungsschnur ab. Es macht die Dinge jedoch wirklich leichter, wenn du sensibel dafür bist, welches zum Anfang die richtige Energiemenge ist. Dein Freund behauptet vielleicht, daß er überhaupt nichts von dem spürt, was du tust, aber du hast es *nicht* mit einem Spielzeug zu tun: Die Energie, die du benutzt, wirkt sowohl auf seinen astralen wie seinen physischen

Körper. Du würdest jemandem, der eine Woche lang nichts gegessen hat, keine Pizza geben — du würdest vorsichtig mit etwas Leichtem anfangen, mit Saft oder so etwas, und dich allmählich an die Pizza heranarbeiten. Bring deine Freunde nicht in astrale Verdauungsstörungen. Fang sanft an, und taste dich vorsichtig an die stärkeren Farben und die stärker wirkenden Techniken heran.

Den Körper real machen

Du hast sicher inzwischen gemerkt, daß wir jede Übung mit demselben Schritt beenden: Wir bitten dich, die Hände zu falten und einen Moment stillzusitzen und dann ungefähr eine Minute lang den Kopf vornüber zwischen den Beinen hängen zu lassen. Manchmal schlagen wir auch vor, daß du danach noch ein wenig im Zimmer umhergehst.

Wie wir schon gesagt haben, ist der Zweck des Händefaltens nach der übersinnlichen Arbeit der, den Körper in einen geschlossenen Energiekreis zu bringen, so daß die Energie nicht ziellos aus dir herausfließt. Das Vornüberbeugen läßt überschüssige psychische Energie — die herausfließen *soll* — auslaufen. Das Herumgehen ist eine Art, den Körper nach übersinnlichen Aktivitäten wieder ,,real'' zu machen.

Wir wollen damit nicht sagen, daß dein Körper während dieser Arbeit weniger ,,real'' wird, als er sonst ist. Es ist eher so, daß du bei der übersinnlichen Arbeit deine Aufmerksamkeit auf den astralen anstatt auf den physischen Körper konzentrierst, und nach einer solchen Tätigkeit kannst du leichter wieder auf der physischen Ebene operieren, wenn du zuerst deine Verbindung mit dem physischen Körper wieder bestätigst.

Wenn du psychische Energie durch deinen Körper fließen läßt, rüttelt dich das automatisch und unvermeidlich durch. Wenn du den Übungen in diesem Buch folgst, wirst du irgendwann dabei neue Einsichten und neue Einstellungen zu dir selber und zu anderen gewinnen. Wenn du deinen Körper auf diese Weise kennenlernst, merkst du vielleicht, daß einige seiner Gefühle und Reaktionen darauf basieren, was andere Leute für das Beste für dich halten, anstatt darauf, was du am besten findest, und du wirst vielleicht mehr aus deinem eigenen Willen heraus leben wollen.

All dies bedeutet für deinen Körper Veränderung, und seine erste Reaktion darauf wird sein: ,,Nein!'', und zwar deshalb nicht, weil, was immer seine Gewohnheiten sind — gut oder schlecht, besser oder nicht so gut —, es *seine* Gewohnheiten sind, die er kennt. Und wenn er befürchtet, daß das, was er kennt, ihm weggenommen werden soll, bedeutet das höchste Alarmstufe. Im Extremfall kann der Körper krank werden, aber es ist wahrscheinlich öfter der Fall, daß du dich schläfrig oder unruhig, gelangweilt oder ängstlich fühlst, wenn du übersinnlich arbeitest. Das ist die Art, wie du durch deinen Körper zum Ausdruck bringst: ,,Ich will mich nicht verändern!''

Vielleicht bist du jemand, der ängstlich oder wütend wird, wenn man ihm viel Liebe entgegenbringt. Wenn du das bemerkst, beschließt du vielleicht, statt dessen lieber mit Wärme zu reagieren. Dennoch geht es dir immer wieder so, daß du wütend oder ängstlich wirst, wenn jemand dir Liebe entgegenbringt. Das ist deshalb so, weil dein Körper seine Reaktionen zur *Gewohnheit* gemacht hat. Er denkt: ,,Ich habe es immer so gemacht! Nur so kann ich überleben! Das kann ich nicht aufgeben!'' Er muß neue Muster ganz langsam lernen.

Wie wir schon gesehen haben, ist Selbstbeobachtung der erste Schritt zum inneren Wachstum. Wenn du Dinge an dir beobachtest, die du ändern möchtest, dann kannst du das sicher tun. Verändere sie jedoch sanft, sonst fühlt dein Körper sich unwirklich oder ungeliebt. Beschuldige dich nicht für irgend etwas, das du warst, bist oder sein wirst. Laß lieber jede Entscheidung zu einer Veränderung ein Geschenk von dir an dich selber sein, und stehe dazu, daß du warst oder bist, wie es zu diesem Zeitpunkt für dich richtig war oder ist. Du möchtest in etwas Neues hineinwachsen, weil das jetzt besser für dich funktioniert, nur aus diesem Grund, nicht weil du ,,schlecht'' bist oder warst.

Es gibt viele Arten, wie du den Körper real machen kannst, und bei allen ist das Wichtigste, daß du deine Aufmerksamkeit auf den Körper konzentrierst. Da diese konzentrierte Aufmerksamkeit das Wichtigste an solchen Übungen ist, solltest du sie nicht irgendwie aufs Geratewohl machen. Du sollst vielmehr genau darauf achtgeben, was du tust, und wenn du dich dabei in Gedanken verlierst, schau, ob du den genauen Zeitpunkt ausmachen kannst, zu dem das geschah, und was du da gedacht hast.

Die Übungen sind ganz einfach und machen Spaß. Aber Achtung! Sie sind auch eine Falle. Da sie einfach sind und Spaß machen, kannst du sie sehr leicht automatisch machen, ohne achtzugeben.

Jede Übung besteht nur aus einem Schritt; die folgende Liste ist also eine Reihe von verschiedenen Übungen, nicht eine einzige Übung mit verschiedenen Schritten.

1. Iß etwas.
2. Liebe nach Herzenslust.
3. Mach Gymnastik oder Körperübungen; Spazierengehen ist besonders gut dafür, den Körper real zu machen, da die Aufmerksamkeit dabei auf die Fußchakras gerichtet wird, die deine unmittelbare Verbindung mit der Erde sind.
4. Nimm ein Bad oder eine Dusche. Ein Guß kalten Wassers wirkt Wunder, wenn es darum geht, das Wesen wieder mit seinem Körper bekannt zu machen und umgekehrt.

Dein Körper hat vielleicht irgendeine eigene Art, wie er sich gern an seine Realität erinnern läßt. Wenn du so etwas kennst, dann mach das.

Schnüre

Wir sprechen in diesem Buch gelegentlich über deinen ,,Raum'' und über den Raum anderer Menschen und darüber, in deinem eigenen Raum zu sein. Dein Raum ist dein Körper, der physische und der astrale, und nur du kannst bequem darin wohnen. Unglücklicherweise versuchen andere Menschen oft, sich auch hereinzudrängen, weil sie deine Aufmerksamkeit oder irgendeine Art von Kommunikation mit dir haben wollen.

Im psychischen Jargon heißen solche Bitten um Aufmerksamkeit ,,Schnüre''. Das Auge des Hellsehers kann nämlich schnurähnliche Energielinien wahrnehmen, die in die Chakras hineingehen und dich mit anderen Leuten verbinden. Es ist auch hier nicht notwendig, die Schnüre tatsächlich zu sehen: Du kannst einfach *wissen*, daß sie da sind, das ist genauso wirksam.

Es werden ständig Schnüre zwischen den Chakras verschiedener Leute hin und her gezogen, ohne daß sie sich dessen bewußt sind. In der nächsten Übung zeigen wir dir, wie du deine Schnüre lokalisieren und herausziehen kannst, denn gewöhnlich trägst du sie als unnötigen Ballast mit dir herum. Wenn du von oben bis unten voller Schnüre steckst, arbeitest du wahrscheinlich zum Teil mit der Energie anderer Menschen anstatt mit deiner eigenen. Es ist jedoch falsch, es als Betrug zu betrachten, wenn jemand dir ,,eine Schnur anhängt'', oder als etwas Schlechtes, das dir jemand antut. Du kannst tatsächlich von niemandem eine Schnur angehängt bekommen, wenn du es nicht willst. Niemand kann dir auf übersinnlichen Wege etwas antun — es gehören immer zwei dazu.

Die Schnüre bedeuten in den verschiedenen Chakras jeweils etwas anderes und wirken auch anders:

Erstes Chakra. Dies ist dein Überlebenszentrum. Eine Schnur in dieses Zentrum bedeutet: ,,Ich möchte, daß du mir beim Überleben hilfst.'' Das erste Chakra ist kein guter Platz für eine Schnur, es sei denn zwei Menschen haben eine klare Abmachung darüber, daß der eine dem anderen beim Überleben hilft. Für ein Kind ist es zum Beispiel ganz natürlich, eine solche Schnur zu seinen Eltern oder zu anderen Erwachsenen, die für sein Leben zentral sind, zu haben. Oder wenn du einen kranken oder verletzten Freund hast, und du kümmerst dich um ihn, dann gibt es wahrscheinlich ein klares Einverständnis zwischen euch, daß du ihm für eine gewisse Zeit helfen *willst* zu überleben. Wenn du jedoch von deinem Freund oder Liebhaber eine Schnur in deinem ersten Chakra findest, mit der versteckten Botschaft ,,Ich brauche dich'', dann ist es dir vielleicht lieber, diese Schnur herauszuziehen und die Art eurer Beziehung zu überprüfen. Vergiß nicht, niemand kann dir eine Schnur anhängen, wenn du es nicht willst.

Zweites Chakra. Dies ist das Chakra von Sexualität und Emotionen. Eine Schnur im zweiten Chakra heißt entweder: ,,Ich habe sexuelles Interesse an dir'', oder: ,,Gib mir emotionale Unterstützung, achte auf meine Gefühle.'' Eine Sexschnur willst du vielleicht herausziehen, vielleicht auch nicht, das hängt davon ab, ob du sie genießt oder nicht. Ein Gefühlsschnur ziehst du jedoch besser heraus, weil sie bedeuten kann, daß dir Energie abgezapft wird, und solch eine Schnur ist oft von ,,bedürftigen'' Schwingungen begleitet. Es ist einfacher, von deinem Herzzentrum aus auf jemandes emotionale Bedürfnisse zu reagieren, als von deinem zweiten Chakra aus.

Drittes Chakra. Dies ist das Energiezentrum. Eine Schnur hier bedeutet: ,,Ich will etwas von deiner Energie, meine reicht nicht aus'', oder: ,,Ich will lieber mit deiner Energie arbeiten, als dafür verantwortlich sein, meine zu nehmen.'' Es versteht sich von selber, daß eine Schnur im dritten Zentrum dir nur deine Energie absaugt und du besser daran tust, sie zu entfernen. Eine starke Schnur in diesem Zentrum kann dir ein enges Gefühl im Magen verursachen.

Viertes Chakra. Dies ist das Zentrum von Liebe und Mitgefühl. Eine Schnur im vierten Zentrum bedeutet gewöhnlich: ,,Ich liebe dich'', oder: ,,Ich mag dich.'' Vielleicht möchtest du die Schnüre aus diesem Zentrum entfernen, und wenn es nur deshalb ist, weil du die einzige Person sein willst, die Energie in deinem Körper hat. Im allgemeinen sind jedoch Schnüre in diesem Zentrum weniger saugend als in anderen. Amy läßt manchmal, wenn sie ihre Chakras reinigt, im vierten ein paar Schnüre übrig, weil sie diese ,,Grüße'' ihrer Freunde genießt.

Fünftes Chakra. Dies ist das Kommunikationszentrum. Eine Schnur hier bedeutet: ,,Ich möchte mit dir in Kommunikation treten'', und oft: ,,Ich möchte mit dir sprechen.'' Eine dicke Schnur im fünften Chakra kann dir Halsschmerzen verursachen.

Sechstes Chakra. Dies ist das Zentrum des Hellsehens. Eine Schnur im sechsten Zentrum heißt, das jemand ,,in deinem Kopf'' ist, daß er intensiv an dich denkt oder wissen möchte, was du denkst, oder vielleicht, was du von ihm denkst. Diese Schnüre können Kopfschmerzen verursachen.

Siebtes Chakra. Dies ist das Chakra von Wissen und Intuition. es ist wiederum ein unguter Ort für eine Schnur, wenn die Botschaft dabei ist: ,,Ich möchte dich beherrschen'', oder vielleicht auch: ,,Ich möchte, daß du meine Lehren befolgst.'' Manche Lehrer in übersinnlichen, mystischen oder anderen Bereichen des Bewußtseins pflanzen zeitweilig Schnüre ins siebte Chakra ihrer Schüler, um das Lernen zu erleichtern.

Handchakras. Die Hände sind der Sitz der kreativen Energie, und eine Schnur hier kann entweder bedeuten: ,,Mach es so wie ich'', oder: ,,Mach es für mich.'' Da Kreativität eine Form des Selbstausdrucks ist, kann eine Schnur in den Handchakras die Art und Weise beeinflussen, wie du praktisch alles machst, wie du kochst,wie du Tennis spielst oder wie du ein Buch schreibst.

Fußchakras. Die Füße stellen deine Verbindung zur Erde her, und eine Schnur in den Füßen bringt dich aus der Erdung; du fühlst dich dann vielleicht benommen oder abgehoben oder hast sogar das Gefühl, ,,in der Luft zu hängen''.

Der größte Vorteil dabei, wenn du über die Schnüre Bescheid weißt und weißt, wie du sie herausziehen kannst, ist der, daß du sauberer und freier handeln kannst, wenn du deinen Körper mit deiner eigenen Energie betreibst. Nebenbei wirst du, wenn du mit der Zeit Übung darin hast, Schnüre zu finden und herauszuziehen, eine Menge über deine Beziehungen lernen. Du entdeckst vielleicht Schnüre von ganz unerwarteten Leuten an ganz unerwarteten Stellen. Überdies ist sich die Person, von der du eine Schnur hast, vielleicht gar nicht recht dessen bewußt, was sie dir da mitteilt.

Wie erkennst du, ob jemand eine Schnur in dir hat? Schau deine Aura und deine Chakras an. Wenn Schnüre drin sind — und vermutlich sind mehr oder weniger viele da —, wirst du sie sehen. Und was machst du, wenn du Schnüre in deinen Chakras findest? Du ziehst sie heraus.

Schnüre herausziehen

1. Sitze in der beschriebenen Grundhaltung, schließe die Augen, laß dein Bewußtsein leer werden und erde dich.

2. Laß ungefähr eine Minute lang Energie durch deinen Körper laufen.

3. Stell dir nun deine Aura vor, wie in Schritt 4 der einfachen Selbstheilung (Kapitel 3), und mach auch alles übrige, wie es für diesen Schritt angegeben ist.

4. Wenn du deine Aura gereinigt hast und die Energie gut fließt, konzentriere deine Aufmerksamkeit auf dein erstes Chakra, wie in Schritt 2 der Übung ,,Chakras öffnen und schließen''. Schau, ob du dort irgendwelche Schnüre sehen, visualisieren kannst. Wenn nicht, dann schau noch einmal hin.

Wenn du in deinem ersten Chakra Schnüre findest, stell dir vor, wie deine Hände in deine Aura greifen und sie herausziehen. Eine Schnur kann groß, klein, dick oder dünn, leicht oder schwer herauszuziehen sein. Geh sanft damit um! Die meisten Schnüre rutschen einfach heraus, wenn du dazu bereit bist, und es ist nicht nötig, daß du ein Loch in dein Chakra reißt. Wenn irgendeine Schnur hartnäckig erscheint, frag sie, wem sie gehört, oder folge ihr aus der Aura heraus, bis du die Person, die sie dir angehängt hat, sehen, visualisieren, fühlen oder sonst irgendwie wahrnehmen kannst.

Diese Person kann eine enger Freund oder dein Ehepartner sein; es kann dein Chef oder ein Angestellter sein; es kann auch der Hausierer sein, dem du am Morgen fünfzig Pfennig gegeben hast. Es kann tatsächlich jeder sein, auch jemand, der seit Jahren tot ist. Schau einfach nach und geh davon aus, daß derjenige, der in deiner Vorstellung auftaucht, der richtige ist. Wenn mehr als eine Person auftauchen, dann arbeitest du wahrscheinlich an zwei Schnüren auf einmal. Dann kannst du eine davon auf ,,bitte warten'' stellen, bis du mit der anderen fertig bist.

Wenn du die Schnur bis zu ihrem Besitzer zurückverfolgt hast, dann danke ihm für sein Interesse an dir, und erkläre ihm, daß du seine Schnur nicht haben willst; sag ihm, daß, wenn er mit dir in Beziehung treten will, er das auf bewußter, physischer Ebene tun soll, anstatt auf der astralen. Dann gehe zurück zu deinem ersten Chakra und zieh die Schnur heraus. Sie sollte jetzt ohne Schwierigkeiten herauskommen. Wenn sie nicht herausgeht, ganz gleich was du tust, dann willst du sie vielleicht nicht wirklich entfernen. Es ist in Ordnung, wenn du sie drin läßt, aber sei dir bewußt, daß es deine Wahl ist. Wenn du eine Schnur herausziehst, die du in Wirklichkeit haben willst, kommt sie wieder. Dein Schnur-Kommunikations-System existiert schon eine Weile. Ziel dieser Übung ist es, dir freie Wahl zu geben, ob du willst, daß andere Leute in deiner Energie herumwirtschaften oder nicht oder daß sie dir ihre Energie aufdrängen.

5. Wenn du das Gefühl hast, daß im ersten Chakra keine Schnüre mehr sind, dann gehe zum zweiten über. Gehe mit deinem zweiten Chakra Schritt 4 durch, und dann mit allen übrigen Chakras, einschließlich der Hand- und Fußchakras.

6. Wenn du aus allen Chakras die Schnüre entfernt hast, stell dir einen riesigen Wasserhahn vor, aus dem kristallklares Wasser fließt und dein Energiesystem auswäscht. Es kommt durch das siebte Chakra herein und fließt hinunter durch dein sechstes, fünftes, viertes, drittes, zweites und erstes Chakra (du kannst es auch durch deine Hände und Füße zirkulieren lassen), und dann spülst du es durch dein Erdungsseil zum Erdmittelpunkt hinunter, wo es neutralisiert wird.

7. Visualisiere nun eine klare, saubere, neutrale, hellgoldene Energie, die durch dein gesamtes Energiesystem und über deinen ganzen Körper fließt.

8. Stell dir vor, wie deine Hände vom Kopf angefangen bis zu den Füßen deine Aura ausstreichen.

9. Komm aus der Trance heraus. Tu irgend etwas, um deinen Körper real zu machen — wasch dir das Gesicht, trinke eine Tasse Kaffee oder Tee oder finde einen Freund, den du umarmen kannst. Dies war die anstrengendste übersinnliche Übung, die du bis jetzt von uns gelernt hast. Sei für den Rest des Tages nett zu dir.

Neutralität und Offenheit

Wie um alles in der Welt sollst du, bei all den verschiedenen Energien, die die ganze Zeit um dich herumschwirren, in deinem eigenen psychischem Raum bleiben, keine Schnur aufnehmen, anderen Leuten keine Schnur anhängen, nicht in den Vorstellungen, die du oder andere Leute sich davon machen, wie du zu sein hast, hängenbleiben, deine Chakras sauber halten, gesund bleiben und ganz allgemein deine eigene psychische Integrität im Gleichgewicht halten?

Bleibe neutral und leiste gegen nichts Widerstand.

Merke: Wir haben nicht gesagt, du sollst alles glauben, was man dir sagt (eigentlich sollst du nichts glauben!), oder daß du deine Gefühle, Gedanken oder körperlichen Reaktionen unterdrücken sollst. Im Gegenteil, das würde bedeuten, daß du gegen deine eigenen Impulse Widerstand leistest, und das ist sicherlich keine neutrale Haltung. In Kapitel 1 haben wir gesagt, mit dem Universum eins sein heißt nicht, die Dinge so zu haben, wie du es willst, sondern sie so zu nehmen, wie sie sind.

Die Dinge so nehmen, wie sie sind, das heißt so etwas wie ja sagen zu deinen Erfahrungen — was immer sie auch sein mögen.

Die Leute werfen immer Schnüre nach dir aus, und gewöhnlich bist du nicht in der meditativen Haltung, in der du sie auf dich zukommen siehst. Wenn du gegen irgendwelche Schnüre Widerstand leistest oder wenn du den ganzen Tag herumläufst und über alle Leute Urteile fällst oder dich mit jedem, der dir über den Weg läuft, vergleichst, dann wirst du irgendwie psychisch starr: Du schaffst Mauern zwischen dir und den anderen — und das heißt auch, daß du Mauern zwischen dir und deiner Erfahrung aufbaust. Deine Chakras ziehen sich zusammen. Du wirst zur wandelnden Spannung. Die schlimmste Falle ist allerdings die, zu glauben, daß du je irgendwie anders sein wirst als so. Widerstand ist nämlich ein Teil des menschlichen Schicksals. Du kannst also damit anfangen, daß du dich der Tatsache, daß du Widerstand leistest, nicht widersetzt.

Wenn du mit deinem Chef, deinem Ehegemahl oder dem Zeitungsjungen einen Streit hast, und der/die nennt dich einen sturen Esel, dann willst du wahrscheinlich sagen: ,,Bin ich *nicht!*'' Aber schau dir das mal an. Bist du nicht genau in diesem Moment ein sturer Esel? Wieviel leichter ist es, zu erkennen, daß deine Antwort in der Tat die eines sturen Esels ist, und zu sagen: ,,Stimmt, ich bin ein sturer Esel.'' Und stell dir vor, wenn du diese Wahrheit des Augenblicks erkennst, bist du — kein sturer Esel mehr!

Wir meinen nun natürlich nicht, daß du dich pausenlos einen sturen Esel nennen sollst. Wenn jemand dir sagt: ,,Du bist echt dufte'', brauchst du nicht zu sagen: ,,Nein, bin ich nicht. Ich bin ein sturer Esel.'' Vielmehr merkst du wahrscheinlich, daß du gern ,,echt dufte'' genannt werden willst, und sagst: ,,Danke.''

Wenn ein Mensch sich mit dir unterhält, sagt er vielleicht etwas, mit dem du übereinstimmst, vielleicht auch nicht. Auf jeden Fall ist er jedoch auch ein Teil des Universums — ein Teil von dir —, und es sollte inzwischen klar sein, daß er dir dadurch, daß du ihn erleben darfst, eine Gelegenheit gibt zu sehen, wo du stehst.

Wenn du deiner eigenen Erfahrung Widerstand leistest, bleibst du hängen. Der Punkt, an dem du hängenbleibst, wird zu einem unvollendeten Zyklus in deinem Leben, den du in verschiedenen Formen immer und immer wiederholen wirst, bis du dir gestattest, die Erfahrung voll zu durchleben. Und solange, bis du dir die Erfahrung gestattest, handelst du aus deinem Widerstand dagegen und aus deinen Vorstellungen heraus.

Vielleicht erinnerst du dich an unsere Diskussion über Karma in Kapitel 1. Wenn nicht, schau sie dir noch einmal an. Karma ist, wie wir sagten, (unter anderem) wenn man aus seinen Vorstellungen und unvollendeten Zyklen heraus handelt. Wenn du dich deiner Erfahrung widersetzt, sammelst du Karma an, mit dem du dich später auf dem Weg auseinandersetzen mußt. Wenn du gerade deiner Erfahrung Widerstand leistest und Karma ansammelst, dann tu das ruhig. Leiste nicht Widerstand gegen den Widerstand. Aber sei dir dessen bewußt, und sei dir bewußt, daß du es tust und daß nicht *Es* es dir antut. Früher oder später wirst du finden, daß es nicht mehr geschieht, daß *du* es nicht mehr tust.

Es ist sprichwörtlich in der inneren Entwicklung, daß du zu dem wirst, dem du widerstehst. Je mehr du gegen etwas Widerstand leistest, desto mehr Aufmerksamkeit schenkst du ihm die ganze Zeit und desto mehr rennst du dir immer wieder den Kopf daran ein. Wenn ich wütend auf dich bin, und du leistest Widerstand gegen meine Wut, dann bin erstens ich weiter wütend auf dich, und zweitens wirst du schnell anfangen, selber wütend zu werden. Hingegen, wenn ich wütend auf dich bin, und du nimmst meine Wut einfach an, dann werde erstens ich meine Wut fast augenblicklich los, und zweitens mußt du dich nicht mit der gewöhnlich unangenehmen Erfahrung abgeben, selber wütend zu sein. Zum Teil ist das damit gemeint, wenn es heißt, du sollst deinen Nächsten lieben, du sollst die andere Wange hinhalten, wenn dich jemand schlägt — aus einem Zustand der Liebe heraus handeln. Es bedeutet, über das Herzchakra mit dem Universum verbunden zu sein.

Es gibt zwei Arten von Übungen, die du machen kannst, um etwas über deine Widerstände zu erfahren und sie allmählich loszulassen. Die erste Übung ist dieselbe Art von sitzender Meditation, wie du sie bislang schon gemacht hast.

1. Sitze in der beschriebenen Grundhaltung, schließe die Augen, laß dein Bewußtsein leer werden und erde dich.

2. Beobachte deinen physischen Körper, von den Füßen angefangen bis zum Kopf. Schau, ob irgendeine Stelle weh tut, ob irgendwo etwas verspannt ist, ob irgendeine Stelle kitzelt oder ein Körperteil einschläft. Spüre, wie das Blut in dir kreist. Fühle, wie die psychische Energie sich in dir und um dich herum bewegt. Wenn etwas weh tut, dann laß es weh tun. Wenn etwas juckt, dann

laß es jucken. Leiste keinen Widerstand, sondern bestätige das Gefühl. Wenn es weh tut, bestehe darauf, daß es weh tut. Wenn es kitzelt, bestehe darauf, daß es kitzelt. Die Empfindung geht vielleicht weg, vielleicht auch nicht. Mach jedoch nichts dagegen — nimm einfach wahr.

3. Schau deine Gefühle an. Wie fühlst du dich emotional? Widersetze dich deinen Gefühlen nicht — nimm sie einfach wahr.

4. Was denkst du? Was denkst du über deine Gedanken? Hör nicht auf, das zu denken, bestätige es. Denk es noch ein bißchen mehr.

5. Wo bist du? Bist du in deinem Körper? Bist du bei deiner/deinem Geliebten von gestern abend? Bist du unten an der Ecke und ißt Eis? Sei dort. Wenn du dort bist, komm nun in die Ecke des Zimmers. Wenn du in der Zimmerecke bist, komm nun in die Mitte deines Kopfes. Willkommen zu Hause!

6. Wenn du in der Mitte deines Kopfes bist, komm aus deiner Trance heraus.

Die zweite Übung kannst du immer und überall machen. Nehmen wir an, du triffst deinen Freund zum Kaffee, und er hat eine Wagenladung Probleme, die er auf dir abladen möchte: Sein Freund/seine Freundin/seine Mutter/sein Vater/sein Kind/Hund/ Auto/Mechaniker liebt ihn nicht, die Miete ist überfällig und er hat kein Geld, sein Wasserbett ist geplatzt. Du bemerkst vielleicht, wie sich dein erstes und zweites Chakra anfühlen. Kriegst du ein enges Gefühl im Unterleib? Oder machst du dich weit auf? Was geschieht in deinem vierten Chakra? Macht dein Herz auf, oder fühlst du eine Enge in der Brust? Wo gehen deine Schnüre hin?

Tu so, als ob du ganz und gar aus Luft bestehst, so daß alles, was dein Freund sagt, einfach durch dich hindurchgeht. Wir meinen nicht, daß du nicht zuhören sollst und antworten, wo es angemessen ist. Aber laß die Ladung, den emotionalen Ansturm, durch dich hindurchgehen und sich in der Luft um dich herum neutralisieren. Jetzt schau wieder, was in deinen Energiezentren vor sich geht. Mach diese Übung, wann immer du eine Gelegenheit dazu hast.

Übersinnliche Schläge

Niemand ist die ganze Zeit über geerdet und neutral. Wenn du gerade Widerstand leistest, dann tu das, wie gesagt. Du kannst an keinen neuen Platz gelangen, ohne mit dem, an dem du gerade bist, fertig zu sein.

Manchmal, wenn du nicht geerdet bist, kann jemand daherkommen und dir einen übersinnlichen Schlag versetzen. Diese Schläge fühlen sich ungefähr so an, wie wenn jemand dir schlechte Schwingungen anhängt oder dir seinen Ärger an den Kopf wirft. Du gehst über die Straße, und irgendein Autofahrer muß deinetwegen anhalten. Er denkt, was für eine miese Person du bist, und Zack! fühlst du dich schuldig, daß du über die Straße gegangen bist. Du bist im Laden und nimmst den letzten halben Liter Milch aus dem Regal, gerade als jemand daherkommt, der diese Milch haben will. Der sieht dich mit der Milch, und Zack! fühlst du dich schrecklich, weil du die Milch genommen hast.

Übersinnliche Schläge können auch angenehme Formen annehmen. Du gehst zum Beispiel im Park spazieren, und eine schöne Frau/ein gutaussehender Mann schaut dich an. Zack! Für den Rest des Tages malst du dir aus, wie es wohl wäre, mit dieser Person zusammen zu sein.

Alle diese Schläge haben gemeinsam, daß sie dich aus dem Körper herausbringen. Sie nehmen dich aus dem Erleben der Gegenwart weg und bringen dich in den Kopf. Sie bewirken, daß du vergißt, wo du bist. Sie machen dich unbewußt. Du gibst deine Macht an die Person ab, die dir den Schlag versetzt hat. Und Schläge machen keinen Spaß.

Es gibt keine bestimmte Übung dafür, mit übersinnlichen Schlägen fertig zu werden. Wenn du bemerkst, daß du so einen Schlag bekommen hast, kannst du ein bißchen Energie durch dich fließen lassen, dir eine einfache Heilung geben oder deine Chakras durchgehen und irgendwelche Schnüre, die du dir vielleicht eingepflanzt hast, herausziehen. Die wirksamste Technik ist jedoch einfach die, wahrzunehmen, daß du einen Schlag gekriegt hast, und dir keine Gedanken darüber zu machen, wie du zurückhauen kannst. Sonst fängst du bloß eine Schlägerei an.

4
Übersinnliches „Lesen"

Jeder Mensch hat übersinnliche Kräfte und jeder kann übersinnliche Informationen „lesen" — oft ohne es zu merken. Auch *du*. Du triffst vielleicht jemanden und denkst dir: „Sie scheint müde zu sein — sieht aus, als hätte sie einen schweren Tag hinter sich", oder: „Er ist ganz verändert — wie jemand, der verliebt ist", und schon hast du übersinnliche Informationen „gelesen".

„Aber das ist doch nichts!" sagst du vielleicht. „Solche Sachen kann doch jeder erraten." Das stimmt, das kann jeder. Aber es ist mehr als Erraten. Es ist ein Empfangen von Informationen über einen Menschen, ohne sie gesagt zu bekommen.

Die obenstehenden Beispiele sind einfach, es sind Beispiele von unentwickelter übersinnlicher Wahrnehmung. Diese Art von Wahrnehmung läßt sich jedoch leicht über diese alltägliche Intuition hinaus entwickeln und verfeinern. Übersinnliche Wahrnehmung ist eine Fähigkeit, die man, wie jede andere, durch Üben und Praktizieren stärken und verfeinern kann. Zusätzlich zum Üben schlagen wir etwas anderes vor, das vielleicht zunächst paradox erscheint: *Lerne, dich nicht zu bemühen.*

Dein Leben mit dem Übersinnlichen

Um diese merkwürdige Anweisung zu verstehen, hilft es dir, wenn du dein bisheriges übersinnliches Leben besser verstehst. Wenn du aus dem Mutterleib herausschlüpfst, ist das „Wesen", von dem wir gesprochen haben, gerade kurz vorher in deinen Körper eingetreten. Alles ist neu, du bist weit offen für die Welt, all deine Eindrücke sind relativ rein und unbeeinträchtigt von Erinnerungen, Erfahrungen und Meinungen. Du bist ganz und gar aufmerksam und interessiert. Anders ausgedrückt: Du bist fähig zur übersinnlichen Wahrnehmung.

Viele Kinder — das kannst du entdecken, wenn du sie fragst — sehen Farben um Menschen herum und stellen das in ihren Zeichnungen dar. Viele Kinder haben Elfen als ständige Freunde und Begleiter, mit denen sie sprechen und spielen. Und noch öfter sind Kinder glänzende Beobachter, berühmt für ihre Taktlosigkeit, weil sie über Dinge sprechen, die wir alle sehen, aber selber oft aus „Höflichkeit" nicht aussprechen.

Wenn ein Kind älter wird, fangen seine Eltern an, es dafür zu trainieren, daß es in der Welt der Erwachsenen funktionieren kann: „Sowas sagt man nicht, das ist unhöflich", oder „Für solche Feengeschichten bist du zu alt", oder „Das stimmt nicht, deine Tante ist eine sehr nette Frau", oder „Die Farben gibt es nicht in Wirklichkeit".

Wir haben durch Gespräche oder Beobachtungen beim „Lesen" erfahren, daß sehr viele Leute als Kinder dadurch eingeschüchtert wurden, daß die Erwachsenen auf ihrer „Realität" bestanden. Als Kinder waren sie noch wütend darüber, daß ihre Wahrnehmung der Welt geleugnet wurde, aber allmählich gaben sie nach, weil die Erwachsenen größer waren, weil das praktische Wissen, das zum Überleben erforderlich ist, den Erwachsenen eine klare oder doch augenscheinliche Überlegenheit in der Welt verlieh und weil es zu viele waren, die den Kindern sagten, was real war und was nicht. Und so hatten die meisten Kinder, wenn sie die Pubertät erreichten, entweder aufgehört, an diese Dinge zu glauben, oder gelernt, darüber den Mund zu halten.

Für viele Menschen, die aufgehört haben, an ihre eigenen Wahrnehmung zu glauben, ist die Sache sehr einfach geworden. Sie denken einfach nicht mehr daran, wenn nicht etwas sehr Seltsames geschieht, das sie aufrüttelt. Manche dieser Menschen kommen zum Beispiel durch ein dramatisches, unerwartetes Erlebnis wieder in Kontakt mit dem Übersinnlichen, vielleicht indem sie mit einem geliebten Toten in Kommunikation treten oder indem sie zukünftige Ereignisse vorhersehen.

Jene Menschen, die sich entschieden haben, ihre Wahrnehmungen geheimzuhalten, haben vielleicht ihr ganzes Leben hindurch gelegentlich übersinnliche Erfahrungen, sprechen aber mit niemandem darüber, aus Angst, ausgelacht oder für verrückt erklärt zu werden. Oder vielleicht erwähnen sie auch manchmal kleinere Dinge, sagen etwa einem Freund: ,,Irgendwie wußte ich, daß du heute anrufen würdest'', aber von ihren seltsamen Träumen oder den Stimmen, die sie hören, erzählen sie niemandem. Viele, viele dieser Menschen fürchten, daß sie tatsächlich verrückt sind, und sind von ihren Befürchtungen und Selbstzweifeln zutiefst gequält.

Die Menschen, die ihre Wahrnehmungen nie einer Zensur unterworfen haben, sind vielleicht aktive, professionelle Heiler oder Spiritisten, oder sie benutzen ihre Beobachtungen und Erfahrungen auf irgendeine andere sehr kreative Weise. Oder sie sind vielleicht für ,,verrückt'' erklärt und in ein Nervenkrankenhaus eingeliefert worden; oder sie werden einfach als Spinner und Exzentriker betrachtet. Oft ist es so, daß jemand, der jahrelang gegen die Entwertung seiner Erfahrung gekämpft hat, schwere und echte psychische Störungen entwickelt. Er entwickelt vielleicht eine Paranoia, ein Gefühl, daß jeder es auf ihn abgesehen hat und seine Erfahrungen leugnen will. Oder er wird schizophren — die eine

Hälfte von ihm bringt starke übersinnliche Erfahrungen und intensive Gefühle zum Ausdruck, die andere ist scheinbar normal. Er kann auch katatonisch werden und sich zurückziehen und lieber in der übersinnlichen Welt in seinem Kopf leben, als gegen die Meinungen und Urteile anderer anzukämpfen.

Wir bleiben in unseren Beispielen ziemlich allgemein. Gewiß lassen sich nicht alle Fälle von Geisteskrankheit auf die Unterdrückung übersinnlicher Fähigkeiten zurückführen. Aber oft führt die Unterdrückung dieser Fähigkeiten zur Unterdrückung von Gefühlen, zum Beispiel der Wut darüber, sich nicht frei ausdrücken zu können, oder der Furcht vor Bestrafung. Diese unausgedrückten Emotionen können sowohl physische wie auch geistige Krankheiten hervorrufen. Und Verrücktheit kann auch jemandes ,,Nummer'' sein — die Art, wie er sich der Welt darstellt, die ihn von der Realität und anderen Menschen distanziert und durch die er vermeidet, für seine Handlungen Verantwortung zu übernehmen.

Nun aber zurück zu dir. Vielleicht ist dir der Gedanke, übersinnliche Kräfte zu entwickeln, vollkommen neu, und du liest dieses Buch, weil du dich fragst, ob sogar *du* das lernen könntest. Oder vielleicht hast du dir immer insgeheim gedacht, daß du es könntest, aber du wußtest nicht, wie, und dachtest auch, du spinnst ein bißchen. Oder vielleicht *weißt* du schon, daß diese Dinge, die du siehst und spürst, real sind, und du möchtest nun wissen, wie du deine Fähigkeiten am besten einsetzen und wie du sie beherrschen kannst.

Sich bemühen und sich nicht bemühen

Das bringt uns zurück zum Sich-nicht-Bemühen. Sich bemühen ist eine Art des Widerstands. Wenn du dich bemühst, dünn zu sein, dann leistest du Widerstand gegen das Dicksein. Sogar wenn du eine Diät machst und 50 Pfund verlierst, wirst du dich weiterhin als dick betrachten oder als in Gefahr, wieder dick zu werden, und du wirst dir nie die Erfahrung des Dünnseins gestatten. All deine Aufmerksamkeit und deine Energie sind auf das Problem des Dickseins gerichtet, und du bist so auf dieses Problem fixiert, daß du ihm nie entkommst.

Bis du nicht vollständig die Erfahrung machst, dick zu sein, hast du nie deine Erlaubnis dazu: Dicksein ist tabu, und deshalb reizt es dich. Deshalb mußt du immer und immer wieder (oder ständig) dick sein, bevor du der endlosen Wiederholung des Für-dich-selber-nicht-akzeptierbar-Seins entkommen kannst.

Wenn du dich hingegen nicht *bemühst*, schlank zu sein, geht auch keine psychische Energie in das Problem des Dickseins. Das bedeutet nicht, daß du dann garantiert schlank wirst oder daß du keine Diät machen sollst, wenn du nicht mehr das *Bedürfnis* hast, dick zu sein. Aber es befreit dich von deiner Besessenheit, dick zu sein, und setzt deine psychische Energie frei, so daß du dann *dick oder dünn* sein kannst, wie du willst. Der Weg aus der Falle heraus ist der, im Dicksein zu *schwelgen*.

,,Ja'', fragst du vielleicht, ,,wie mache ich das denn, im Dicksein schwelgen?'' Zuallererst mußt du aufhören, dich dafür fertigzumachen, daß du dick bist. Erkenne, daß es nicht ,,schlecht'' ist, dick zu sein, sondern daß du es nur nicht magst. Der Teil von dir, der behauptet, dick ist schlecht, ist der innere Richter, von dem wir schon gesprochen haben und der in deinem Hinterkopf wohnt und dir immer sagt, was richtig und was falsch ist, und der immer Urteile darüber abgibt, wie du oder andere Leute sind. Hier kannst du diese Richterstimme erkennen und sehen, daß das nicht du bist.

Zweitens kannst du dich fragen, was es dir gibt, dick zu sein, und es für dich in Ordnung sein lassen, daß du dir das wünschst. Vielleicht ist es Aufmerksamkeit, die du mit deinem Dicksein erregen willst; und du denkst vielleicht (dein innerer Richter denkt) daß es nicht in Ordnung ist, daß du für dein Dicksein diese Art von Aufmerksamkeit bekommst. Laß es in Ordnung sein. Laß es einfach sein.

Wenn es in Ordnung für dich ist, so zu sein, wie du bist, dann kannst du frei entscheiden, ob du so sein willst oder nicht und ob es wirklich *dich* zum Ausdruck bringt. Dann kannst du weiter dick sein oder schlank werden, wie du willst, ohne die schwere Bürde, irgend etwas sein zu *müssen*, das dich unglücklich macht.

Dich nicht bemühen heißt nicht, daß du nicht daran arbeiten sollst, zu erreichen, was du willst. Es heißt eher, daß du deine Energie nicht in etwas stecken sollst, was du nicht erreichen willst — Dicksein — oder was du nicht erreichen kannst — Schlanksein. Beides sind negative Erwägungen.

Dasselbe trifft auch für die übersinnliche Arbeit zu. Es ist unwichtig, wo du mit deinen übersinnlichen Erfahrungen stehst, diese Fähigkeiten sind naturgegeben, sie sind ein Teil von dir, sie gehören dir, und du kannst dich daran freuen. Es geht mehr darum, sie *wieder einzulassen* in dein Leben, als darum, dich abzumühen, um sie zu entwickeln.

Es kann sein, daß du bei deinen übersinnlichen Übungen manchmal zornig, ängstlich oder traurig wirst. Diese Gefühle sind in Ordnung; du erinnerst dich damit an die Erfahrungen und Gefühle, die du einst zwischen dich und deine Übersinnlichkeit gestellt hast oder stellen ließest. Du kannst weinen, schreien, dich einfach wohl fühlen oder was du willst. Was immer mit dir geschieht, ist dein Weg zum Übersinnlichen. *Es gibt keinen einzig richtigen Weg.*

Um als Heiler wirksam zu arbeiten, brauchst du die übersinnlichen Informationen nicht detailliert „lesen" zu können. Es gibt auch viele Heiler, die bei ihrer Arbeit kein Wort sagen. Ob du jedoch deine Eindrücke verbal mitteilst oder nicht — das „Lesen" hilft dir auf jeden Fall dabei, ein klarer Empfangskanal für Informationen über deine Klienten zu sein. Je mehr du dir gestattest, deine Klienten zu kennen — und nichts anderes ist ,,Lesen'' —, desto besser kannst du die Art ihrer Probleme verstehen und wissen, was sie zur Lösung derselben brauchen.

Man kann es sogar noch einfacher ausdrücken: ,,Lesen'' *ist* Heilen. Viele Geistheiler praktizieren gar nicht die Arten von Heilung, die wir in diesem Buch lehren, sondern geben verbale ,,Lesungen'' (engl. *readings*), und sie sind ebenso gute Heiler wie die, die ihre Patienten berühren oder auf irgendeine andere Art mit Energie arbeiten. Amy hat die Erfahrung gemacht, daß bestimmte Menschen tatsächlich mehr auf Worte ansprechen als auf andere Techniken. Sie kann bereits, wenn ein Klient zur Tür hereinkommt, bestimmen, in welchem Ausmaß sie verbal mit ihm arbeiten wird. Bei manchen Leuten geht sie in ihrer ,,Lesung'' auf die Hintergründe für ihre Krankheiten ein, auf die Funktion, die sie in ihrem Leben haben usw. Für intellektuelle Menschen oder Menschen, die das Bedürfnis haben, sich über Sachen klarzuwerden, ist dies oft der Ansatz, den sie am besten annehmen können. Es würde sie, zumindest am Anfang, nur erschrecken und verwirren, wenn Amy mit ihren Händen in ihrer Aura herumfuchteln würde. Andere Klienten haben, wenn sie zu Amy kommen, großes Vertrauen in ihre Fähigkeiten als Heiler und das, was sie für ihre einzigartigen Kräfte halten, und ziehen es vor, nicht über ihre Leiden zu sprechen oder sie zu analysieren.

Es gibt sehr viele Aspekte des Lesens übersinnlicher Informationen und, wie beim Heilen, viele Stilarten. Ein paar von den ersten ,,Lese''-Übungen, die jetzt folgen, kannst du überall für dich allein durchführen. Die nächste Übungsreihe erfordert, daß eine andere Person, die du ,,liest'', dir gegenübersitzt.

Bilder und Vorstellungen

Es gibt viele Dinge, nach denen du beim ,,Lesen'' schauen kannst. Wie beim Heilen sind die Aura und die Chakras deine primäre Informationsquelle. Übersinnliche Informationen können aber auch in Form von geistigen Bildern kommen, über die wir das ganze Buch hindurch sprechen.

Du kannst beim Lesen vielleicht buchstäblich eine Bild *sehen*. Es kann groß auf deinem geistigen Bildschirm erscheinen oder en miniature. Ein solches Bild kommt aus der Erfahrung deines Klienten — der vergangenen, gegenwärtigen oder zukünftigen. Du kannst zum Beispiel ein Bild von deinem Klienten als kleines Kind empfangen oder ein Bild, wie er jetzt ist, bei irgendeiner Tätigkeit oder mit anderen Menschen, oder ein Bild davon, wie er in ein paar Tagen, Monaten oder Jahren erscheinen wird. Es können dir auch Bilder von anderen Menschen, Orten oder Dingen erscheinen. Alle diese Bilder kannst du einfach beobachten, oder du kannst deinem Klienten auch darüber berichten.

Man ist leicht dazu verführt, diese Bilder Erinnerungen zu nennen, aber das ist nicht ganz zutreffend, da sie nicht nur aus der Vergangenheit, sondern auch aus der Gegenwart und der Zukunft stammen können. Es kann auch sein, daß du überhaupt keine Bilder *siehst*, sondern sie, wie bei der Aura und den Chakras, einfach spürst oder *weißt*, daß sie da sind.

Wir benutzen das Wort ,,Bild'' in ziemlich weitem Sinne, auch um ein nicht-visuelles Bild zu beschreiben. Ein Bild kann dein eigenes sein oder es kann ursprünglich jemand anderes Vorstellung gewesen sein, die dir gegeben worden ist, und du hast sie angenommen. Vielleicht kennst du jemanden, der meint, er sei zu dünn oder zu dick oder er hätte Schnittlauchhaare oder irgend so etwas. Du findest hingegen, daß er einfach klasse aussieht — und jeder außer deinem Freund findet das auch. Möglicherweise hat irgendwann irgend jemand zu ihm gesagt: ,,He, du bist aber dürr!" oder ,,Du bist ja ganz schön mollig. Warum machst du nicht 'ne Schlankheitskur?" oder ,,Warum hast du nicht so dicke, wellige Haare wie deine Schwester?"

Es ist deinem Freund vielleicht nie in den Sinn gekommen, daß er die Vorstellung einfach an ihren ursprünglichen Besitzer zurückgeben könnte. Er ,,hängt an einer Vorstellung fest". Was ursprünglich die Vorstellung eines anderen war, ist jetzt schmerzliche Wirklichkeit für ihn.

Nun ist dein Freund vielleicht wirklich dürr, dick oder hat strähniges Haar — das kann auf dieselbe Weise entstanden sein: Jemand hat ihm eine Vorstellung gegeben, und er *glaubte* daran, das heißt, er gab der Person die Macht, über ihn zu urteilen, und die Vorstellung wurde für ihn zu körperlicher Realität.

Der gleiche Vorgang findet sich auch bei geistigen Attributen: Manche Menschen halten sich für dumm, clever, langweilig, geistreich usw., alles ausgehend von den Vorstellungen anderer Menschen. Sogar Gewohnheiten können auf der Grundlage solcher Vorstellungen gebildet werden. Wenn dir in deiner Jugend jemand gesagt hat, Rauchen sei ,,schick", dann hast du vielleicht eine Gewohnheit entwickelt, die um diese Vorstellung eines anderen kreist. Versuche es mit der folgenden Übung, um herauszufinden, wer dir deine Bilder gegeben hat.

Den Ursprung deiner Bilder finden

1. Erde dich und geh in Trance.
2. Stell dir irgendeine deiner Eigenschaften oder Verhaltensweisen vor, die du nicht magst. Das kann etwas an deinem Körper

sein, oder stell dir vor, du bist in einer Situation, wo du dumm, langweilig oder sonst etwas bist. Es kann eine Situation sein, die du befürchtest, oder eine, die du erlebt hast.

3. Schau zu, wie dieses Bild sich langsam auflöst. Während es verschwindet, läßt du zu, daß die Gesichter anderer Menschen auftauchen. Es sind diejenigen, die dir das Bild ursprünglich gegeben haben. Du siehst vielleicht nur ein Gesicht, vielleicht auch mehrere. Laß diese Gesichter sich eines nach dem anderen auflösen, indem du dir vorstellst, daß du sie zu ihrem Besitzer zurückschickst. Wenn du dich beim Anblick dieser Gesichter wütend oder verletzt fühlst — gut: durchlebe diese Gefühle. Sag den Leuten alles, was du ihnen schon immer mal sagen wolltest. Wenn du beim Auflösen der Bilder das Gefühl hast, du kannst den Leuten verzeihen, dann verzeih ihnen. Wenn du ihnen nicht vergeben willst, dann tu's nicht — dann ist das noch nicht der richtige Zeitpunkt. Wir erwähnen das deshalb, weil du, wenn du ihnen ihre Vorstellungen verzeihen *kannst*, näher daran bist, dir selber dein jeweiliges Problem — fett, dürr, dumm usw. — zu verzeihen, und dann bist du auch näher daran, es wirklich aufzugeben. Aber denk daran, es eilt nicht. Wenn du eine Weile deinen Schmerz, deine Wut oder deine Trauer genießen willst, dann versage dir bitte diesen Wunsch nicht.

4. Mach dir ein Bild von dir selber und betrachte es liebevoll. Dann löse es auf.

5. Laß eine große, goldene Energiesonne hereinkommen und deinen Körper und deine Aura erfüllen.

6. Komm aus der Trance heraus.

Rosen ,,lesen''

Die erste und grundlegende Übungsreihe für das ,,Lesen'' übersinnlicher Informationen heißt ,,Rosen lesen''. Wir benutzen das einfache Bild einer Rose — Symbol für Harmonie und Schönheit —, um die Person, die ,,gelesen'' werden soll, zu repräsentieren, und eine Sonne — Symbol für Energie im Überfluß —, um ihre persönliche Energiequelle darzustellen. Das Bild, das wir hier benutzen, ist ein geistiges Modell, das du bewußt und absichtlich schaffst, und es unterscheidet sich insofern von den vorher besprochenen Vorstellungen, als jene unbewußt und unabsichtlich geschaffen wurden und alle mögliche unnötige und sogar schwächende Energie enthalten. Das Bild, das wir hier benutzen, enthält nur, was wir absichtlich hineintun. Die Beziehung zwischen der Rose und der Sonne entspricht der Beziehung zwischen der Person und ihrer eigenen Energie.

,,Rosen lesen'' eignet sich ausgezeichnet dafür, die Anfänge des Lesens übersinnlicher Informationen zu lernen, und es ist auch eine sehr praktische Methode, um einen Überblick über jemandes Entwicklung zu gewinnen. Die Rose ist nur ein Symbol. Wenn du bei der nun folgenden Übung Tulpen oder Petunien oder rosa Elefanten siehst, auch gut. Nimm, was immer für dich funktioniert.

1. Erde dich und laß Energie durch dich fließen, wie in der Übung ,,Energie fließen lassen'' in Kapitel 3 beschrieben, bis du dich wohl fühlst.

2. Schließe die Augen, und stell dir vor deinem geistigen Auge einen Bildschirm vor. Stell dir vor, wie du mit einem Federwisch sanft den Staub von diesem geistigen Bildschirm fegst. Laß in der Mitte des Bildschirmes eine Rose entstehen, und betrachte sie in allen Einzelheiten — den Stiel, die Blütenblätter, die Blätter usw. Es braucht keine rote Rose zu sein, sie kann auch irgendeine andere Farbe haben, die dir gefällt.

3. Laß die Rose sich auflösen. Laß eine andere Rose entstehen, die noch schöner ist als die erste. Löse sie auf. Laß eine weitere entstehen. Löse sie auf. Mach das Ganze noch fünfmal, damit du das Visualisieren übst. Wenn du die Rose auf deinem Bildschirm nicht sehen kannst, stell dir vor, wie sie aussehen würde, wenn du sie sehen könntest.

4. Nun laß eine neue Rose entstehen, und stell dir dabei vor, daß sie einen guten Freund von dir darstellt. Du läßt jetzt tatsächlich die Energie deines Freundes die Rose erfüllen und verändern. Schau, ob sie sich öffnet oder schließt, aufblüht oder welkt, die Farbe verändert oder gleichbleibt.

5. Schaffe nun das Bild einer Sonne und bring sie auf deinen Bildschirm. Schau, wo sie in bezug auf die Rose hingeht. Die Sonne repräsentiert die Energie deines Freundes. Empfängt er diese Energie direkt? Scheint die Sonne hell auf die Rose, oder ist sie gedämpft? Oder verschwindet sie ganz aus dem Bild? Wenn du das Bild zu deiner Zufriedenheit untersucht hast, laß es sich auflösen.

6. Wiederhole diese Übung mit drei weiteren Freunden oder Verwandten. Wiederhole sie, indem du eine Rose für den Präsidenten machst. Du kannst leicht jemanden ,,lesen'', den du noch nie getroffen hast. Beobachte einfach, wie die Rosen und ihre Beziehung zu der Sonne sich unterscheiden.

Jedes Bild hat die Bedeutung, die du persönlich ihnen gibst, laß dich also von deiner Intuition leiten. Amy hat ihre eigenen Interpretationen: Wenn zum Beispiel eine Rose leuchtende Farben hat und direkt unter der Sonne blüht, hat die Person eine klare Verbindung zu ihrer Energiequelle. Wenn die Rose leicht von der Sonne abgewendet ist, dann ist die Person vielleicht nicht bereit, wirklich stark zu sein. Wenn Amy eine welke Rose unter einer trüben oder weit entfernten Sonne sieht, aber neben der Rose entsteht eine Knospe, dann ist die Person vielleicht dabei, ihre alte Art, wie sie Energie empfing, aufzugeben, oder sie verändert Züge ihrer Persönlichkeit und läßt neue Teile ihres Selbst an die Oberfläche kommen. Ein starker Stiel kann bedeuten, daß die Person fest mit der Erde verwurzelt oder gut geerdet ist.

Die Farbinterpretationen, die wir in Kapitel 1 vorgeschlagen haben, können dir vielleicht helfen, die Farben, die du siehst, zu verstehen; wenn die Farben jedoch für dich eigene Bedeutungen haben, dann richte dich bei deiner Interpretation zuerst und vor allem danach. Versichere dich am Ende, wenn du mit dem Anschauen fertig bist, daß du alle Rosen vollständig aufgelöst hast.

7. Nun mache eine Rose für dich selbst. Wenn du irgend etwas an dieser Rose nicht magst, verändere es einfach. Gib ihr eine andere Farbe, beschneide sie, stell dir neue Blütenblätter vor — was immer du willst. Dann laß sie sich auflösen.

8. Laß durch dein siebtes Chakra eine große, goldene Sonne in deinen Körper und deine Aura hereinkommen, und komm dann aus der Trance. Herzlichen Glückwunsch! Du hast soeben sechs übersinnliche ,,Lesungen'' gemacht.

Auralesen

Auralesen klingt geheimnisvoll und schwierig, aber es ist nicht schwieriger als das Rosenlesen, das du eben gemacht hast. Denk bei diesen Übungen daran, daß du dich nicht anzustrengen oder zu bemühen brauchst, um die Aura zu sehen. Gib dir keine Mühe. Entspanne dich, und laß zu, daß die Aura zu dir kommt.

Wenn du das Rosenlesen so lange geübt hast, daß du es bequem kannst, dann benütze bei der folgenden Übung zur Hilfe beim Auralesen weiterhin die Rose.

1. Mach eine Rose für einen Freund, wie du es in der vorherigen Übung gemacht hast, und stell dir diesmal vor, daß die Rose einen

Heiligenschein hat. Der Heiligenschein stellt die Aura der Person dar, so wie die Rose die Person selbst repräsentiert. Fang damit an, daß du um die Blütenblätter herum eine Farbe siehst. Wenn du keine Farbe sehen kannst, stell dir vor, wie der Heiligenschein aussehen würde, wenn du ihn sehen könntest. Laß die Rose sich auflösen.

2. Wiederhole diese Übung viermal, und füge jedesmal eine Farbe hinzu, bis du fünf Farben hast.

3. Komm aus der Trance. Sehr gut. Du hast gerade eine Aura gelesen.

Die nächste Übungsreihe ist auf eine fortgeschrittenere Art des „Lesens" ausgerichtet und wird dir später dabei helfen, das Auralesen als Stütze beim Heilen zu benutzen.

1. Erde dich und geh in Trance.

2. Mach dir ein Bild von einem deiner Freunde. Stell dir vor, wie du mit einem Pinsel das Bild schwarz ausmalst, bis du eine Silhouette von deinem Freund hast.

3. Laß um die Silhouette deines Freundes seine Aura entstehen, zunächst nur als einen weißen Schein. Schau, wo dieser Schein dicht und voll ist, wo er dünn ist oder ob er an bestimmten Körperteilen ganz aufhört.

4. Nun laß den weißen Schein verschiedene Farben annehmen. Das sind die Farben der Aura deines Freundes. Wenn du eine Farbe siehst, ist das in Ordnung. Wenn du zehn siehst, auch. Vermutlich wirst du am Anfang zwei bis drei Farben sehen, und mit etwas Übung kannst du dann die Farben differenzieren und die Aura in mehr Einzelheiten sehen. Darum brauchst du dich im Moment nicht zu kümmern, sondern du schaust einfach die Farben an, die du siehst. An welcher Stelle des Körpers befinden sie sich? Sind sie statisch, oder verändern sie sich und pulsieren? Denk daran, daß die Bedeutungen, die wir den verschiedenen Farben in Kapitel 1 zugeschrieben haben, nur *unsere* Erfahrung wiedergeben; wenn du kannst, richte dich nach deinen eigenen Eindrücken.

5. Löse dein Bild auf. Suche dir einen anderen Freund aus, und wiederhole den Vorgang. Beachte die Unterschiede in den beiden Auras. Löse dieses Bild auch auf.

6. Komm aus der Trance, und mach deinen Körper real. Du hast soeben etwas sehr Übersinnliches getan.

Auralesen mit offenen Augen

Hellsehen oder übersinnliches Sehen, wie du es eben benutzt hast, geschieht natürlich nicht durch deine physischen Augen. Es geschieht durch deine psychischen Augen. Manche Menschen, darunter auch wir, sehen manchmal Auras mit den physischen Augen. Amy zum Beispiel sieht auf diese Weise Auras, wenn sie sehr entspannt ist. Gewöhnlich erscheinen sie ihr als wellenartiger, goldener Schein, gelegentlich auch als Farben in hellen Schattierungen. Bill sieht Auras, wenn er danach schaut. Für ihn sieht eine Aura oft wie eine Kirlian-Fotografie aus: eine oder mehrere vorherrschende Farben in der Mitte, mit andersfarbigen Funken oder Energieausbrüchen, die in den Raum hinausschießen oder sich darum herum bewegen.

Die Tatsache, daß Bill Auras sehen kann, wenn er danach schaut, und Amy, wenn sie entspannt ist, deutet darauf hin, daß die Auras immer das sind — wie viele Kinder es sehen können —, und der einzige Grund, weshalb wir sie nicht alle sehen, ist der, daß wir nicht glauben, daß wir es können (vgl. Kapitel 7, ,,Vertrauen, Weltanschuungen und Träume'').

Es ist kein Vorteil, wenn man die Aura physisch anstatt psychisch sehen kann. Du siehst mit deinen physischen Augen vielleicht sogar weniger Einzelheiten als mit deinen psychischen. Aber

Auralesen mit offenen Augen macht Spaß, und es läßt das Auralesen „realer" und weniger „imaginär" erscheinen.

1. Such dir einen Freund aus, der dir bei dieser Übung hilft. Bitte ihn, mit dem Rücken zu einer weißen Wand zu stehen. Es muß nicht unbedingt eine weiße Wand sein, aber eine weiße Wand scheint die Übung leichter zu machen.

2. Erde dich. Um auf diese Weise die Aura zu sehen, brauchst du nicht in Trance zu gehen. Du stehst etwa sieben Meter von deinem Freund entfernt und konzentrierst dich auf einen Punkt im Raum, etwa zehn Zentimeter über seinem Kopf. Schau nicht die Wand an oder das Gesicht deines Freundes, sondern konzentriere dich auf diesen Punkt im Raum, den du dir ausgesucht hast. Mit einiger Übung wirst du allmählich anfangen, die Aura deines Freundes zu sehen. Manche Menschen sehen Auras beinahe aus dem Augenwinkel oder am Rande ihres Wahrnehmungsfeldes, wenn sie jedoch direkt hinschauen, sehen sie nichts mehr.

3. Du kannst üben, Auras anzuschauen, ohne den Leuten davon zu sagen. Wir raten dir jedoch, diskret zu sein. Es ist äußerst verwirrend, wenn jemand auf einen Punkt über deinem Kopf starrt. Amy hatte anfangs die Angewohnheit, das ziemlich unverblümt zu tun, bis einige ihrer Freunde sie darauf aufmerksam machten, daß es sie nervös machte. Du findest beim Üben vielleicht, daß du auch vor einem nicht weißen Hintergrund in irgendeiner kräftigen Farbe Auras sehen kannst oder vor jedem oder gar keinem Hintergrund.

Chakralesen

Chakralesen ist mehr oder weniger dasselbe wie Auralesen. Beginne jedoch mit dieser Übung nicht, bevor dir das Auralesen nicht geläufig ist, weil sie etwas länger und anstrengender ist als die vorhergehenden Übungen.

1. Erde dich und geh in Trance.

2. Wähle dir in Gedanken einen deiner Freunde, und mache vor deinem geistigen Auge eine Silhouette von ihm.

3. Konzentriere deine Aufmerksamkeit auf die Gegend zwischen den Eierstöcken, wenn es eine Frau ist, oder auf das untere Ende der Wirbelsäule, wenn es ein Mann ist. Visualisiere oder stell dir eine runde Scheibe in dieser Gegend vor; beobachte, ob die Scheibe offen oder geschlossen ist, und laß sie sich mit Farbe füllen.

Denk daran, du liest hier eine Landkarte. Dies ist das erste Chakra und hat mit Überleben zu tun. Wenn es weit offen ist und dumpfe, dunkle Farben hat, dann hat dein Freund vielleicht Schwierigkeiten mit irgendeinem Aspekt seines Überlebens. Wenn es geschlossen ist, ist dein Freund vermutlich im Moment nicht sehr um sein Überleben besorgt. Wenn das Chakra grün ist, die Farbe des Wachstums, dann lernt er vielleicht neue Wege, um zu überleben. Wenn es rot ist, die Farbe der Gefühle, ist seine Fähigkeit oder Unfähigkeit zu überleben vielleicht ein emotional geladenes Thema für ihn. Und so fort.

4. Gehe eins nach dem anderen alle Hauptchakras durch und die Hand- und Fußchakras, und lese sie auf diese Weise. Wichtig dabei ist, daß du dich auf jedes Chakra einzeln konzentrierst, immer eins auf einmal, und noch nicht versuchst, alle auf einmal anzuschauen.

5. Nachdem du jedes Chakra einzeln betrachtet hast, wirf nun einen Blick auf die Chakrareihe. Du kannst dir vielleicht vorstellen, daß du von dem Bild deines Freundes zurücktrittst, so daß du nun in größerer Entfernung davon stehst und alle Chakras auf einmal sehen kannst. Vergleiche die Größe und die Farben der verschiedenen Energiezentren. Welches ist das größte? Welche glühen am stärksten?

6. Löse dein Bild auf und komm aus der Trance.

7. Schau die Chakras deines Freundes auf dieselbe Weise einen Tag/eine Woche später an. Haben sie sich irgendwie verändert?

Schmerz in der Aura und im Körper lokalisieren

Diese nächste Übung ist bei der Arbeit als Heiler von großem praktischen Wert. Sie macht dich mit neuen Dingen bekannt, an denen du bei einer Heilung arbeiten kannst und die über die Reinigung der Aura und der Chakras, die du schon gelernt hast, hinausgehen. Mache die Übung zunächst für dich allein, so wie du es von den vorhergehenden „Lese"-Übungen kennst.

1. Erde dich und geh in Trance.

2. Wähle in Gedanken einen deiner Freunde, und mache dir vor deinem geistigen Auge eine Silhouette von ihm.

3. Stell dir vor, daß, wo immer im Körper deines Freundes körperlicher Schmerz sitzt, in deinem Bild ein roter Fleck, der die schmerzende Stelle umgibt, erscheinen wird. Beachte, wo in bezug auf die Chakras die Punkte erscheinen. Wenn du dieses Bild zu deiner Zufriedenheit betrachtet hast, löse es auf.

4. Mach eine neue Silhouette von deinem Freund.

Stell dir vor, daß, wo immer emotionaler Schmerz sitzt, in deinem Bild ein roter Punkt erscheinen wird. Wo sitzen diese Punkte im Vergleich zu deinem ersten Bild? Löse das Bild auf.

5. Wiederhole diese Übung mit mehreren anderen Freunden oder Freundinnen. Löse die Bilder auf, wenn du fertig bist, und komm dann aus der Trance heraus.

Wenn du das nächste Mal mit einem Freund eine Heilung machst, gehe vorher diese Übung durch. Du kannst ihm mitteilen, was du siehst, oder auch nicht — wie du willst. Dein Freund kommt vielleicht zu dir und sagt: ,,Au Mann, ich hab' Kopfschmerzen! Gib mir 'ne Heilung!'' Wenn du dich hinsetzt und diese Übung machst, siehst du dann vielleicht einen roten Fleck um den Kopf oder im Kopf deines Freundes. Du siehst aber vielleicht auch einen viel dunkleren, größeren roten Fleck irgendwo ganz anders am unteren Ende der Wirbelsäule, in der Magengrube, im linken Knie — irgendwo. Achte auf das, was du siehst, und tu es nicht als ungültig ab, auch wenn es keinen Sinn für dich ergibt. *Schmerz kommt oft an einer ganz anderen Körperstelle zum Vorschein als dort, wo die Ursache liegt.* Geh bei der Heilung dann besonders aufmerksam auf alle Gebiete ein, die in deinem Bild rot erschienen sind.

,,Lesen'' und Selbstschutz

Du möchtest den Gebrauch deiner Fähigkeit, übersinnliche Informationen zu lesen, vielleicht erweitern und nun wirklich mit anderen Menschen ,,Lesungen'' machen. Vielleicht willst du erst lesen und dann eine Heilung geben oder auch nur eine ,,Lesung'' machen, das hängt davon ab, was in der jeweiligen Situation angemessen erscheint, und auch davon, was für dich stimmt.

Wir raten dir, dich auf deine Intuition zu verlassen. In dem Maße, wie du mit dem Aura- und Chakralesen vertraut wirst, folgen feinere Einsichten und Arten des Lesens von selber. Wenn du wirklich Zeit und Übung auf die Entwicklung deiner Fähigkeit, Übersinnliches zu lesen, verwendest, dann kannst du mit der Zeit Fragen, die Leute über sich selber stellen, einfach dadurch beantworten, daß du dich selber nach der Antwort fragst.

Wenn du daran gehst, einen Freund zu „lesen", dann befolge dieselben Schritte wie bei einer Heilung. Laß deinen Freund also dir gegenüber sitzen, erde dich und ihn. Gib dir selber immer eine einfache Reinigung, bevor du anfängst, so daß du dann beim Lesen nicht abgelenkt wirst. Dann gehst du so vor wie in der Übung „Auralesen" und „Chakralesen" und teilst diesmal deinem Freund mit, was du siehst.

Eigentlich macht es mehr Spaß, jemanden direkt zu „lesen", als wenn du ihn aus der Entfernung anschaust, aber in gewisser Weise ist es auch schwieriger. Die Person, die du auf diese Weise anschaust, ist vielleicht ängstlich oder nervös, und sicher *sehr* neugierig. Das Ergebnis kann sein, daß sie „in deinen Kopf kommt", ein Phänomen, das wir in Kapitel 3 erwähnt haben. Sie wird dich mit ihrer Aufmerksamkeit, ihren Gedanken, Gefühlen und Ideen, und was sonst noch in ihr herumfliegt, bombardieren, vielleicht mit den besten Absichten, aber diese psychische Aufdringlichkeit kann bewirken, daß *du* dein Erdungsseil verlierst.

Die Rose, die wir vor ein paar Seiten visualisiert haben, kann noch auf eine weitere, sehr wertvolle Weise gebraucht werden, nämlich als eine Art übersinnlicher Schutz gegen solche Aufdringlichkeit.

Visualisiere einfach eine Rose, wie du es in den vorhergehenden Übungen getan hast. Anstatt sie auf deinen geistigen Bildschirm zu plazieren, stellst du sie jetzt vor dich, direkt vor deine Stirn. Stell dir vor, daß diese Rose ein Magnet ist, der alle Schnüre desjenigen, den du „liest", einfängt und absorbiert, bevor sie bei dir ankommen und deine Energie stören. Stell dir weiter vor, daß die Rose dort bleibt, und überprüfe das während der Lesung ab und zu. Wenn du plötzlich beim „Lesen" in Schwierigkeiten kommst, mußt du vielleicht eine neue Rose aufstellen. Löse die Rose am Ende der Lesung auf.

Man kann die Rose natürlich nicht nur bei übersinnlichen „Lesungen" als psychischen Schutz benutzen. Auch im täglichen Leben ist sie von unschätzbarem Wert. Wenn dir das nächste Mal jemand zu nahe tritt oder du mit jemanden Streit oder eine psychische ,,Schlägerei'' hast, dann versuche es mal mit einer Rose, um die Lage zu entschärfen.

Diese Technik kann eine wunderbare Hilfe sein, wenn es darum geht, dein eigenes Gleichgewicht aufrechtzuerhalten, aber im Grunde ist nicht einmal ,,übersinnlicher Schutz'' notwendig. Wenn du einfach keinen Widerstand leistest, egal wer es auf dich abgesehen hat, bei einer Lesung oder sonst im Leben, dann wirst du finden, daß es kein ,,Ich'' gibt, dem man zu nahe treten könnte. Je mehr du zulassen kannst, daß alle Ärgernisse und alles psychische Kreuzfeuer einfach durch dich hindurchgehen, desto müheloser werden sowohl deine Lesungen als auch deine Beziehungen. Das soll natürlich nicht heißen, daß du deine Gefühle verleugnen sollst, sondern nur, daß es dir nichts bringt, wenn du die Gefühle von anderen in deinem psychischen Raum auffängst.

Kommunikation

Bei jeder Art von übersinnlicher Arbeit ist es sehr wichtig, daß du sagst, was du siehst. Du mußt, mit anderen Worten, einen Weg finden, starke Eindrücke, die du bekommst, irgendwie mitzuteilen, so daß sie sich nicht in dir aufstauen und dein fünftes Chakra verkleben. Du siehst vielleicht bei einer Lesung manchmal etwas, das du der betroffenen Person nicht sagen möchtest. Vielleicht bist du dir der Information nicht sicher, oder du hast das Gefühl, daß es deinen Klienten ärgern würde, und fürchtest dich davor.

Ob du es zu *ihm* sagst oder nicht, ist dir überlassen, du mußt es jedoch irgendwie mitteilen, so daß es dich nicht mehr belastet, nicht mehr wichtig für dich ist. Das heißt vielleicht, daß du wartest, bis die Person gegangen ist, und es dir dann selber im Spiegel sagst. Oder du schreibst es auf. Wenn du dich lieber durch Malen, Tanzen oder sonst irgendwie nichtverbal ausdrückst, dann teile es auf diese Weise mit. Alles, was dir als Ventil dienen kann, ist gut, solange du nur nicht in den Bildern und Assoziationen zu dem, was du gesehen hast, hängenbleibst.

Manche Heiler gehen mit solchen schwierigen Informationen so um, daß sie sie dritten Personen erzählen, und oft ist diese Methode recht erfolgreich. Manchmal bringt sie aber auch ein ganz neues Problem auf den Plan, nämlich das ,,Müllabladen''.

Wenn du ein Steak für mich brätst und das Steak für mich zu roh ist und ich nach nebenan gehe und Peter Müller erzähle, daß du kein Steak braten kannst, dann wird Peter Müllers Beziehung zu dir von meiner Meinung gefärbt, die mit der Realität nichts zu tun hat. Die Beziehung zwischen euch beiden ist gestört. Ich habe mir in der Situation etwas zuschulden kommen lassen, weil ich Peter Müller eine Unwahrheit über dich erzählt habe, so wird *unsere* Beziehung auch gestört sein. Peter Müller hat das Bild, das ich ihm gegeben habe, in seinem psychischen Raum herumhängen, und ich erwarte seine Zustimmung zu dem, was ich ihm erzählt habe, so ist die Beziehung zwischen ihm und mir auch gestört. Weil alle drei Beziehungen gestört sind, sind auch wir alle drei als Individuen gestört, und in dem Maße, wie wir — bewußt oder unbewußt die verschiedenen Bilder auch in unserer Kommunikation und unseren Beziehungen mit anderen benutzen, breiten wir den Schaden noch weit über uns drei hinaus aus.

Das alles ist geschehen, weil ich ,,Müll abgeladen'' habe, anstatt in Kommunikation zu treten. Natürlich braucht Peter Müller an das, was ich sage, nicht wie an das Evangelium zu glauben. Er kann auch sehen, daß es einfach meine Meinung ist. Die meisten Leute machen jedoch normalerweise diesen Unterschied nicht, oft können sie in ihrem eigenen Denken nicht zwischen Tatsache und

Meinung unterscheiden. Wenn du eine Meinung zum besten gibst, dann hilft es, wenn du sie als *deine* Meinung identifizierst, also zum Beispiel sagst: ,,*Ich finde*, Inge Müller macht die besten Steaks weit und breit.'' Das wird dir auch dabei helfen, bei anderen zwischen Tatsache und Meinung zu unterscheiden. Wenn also jemand zu dir sagt: ,,Inge Müller macht die besten Steaks weit und breit'', dann erkennst du, daß er oder sie eigentlich sagt: ,,*Ich finde* . . .''

Dieses ,,Müllabladen'' ist etwas ganz Ähnliches wie Tratschen — jemandem, der nichts dazu kann, etwas mitteilen, das nicht neutral ist. Die mitgeteilte Information kann ,,schlecht'' sein (,,Inge Müller kann kein Steak braten'') oder ,,gut'' (,,Inge Müller macht die besten Steaks weit und breit''), in beiden Fällen ist sie jedoch gefärbt.

Meinungen, Ideen, Urteile, Bewertungen und dergleichen brauchen an sich unter den meisten Umständen nicht mitgeteilt zu werden. Sie leisten dir keinen wirklichen Dienst und der Welt auch nicht. Die Leute, wir eingeschlossen, scheinen jedoch solch sinnloses Gerede sehr zu lieben, da es ihnen viele Streicheleinheiten und viel Unterstützung ihres Überlegenheitsgefühls einbringt. Wir raten also nicht, daß du solche Dinge nicht sagen sollst. Aber wenn du etwas, das du bei einer ,,Lesung'' gesehen hast, jemand anderem als deinem Klienten mitteilst, dann lade nicht die — psychische oder emotionale — Last, die diese Sache für dich bedeutet, auf einem anderen ab. Aber versichere dich, daß die Last für dich verschwindet — sich auflöst. Sonst hast du es nämlich nicht wirklich mitgeteilt und mußt es nur noch einmal sagen, um das Bild aus dir draußen zu haben.

Der bei weitem wirksamste Weg, wie du mit einer Information umgehen kannst, die du deinem Klienten nicht sagen willst, ist, sie ihm doch zu sagen. Nehmen wir an, du siehst etwas, bist auch sicher, daß es stimmt, befürchtest aber, daß es deinen Freund ärgern wird, wenn er es hört. Du möchtest zum Beispiel sagen: ,,Ich sehe, daß es dir Spaß macht, krank zu sein. Du erhältst dafür mehr Aufmerksamkeit, als du je in deinem Leben für irgend etwas bekommen hast. Wenn du das nicht ehrlich zugibst und dich entschließt, deine Aufmerksamkeit auf anderem Wege zu bekommen, kann ich dich nicht heilen.''

Du hast damit den Zustand deines Freundes nicht bewertet, aber wahrscheinlich hast du einen wunden Punkt berührt, und dein Freund wird diese Beobachtung vielleicht ärgerlich abstreiten. Wenn du die Wahrheit, so wie du sie siehst, zum Ausdruck bringst, kriegst du vielleicht einen Energieschlag, das, was wir vorher übersinnliche Schläge genannt haben. Da kann dir erstens helfen, wenn du deine Rose vor dir aufstellst. Zweitens wird es dir helfen, wenn du dich daran erinnerst, daß kein Schlag dich wirklich verletzen kann, wenn du nicht willens bist, ihn anzunehmen. Und schließlich wird der Ärger deines Freundes, wenn du ihm keinen Widerstand entgegensetzt, einfach durch dich hindurchgehen.

Verwandte Bilder

Dies bringt uns zurück zu dem, was in der psychischen Arbeit vermutlich der allerwichtigste Aspekt ist, nämlich zur Neutralität, das heißt der Notwendigkeit, mit der Person, die du ,,liest'' oder heilst, nicht in eine emotionale Verstrickung zu geraten.

Es ist für dich und deinen Klienten leichter, wenn du ihn/sie bittest, nicht zu meditieren oder mit dir in Trance zu gehen. Oft denken Leute, daß sie die Lesung oder Heilung erleichtern, wenn sie meditieren, während du arbeitest. Das ist nicht so. Zum einen meditieren Leute auf verschiedene Arten, und es ist vielleicht schwierig für sie, aufzupassen und zuzuhören, was du sagst, wenn sie

,,abgetreten'' sind oder auf irgendeiner Wolke schweben. Du möchtest sie *hier* haben.

Zum anderen, und das ist wichtiger, schwingst du, wenn du in Trance gehst, auf deinem eigenen Energieniveau. Wenn dein Freund mit dir meditiert, geht er vielleicht ganz automatisch und ohne es zu bemerken, einfach mit in deine Trance. Dadurch kann er einen der wichtigsten Zwecke, für den du überhaupt in Trance gehst, zunichte machen, nämlich den, daß du dein Energieniveau weit genug über das deines Klienten anheben willst, um sicherzugehen, daß du beim Lesen seiner Aura oder beim Heilen emotional von ihm getrennt bleibst.

Wenn ihr beide auf derselben Energieebene seid, dann kann es geschehen, daß du ,,verwandte Bilder'' bekommst, das heißt, daß beim Beobachten gewisser Erfahrungen deines Freundes in dir ähnliche eigene Erfahrungen auftauchen werden. Diese Erinnerungen können wiederum intensive Gefühle in dir wachrufen, die dir dann im Kopf herumgehen und dich beim ,,Lesen'' stören. Das ist eine ganz wichtige Regel: Wenn du bei einer Lesung das Gefühl bekommst, überhaupt nichts sehen zu können, dann ist gewöhnlich dieses Aufrufen verwandter Bilder der Grund dafür.

Hier ein einfaches Beispiel: Du bist emsig dabei, deines Freundes Aura zu lesen, und siehst einen dunkelroten Fleck. Du sagst deinem Freund, daß dieser Fleck in seiner Aura nach Wut aussieht, und fühlst dich dabei auf einmal sehr ungemütlich, nervös und verwirrt. Wenn du ein geübter Auraleser bist, kannst du in der Aura deines Freundes vielleicht richtige Bilder sehen. Oder du spürst sie. Oder, was am wahrscheinlichsten ist, du merkst nur plötzlich, daß du dich sehr unwohl fühlst.

Vielleicht ist dein Freund, als er fünf war, von seiner Mutter verhauen worden, und er hat es ihr nie verziehen. Vielleicht hat deine Mutter *dich* verhauen, als du fünf warst, und es ist immer noch eine empfindliche Stelle bei dir. In einem Moment, wo du nicht neutral über der Energieebene deines Freundes warst, bist du auf ein verwandtes Bild gestoßen und darin hängengeblieben. Durch das Bild ist die Erinnerung deines Körpers an ein ähnliches Erlebnis wachgerufen worden, und nun ist alles, worauf du dich noch konzentrieren kannst, die Schläge, die du damals gekriegt hast — *ob dir das bewußt ist oder nicht.*

Verzweifle nicht. Es kann jedem passieren, und es ist auch nicht schwierig, das Problem zu beheben. Du sagst deinem Freund: ,,Entschuldige mal einen Augenblick, ich muß etwas an meiner Trance reparieren'', oder ,,Moment, ich muß mich mal am siebten Chakra kratzen'' oder so etwas; dann gehst du in deinen Kopf zurück, erdest dich neu und hebst dein Energieniveau, indem du mehr Erd- und kosmische Energie durch dich fließen läßt. Wenn du auf einer höheren Energieebene bist, kannst du leichter nur *beobachten, daß ein verwandtes Bild heraufbeschworen wurde, ohne es auch zu fühlen.* Dann erdest du deinen Freund wieder.

Wenn du weißt, was dein verwandtes Bild sein könnte, dann laß es auf deinem geistigen Bildschirm erscheinen und löse es auf. Es kann alles Mögliche sein: Vielleicht hattet ihr beide eine traumatische Jugendakne; vielleicht habt ihr beide eine(n) eifersüchtige(n) Freund(in), vorzeitige Samenergüsse, Höhenangst usw. Du kannst auch in einem ausgesprochen glücklichen oder positiven Bild hängenbleiben, obwohl du das weniger stark bemerkst und es sich auch in einer Lesung weniger störend auswirkt.

Wenn du das Bild nicht klar sehen kannst, dann entspanne dich und laß, was immer an Bildern auftaucht, vor deinem geistigen Auge erscheinen. Wenn etwas erscheint, egal wie unerwartet, dann löse es auf. Wenn nichts auftaucht, dann löse *das* auf. Wenn das nichts hilft, dann stell dir vor, daß das unangenehme Gefühl, das du hast, ein großer Energieball ist, in irgendeiner von dir gewählten Farbe. Bringe den auf deinen geistigen Bildschirm und löse ihn auf.

Als nächstes schließt du dein zweites Chakra zur Hälfte. Das trennt dich noch weiter von deinem Freund.

Dann denk an fünf Dinge, in denen du deinem Freund unähnlich bist: Er hat braune Haare, deine sind blond; sie ist Lehrerin, du bist Milchmann; er mag Peperoni, du nicht; sie ist 27, du bist 34; du hältst übersinnliche Sachen für Hexerei, dein Freund nicht. Diese Technik hört sich vielleicht sehr simpel an, aber bevor du sie nicht ausprobiert hast, kannst du ihren Wert nicht schätzen. *Du bist nicht dein Freund.* Du mußt alle seine oder ihre Spiele und Sorgen anschauen und sagen: Das ist nicht mein Problem.

Diese Erfahrung von verwandten Bildern hört sich vielleicht nicht besonders erfreulich an, sie kann jedoch von unschätzbarem Wert für dich sein. Sie kann dich auf die Gebiete hinweisen, wo *du* angestaute Energie und Gefühle sitzen hast, und kann dir dabei helfen, sie loszulassen, indem sie sie dir bewußt macht.

Einer unserer Lehrer, Lewis Bostwick, gab gewöhnlich den Studenten, die in Kürze professionelle Heiler werden wollten, den Rat: ,,Vergeßt nicht, daß eure Klienten nicht *euch* bezahlen sollten, sondern ihr *sie*. Sie helfen euch, alle eure unangenehmen Bilder anzuschauen und loszuwerden.''

Also noch einmal zur Wiederholung: Wenn du beim Lesen an einem Bild hängenbleibst, dann

1. Erde dich neu und dann deinen Freund.
2. Hebe dein Energieniveau über seins, indem du mehr Energie durch dich laufen läßt.
3. Löse alle Bilder auf, die du vielleicht hast.
4. Stell eine neue Rose auf.
5. Schließe dein zweites Chakra zur Hälfte.
6. Denk an fünf Dinge, in denen du dich von deinem Freund unterscheidest.

Ein weiteres Problem, das Anfängern im Hellsehen und Heilen Schwierigkeiten macht, ist, daß sie zu viele Dinge auf einmal sehen. Bei all den Auras, Chakras, Schnüren, Bildern, geistigen Führern und Symbolen vergangener Leben (die in Kapitel 8 besprochen werden) ist der Anfänger sich manchmal nicht sicher, *was* er da genau sieht. Du kannst dieses Problem lösen, indem du im voraus beschließt, was du anschauen willst — die Aura, die Chakras, die Schnüre oder sonst etwas. Konzentriere dich vollständig auf das Gebiet, das du gewählt hast, gib ihm deine volle Aufmerksamkeit. Du kannst zu einem anderen Gebiet übergehen, wenn du mit dem ersten fertig bist.

Aufmerksamkeit

Das bringt uns zu etwas, das die Buddhisten in Tibet *Ausrichtung auf einen Punkt* nennen und wir westlichen Leute *Aufmerksamkeit*. Wir haben das Thema in Kapitel 3 schon kurz angeschnitten, und es ist an der Zeit, es noch einmal zu betrachten.

Aufmerksamkeit ist etwas ganz Zentrales, wenn man in übersinnlichen Bereichen Erfolg haben will. ,,Natürlich bin ich aufmerksam!'' sagst du vielleicht. Aber schau noch einmal hin. Beobachte dich selbst, und sieh, wie leicht deine Gedanken ins Wanken kommen, wenn du eine Heilung oder eine Lesung machst oder wenn du deinen täglichen Geschäften nachgehst.

B., eine Klientin von Amy, klagte über Übergewicht. Egal was sie tat, sie wurde die zwanzig Kilo, mit denen sie sich häßlich und unwohl fühlte, nicht los. Amy gab ihr eine Hausaufgabe: zu essen. Wirklich zu *essen*.

,,Oh nein!'' sagte B., ,,das hab' ich schon einmal versucht! Ich hab' mir erlaubt, alles zu essen, was verboten war, alles, was ich wollte . . . und ich hab' dabei in zwei Wochen zwanzig Pfund zugenommen!''

Amy erklärte ihr, daß der Beschluß, alles zu essen, das bisher verboten gewesen war, nur die Kehrseite davon war, sich ständig über all das zu ärgern, was sie nicht essen konnte. Was sie davon abhielt abzunehmen, war, daß sie beim Essen nie einfach auf das Essen achtete. Wenn sie ein Stück Kuchen aß, dann sorgte sie sich um die Kalorien und den mangelnden Wert der Nahrung. Wenn sie Salat aß, dann lobte sie sich selber für diese schlankheitsbewußte und gesunde Wahl. Sie aß immer vor einer Jury, die aus einer Person bestand, nämlich ihr selber. Und da die meiste Zeit Essen ein Vergehen war, das mit Selbsthaß und schlechtem Gefühl bestraft wurde, war es ihr gewöhnlich nicht gestattet, etwas mit Genuß und Vergnügen zu essen.

Wie wir alle so gut wissen, ist das, was verboten ist, am reizvollsten. Wenn die Plätzchen auf dem obersten Brett im Schrank stehen, sind sie unwiderstehlich. So bestand also B.'s Hausaufgabe darin, wieder zu essen — einfach zu sitzen und zu essen und ohne Schuldgefühle oder Bewertung voll auf das Essen zu achten.

Sie rief Amy am nächsten Tag an und sagte: ,,Ich habe entdeckt, was ich wirklich mag, das ist das *Kosten*. Immer wenn ich also an irgendwelchem Essen vorbeigehe, dann koste ich es. Anstatt mich schnell ans Essen zu machen und es hinter mich zu bringen, weil ich es schlecht finde, zu essen, koste ich ganz langsam. Und ich merke, daß ein oder zwei Bissen genug sind.''

Ein anderer Klient von Amy machte sich Sorgen über sein Rauchen. ,,Ich glaube nicht, daß das gut für mich ist'', sagte er. ,,Was soll ich tun?'' Der Blick in seinen Augen ließ keinen Zweifel zu: Er hoffte insgeheim, daß Amy, seine Heilerin, ihm sagen würde, er müsse aufhören. Wenn es schlecht für ihn war, würde sie es wissen. Und wenn er gegen ihre Anweisungen weiterrauchte, war er *wirklich* ein Versager.

Amy sagte: ,,Ich werde Ihnen nicht sagen, ob Sie aufhören oder weiterrauchen sollen. Tun Sie, was Sie wollen, für mich macht das keinen Unterschied. Alles, worum ich Sie bitte, ist, daß Sie vor, rend und nach dem Rauchen aufmerksam sind. Beobachten Sie, wie Sie sich fühlen. Wenn Sie es nicht genießen, dann rauchen Sie nicht. Wenn Sie es genießen, dann viel Spaß dabei. Im Augenblick wissen Sie selber nicht, ob Sie es mögen oder nicht, weil Sie nicht wirklich rauchen. Sie machen sich statt dessen Sorgen darum, ob es richtig oder falsch ist, gesund oder schwächend. Sie haben keine Zeit, um festzustellen, ob Sie es wirklich befriedigt oder nicht. Aber das allein sollte für Sie den Ausschlag geben, ob Sie rauchen oder nicht."

Wenn du deine Aufmerksamkeit auf einen Punkt richtest, kannst du auf diese Weise am wirksamsten herausfinden, was du wirklich willst und was nicht, was du magst und was nicht. Dann hast du die Freiheit, das zu wählen, was du wirklich willst.

Beim übersinnlichen „Lesen" ist diese Konzentration auf einen Punkt ebenso wertvoll. Jede Information im Universum steht dir zur Verfügung, du kannst alles wissen. Und bei einer „Lesung" kannst du alles über einen Menschen wissen — vorausgesetzt, daß es zwischen euch eine Übereinkunft gibt, daß du es wissen kannst.

Sagen wir, ein Freund, dem du eine Lesung gibst, stellt dir eine Frage. Deine Fähigkeit, die Antwort zu empfangen, ist davon abhängig, ob du dich voll auf diese Frage konzentrieren kannst. Wenn du Angst davor hast, die Frage zu beantworten, oder wenn du Angst davor hast, daß es tatsächlich in deiner Macht steht, die Antwort zu *wissen*, dann schweifst du vielleicht ab. Du wirst verwirrt oder schläfrig, oder dir wird langweilig. Du denkst vielleicht an den Film von gestern abend oder ans Mittagessen. Dann halte an und frage dich, was zwischen dir und der Information steht. Wenn es dir immer noch unangenehm ist, die Frage zu beantworten, dann kannst du das deinem Klienten einfach sagen. Du bist noch nicht einmal verpflichtet, einen Grund anzugeben.

Wie du weiter zurechtkommst

Gelegentlich wirst du jemanden treffen, der, obwohl er wegen einer Lesung zu dir gekommen ist, nicht wirklich will, daß du ihn durchschaust. Und ebenso wenig, wie du jemanden gegen seinen Willen heilen kannst, kannst du jemanden gegen seinen Willen durchschauen. Amy erlebt in solchen Situationen so etwas wie eine Blockierung der Information: Es kommt einfach nichts, auch wenn sie alle Trennungs- und Neutralisierungstechniken angewandt hat, die sie kennt. Dann sagt sie, obwohl ihr das nicht leichtfällt: ,,Du willst mich nichts sehen lassen, stimmt das? Ich kann nichts über dich erfahren, wenn du es nicht willst." Meistens ist die Person dann trotz ihres Unbehagens bereit, das zuzugeben.

An dieser Stelle ist es gut, zu erwähnen, daß es in allen Bereichen psychischer Arbeit, die zwischen dir und einem anderen Menschen stattfindet, nichts nützt, wenn du jemanden zu etwas drängst. Laß es unter deinen Freunden bekannt werden, daß du die übersinnlichen Techniken, die du aus diesem Buch lernst, gern mit jemandem üben würdest. Ideal ist, wenn die Leute selber zu dir kommen. Wenn es jedoch für dich angebrachter ist zu bitten, dann bitte sanft, und laß deinen Freunden die Freiheit, nein zu sagen.

,,Übersinnlich" ist für viele Leute ein Wort, das ihnen Angst macht, auch für manche, bei denen du das als letztes erwarten würdest. Amy hat da am Anfang ihrer Arbeit viele Überraschungen erlebt. Oft waren die Freunde mit der scheinbar liberalsten Haltung und Philosophie die kritischsten und ängstlichsten. Und auf der anderen Seite waren Leute, die nie irgendwelches Interesse an außersinnlicher Wahrnehmung, Meditation oder dergleichen bekundet hatten, neugierig und hilfsbereit. Wir können dir versichern, daß du mit der Zeit auf Anhieb wissen wirst, wer Angst davor hat und wer nicht. Sei bis dahin verständnisvoll, und denk daran, wie du selber vor ein paar Jahren zu diesem Thema gestanden hast, oder sogar noch vor der Lektüre dieses Buches.

Lewis Bostwick, den wir vorher schon zitiert haben, pflegte auch zu sagen: ,,Gebt euren Klienten gerade ein kleines bißchen mehr, als sie annehmen können.'' Dieser geheimnisvolle Rat wird sonnenklar, wenn du mehr Übung im Auralesen und Heilen bekommst.

,,Annehmenkönnen'' heißt hier, wieviel Wachstum oder Heilung oder Information jemand zu einem bestimmten Zeitpunkt gewillt ist, hereinzulassen. Ganz allgemein bedeutet ,,Annehmenkönnen'', wieviel jemand gewillt ist, sich selber zu geben. Wenn zum Beispiel Geld für dich wichtig ist, kannst du es annehmen, so viel zu haben, wie du willst? Kannst du es annehmen, 100, 1000, 1.000.00 Mark zu haben? Wenn Liebe für dich wichtig ist, kannst du es annehmen, eine glückliche Liebesbeziehung oder Ehe zu haben?

Viele Menschen können nicht sehr viel annehmen. Bei einer übersinnlichen Lesung bestimmt die Menge an Information, die du hören, beachten und über die du dir Gedanken machen kannst, dein Maß an Annehmenkönnen. Bei einer Heilung ist die Menge von heilender Energie, die du in deinen Körper aufnehmen kannst, damit er sich verändert, dein Maß an Annehmenkönnen.

Lewis B. rät dazu, daß du deinen Klienten ein kleines bißchen mehr gibst, weil die Information irgendwie einsickert, auch wenn das nicht gleich auf einer bewußten Ebene geschieht. Viele Male haben uns Leute angerufen, die wir vor einem halben oder einem ganzen Jahr beraten hatten, um uns zu sagen: ,,Mensch, ich war vielleicht wütend, als du mir das und das gesagt hast, aber auf einmal ist das wirklich klar! Ich hab' bis letzte Woche einfach nicht verstanden, was du damit *gemeint* hast, und auf einmal ist der Groschen gefallen.'' Wenn du andererseits deinem Klienten oder deiner Klientin zuviel auf einmal gibst, kannst du ihn oder sie auch so befremden, daß er zehn Inkarnationen braucht, um allmählich zu hören, was du gesagt hast.

Übersinnliches ,,Lesen'' ist mehr als ein Dienst an anderen — es ist auch ein Dienst an dir selber. Wenn du deine verwandten Bilder entdeckst und die Dinge, an denen du hängenbleiben kannst, dann kannst du sie entschärfen, indem du die Bilder auflöst. Und du kannst deinen eigenen persönlichen Raum ausfindig machen, indem du dir sagst: ,,Ich bin nicht mein Freund, ich bin ich.'' Für Amy hatte das ,,Lesen''-Lernen noch einen weiteren Vorteil: Sie mußte lernen, eine feste Meinung zu haben, einen festen Standpunkt einzunehmen und dazu zu stehen, und das war vorher schwierig für sie gewesen.

Das größte an der übersinnlichen Wahrnehmung ist jedoch, selbst wenn das jetzt völlig verwirrend erscheint, etwas, das auf den ersten Blick wie das genaue Gegenteil dessen aussieht, was wir gerade gesagt haben. Ein anderer Heiler sagte zu Amy: ,,Die große Erleuchtung ist, daß *ich er bin.*'' Je mehr du übersinnliche Informationen wahrnimmst (und, wie wir sicher glauben, je mehr du *lebst*), desto klarer wird es für dich, daß du jeder bist und daß jeder dieselben Probleme hat wie du. Was du beim ,,Lesen'' wirklich tust, ist: Du sprichst mit dir selber über dich selber. Was könnte einfacher sein?

5

Fortgeschrittene Techniken des Heilens und Hellsehens

Die Übungen in diesem Kapitel sind fortgeschrittener als die, die du bisher gemacht hast. Laß dir Zeit damit, wie mit allen Übungen in diesem Buch. Du bekommst hier in neun Kapiteln einen vollständigen Kurs im Geistheilen, und da ist es besser, wenn du eine Übung so lange wiederholst, bis du dich dabei wohl fühlst, als wenn du durch das Buch hetzt.

Es ist auch in Ordnung, wenn manche Übungen in diesem Kapitel dir leichter fallen als vorhergegangene. Die Reihenfolge in diesem Buch bedeutet nicht, daß die Übungen immer schwieriger für dich werden müssen. Nimm dir mehr Zeit für die Übungen, für die du mehr Zeit brauchst, vergleiche deine Fortschritte nicht mit denen von irgend jemand anderem und auch nicht mit denen, die du meinst, machen zu müssen. Jeder Mensch ist verschieden und geht in seinem eigenen Tempo voran.

Die Chakras reinigen

Das Reinigen der Chakras kann, ob du nun andere heilst oder dich selber, von allen übersinnlichen Techniken die eindrucksvollsten Resultate hervorbringen. Hier eine Methode, wie du deine eigenen Chakras reinigen kannst:

1. Erde dich und gehe in Trance.

2. Sei in deinem dritten Chakra. Stell dir vor, daß jedwede schlechte Energie, alle Bilder oder sonstiger Müll vom dritten in dein zweites Chakra hinuntergespült werden; dort wird auch alles aufgesammelt, und dann geht es ins erste Chakra, wo dasselbe geschieht. Spüle alles, was du in diesen Chakras aufgelesen hast, durch die Erdungsschnur in die Erde. Es ist nicht nötig, daß du anschaust, was du bei dieser Übung aufsammelst, aber du kannst es natürlich tun, wenn du willst.

3. Sei in deinem vierten Chakra und wiederhole den Vorgang in die andere Richtung. Ziehe allen physischen Müll aus dem vierten ins fünfte, sechste und siebte Chakra herauf, und laß ihn aus dem siebten Chakra hinausfliegen. Stell dir vor, daß er aus deiner Aura herausgesaugt wird und sich draußen in neutrale Energie auflöst.

4. Sei jetzt in deinem ersten Chakra. Fülle dieses Zentrum mit sauberer, orangefarbener Energie, und stell dir vor, wie sie durch das ganze Chakra wirbelt und glüht. Du hast gerade den Müll entfernt, und immer, wenn du einen Raum gereinigt hast, mußt du ihn mit sauberer Energie auffüllen. Die Natur verabscheut ein Vakuum im psychischen Raum ebenso wie im physischen, und wenn du deinen Raum leer läßt, kannst du nie wissen, was sich darin ansammeln wird.

5. Wiederhole Schritt 4 mit dem zweiten und dritten Chakra. Dann schließe die drei unteren Chakras bis auf eine angenehme Öffnung.

6. Fülle die vier oberen Chakras eines nach dem anderen mit

orangefarbener Energie. Wie du in der Farbmeditation in Kapitel 3 gelernt hast, ist Orange immer eine wirksame Farbe, aber wenn du das Gefühl hast, du hättest eine andere lieber, dann nimm die. Laß die vier oberen Chakras offen.

7. Komm aus der Trance.

Das Reinigen der Chakras ist eine flexible Technik. Du kannst es so intensiv oder oberflächlich durchführen, wie du willst, je nachdem, wie gründlich die Heilung sein soll, die du dir gibst, oder wieviel Zeit du hast. Wenn du noch den Ehrgeiz hast, kannst du nach Schritt 6 auch Schnüre herausziehen oder nach Bildern schauen, die deinem Energiefluß im Wege sind.

Wenn du jemand anderen mit dieser Methode heilen willst, dann erde dich und ihn, halte deine Hand über sein drittes Chakra und stell dir vor, daß sie den Dreck durch die unteren Chakras in seine Erdungsschnur schiebt und von dort in die Erde.

Dann halte deine Hand über das siebte Chakra deines Freundes und stell dir vor, daß du den Abfall aus seinem vierten Chakra durch die oberen Chakras heraufziehst und auf dem Weg alles unerwünschte Zeug mitnimmst. Zieh alles herauf und durch sein siebtes Chakra heraus, und ende damit, daß du jedes Chakra mit frischer Energie auffüllst.

Die Chakras ausrichten

Jedes Chakra ist mit einem kleinen Energie-Stengel an einen Haupt-Energiekanal angeschlossen, der hinter und parallel zu der Wirbelsäule im Energiekörper verläuft. Manchmal hängt eine körperliche Krankheit damit zusammen, daß ein bestimmtes Chakra sich von dem Energiekanal getrennt hat oder die Ausrichtung auf ihn verloren hat. Manchmal setzen sich Bilder aus vergangenen und zukünftigen Leben oder Bilder aus diesem Leben, die der Mensch nicht losgelassen hat, in einem Chakra fest und sind der Energie im Wege. Wenn du deine Chakras oder die deines Freundes gereinigt hast, dann kannst du einen Blick auf den Hauptenergiekanal werfen und überprüfen, ob die verschiedenen Chakras damit verbunden sind. Ein Heiler kann oft sehr viel bewirken, indem er einfach die Chakras wieder zentriert, die ihre Ausrichtung verloren haben, und die, die sich vom Energiekanal getrennt haben, wieder anschließt.

Erde dich für die Übung und geh in Trance. Dann reinige die Chakras wie in der vorhergehenden Übung. Als nächstes stellst du dir den Stengel vor, der jedes Chakra mit dem dahinter verlaufenden Energiekanal verbindet; du nimmst dir vom ersten bis zum siebten jedes Chakra einzeln vor und gehst erst zum nächsten, wenn du mit dem vorhergehenden fertig bist. Ist der Stengel fest mit dem Energiekanal verbunden? Wenn die Verbindung lose ist, dann stell dir vor, daß du sie wieder festmachst, so wie du eine Glühbirne in den Sockel schrauben würdest. Wenn überhaupt keine Verbindung da ist, dann stell sie einfach wieder her.

Wenn du sicher bist, daß alle Chakras mit dem Energiekanal verbunden sind, dann komm wieder zum ersten Chakra zurück. Stell dir vor, daß du beim Hineinschauen in das Chakra direkt in den Kelch einer Blüte schaust. Wenn der Kelch in irgendeiner Weise geneigt ist, so daß du nicht von Auge zu Stempel hineinschauen kannst, dann ergreife ihn sanft, aber bestimmt mit deinen übersinnlichen Fingern und stelle ihn wieder auf. Mach mit allen anderen Chakras dasselbe. Dann laß durch dein siebtes Chakra eine riesige goldene Sonne hereinkommen und laß dieses Licht deinen ganzen Energiekörper durchfluten und den der Person, mit der du arbeitest, und dann durch die Erdungsschnur hinauslaufen. Dann komme aus der Trance.

Deinen Körper besitzen

Wir haben in Kapitel 3 angedeutet, daß du mit deinem Körper sprechen kannst. Hier ist eine weitere Übung, die zunächst vielleicht eigenartig erscheint. Sie ist dafür gedacht, dich wieder mit deinem Körper bekannt zu machen, dich wieder als rechtmäßigen Besitzer deines physischen Raumes einzusetzen und dich daran zu erinnern — egal, ob irgendwelches Geplapper in irgendeinem Hinterkopf etwas Gegenteiliges sagt —, daß dies *dein* Körper ist.

Etwas „besitzen" bedeutet im psychischen Jargon, es sich vollständig zu eigen zu machen. Zum Beispiel haben deine Eltern dir das Laufen beigebracht, also besitzen sie vielleicht noch Teile deiner Beine, und du hast sie vielleicht nie ganz selber besessen. Du bist vielleicht in dem Glauben aufgewachsen, daß deine Geschlechtsorgane irgendwie unrein seien, und hast sie vielleicht nie wirklich besessen und als dein eigen in Anspruch genommen.

Bereiche deines Körpers, die du nicht in Besitz genommen hast, sind Bereiche, in denen Blockaden auftreten können, wenn du versuchst, Erd- und kosmische Energie hindurchfließen zu lassen. Es sind Bereiche, wo du die meiste Zeit unbewußt bist oder „schläfst", und in diesen Bereichen treten mit erhöhter Wahrscheinlichkeit physische Krankheiten auf. Deine Aura ist um diese Bereiche herum vielleicht strähnig oder existiert praktisch gar nicht.

Du bist der Herr oder die Herrin des Schlosses, das dein Körper ist. Um mit deinem Reich in Verbindung zu sein, beginne damit, daß du dich erdest. Dann sei in deinen Zehen — was dasselbe ist, wie in der Mitte deines Kopfes zu sein oder in der Ecke des Raumes oder in irgendeinem deiner Chakras —, nur bist du jetzt in deinen Zehen. Du denkst wahrscheinlich nicht allzuoft an deine Zehen, deshalb nimm dir Zeit und finde heraus, wie sie sich anfühlen und wie du dich fühlst, wenn du dort bist.

Dann sei in deinen Füßen. Sind sie leicht, schwer, kribbeln oder schmerzen sie? Sei in deinen Waden.

Sei in jedem Teil deines Körpers, einen nach dem anderen. Du brauchst dich nicht von einem zum anderen zu *bewegen*, sondern du kannst einfach in einem Teil *sein* und dann in einem anderen. Sei in deinen Knien, in den Oberschenkeln, im Gesäß, in den Geschlechtsorganen, in den Hüften, im Magen, in der Brust, in den Schultern, Oberarmen, Ellbogen, Unterarmen, Händen, Fingern; sei in deinem unteren Rücken, deinem oberen Rücken, im Hals, im Kinn, in deinen Lippen, in der Zunge, in den Zähnen, in der Nase, den Wangen, Augen, Ohren, in deinen Haaren, in deinem Kopf. Verweile, solange du willst, an jedem Ort und besuche, wenn du willst, auch noch andere Teile deines Körpers, die wir auf unserer Liste ausgelassen haben.

Sprich mit jedem Körperteil, in den du hineingehst. Sag guten Tag zu deinem Magen und frage ihn, ob er irgendwelche Verbesserungen vorzuschlagen hat. Er könnte zum Beispiel sagen: ,,Bitte nicht soviel italienisches Essen'' oder ,,Mach deinen Gürtel ein Loch weiter''. Sprich mit deinen Füßen. Sie sagen vielleicht: ,,Nimm uns nicht als selbstverständlich hin. Wir brauchen weichere Schuhe'' oder ,,Danke für das Massage-Öl''.

Du wirst merken, daß du dich in manchen Teilen deines Körpers wohl und zufrieden fühlst, und in anderen fühlst du dich vielleicht gelangweilt, schwer oder angespannt. Diese letzteren sind vermutlich die Bereiche, die du nicht voll in Besitz genommen hast.

Sei dir bei deinem Besuch in jedem Teil deines Körpers deiner Empfindungen bewußt, sowohl der angenehmen als auch der unangenehmen. Der erste Schritt zu dem Gefühl, daß dein ganzer Körper dir gehört, ist, daß du bemerkst, wo du dich zu Hause fühlst und welchen Teilen du entfremdet bist. Schau, ob du in den entfremdeten Teilen irgendwelche schmerzhaften Bilder aufbewahrst. Wenn ja, dann gib diese Bilder an ihre rechtmäßigen Besitzer zurück, wie du es in Kapitel 4 gelernt hast.

Wenn du dir deinen Körper zu eigen gemacht hast, dann kehre zum Mittelpunkt deines Kopfes zurück. Mache von hier aus auf deinem geistigen Bildschirm ein Bild deines Körpers. Gib diesem Bild sehr viel Liebe und Anerkennung. Dann löse das Bild auf und komm aus der Trance.

Gesund sein

Da Heilen impliziert, daß etwas reparaturbedürftig ist, neigen Heiler dazu, sich auf das zu konzentrieren, was mit dem physischen oder psychischen Körper ,,verkehrt'' ist, anstatt auf das, was ,,richtig'' an ihm ist. Diese Blickrichtung ist jedoch etwas irreführend. Heilen heißt nicht so sehr korrigieren, was nicht funktioniert, als vielmehr das Natürliche funktionieren zu lassen.

In Kapitel 4 haben wir über ,,Sich-nicht-Bemühen'' gesprochen; wir haben gesagt, die Fähigkeit zu heilen ist natürlich, und bei der Anwendung dieser Fähigkeit geht es mehr darum, sie wieder in dein Leben hereinzulassen, als dich schrecklich abzumühen, um sie zu entwickeln.

Im großen und ganzen sind die Übungen in diesem Buch darauf ausgerichtet, zuzulassen, daß dein naturgemäßer Zustand von Kraft und Wohlbefinden dir wieder zur Verfügung steht. Sie zielen darauf ab, daß du bestimmte Muster, die du als Kind gelernt hast, *verlernst*, Muster, die dir als Kind beim Überleben geholfen haben, die aber jetzt nicht mehr besonders angemessen, sondern vielleicht sogar schädlich sind. Wenn du zum Beispiel Asthma hast, dann hat dir das als Kind vielleicht eine Menge Aufmerksamkeit von seiten deiner Eltern eingebracht. Aber ist es die Art von Aufmerksamkeit, die du *jetzt* haben möchtest? Ist das bißchen Aufmerksamkeit es wert, daß du nicht atmen kannst?

Was jetzt folgt, ist eine Übung, die dich mit dem in Kontakt bringt, was schon funktioniert, und die übrige Energie darauf ausrichtet.

1. Erde dich und geh in Trance.

2. Schau in deiner Aura nach Stellen, die vor gesunder, vibrierender, sauberer, goldener Energie nur so leuchten.

3. Hebe die Energie in deinem übrigen Körper, so daß sie der Energie in diesen gesunden Bereichen gleichkommt. Du stellst hierfür die Forderung auf, daß die Energie höher wird, wenn du es ihr sagst; dann läßt du sie so hoch werden, wie sie will.

4. Laß die Energie durch deine Aura und deine Chakras zirkulieren, dann beuge dich vornüber und komm aus der Trance.

Du kannst diese Übung zum Heilen anderer Menschen benutzen, indem du einfach in ihrer Aura nach gesunden Stellen schaust anstatt in deiner eigenen. Dann hebst du ihre Energie auf dieselbe Weise, wie du deine gehoben hast.

Krankheit loslassen

Die vorhergehende Übung gibt dir unter anderem einen guten Angriffspunkt, was dein Annehmenkönnen angeht. Wenn du in Trance gehst und alles, was du siehst, graue Energie ist, dann frag dich, auf welcher Energieebene du zu sein bereit bist, und laß die Antwort als Farbe erscheinen. Nimm diese Farbe — welche auch immer es ist —, und laß sie durch dein siebtes Chakra zum dritten herunterlaufen. Dann gleiche deine übrige Energie diesem Niveau an und beende die Übung mit Schritt 4. Mach die Übung am nächsten Tag wieder. Deine Energie ist jetzt vermutlich etwas höher als zuvor. Was immer die Farbe deiner Energie ist, hebe sie auf die nächsthöhere Farbebene, was immer das für dich ist —, bevor du zu Schritt 3 und 4 übergehst. Schau, wie viele Tage du diese Übung machen mußt, bevor Gold in deiner Aura erscheint.

Gesund sein hängt im wesentlichen davon ab, daß du dir erlaubst, in diesem Zustand zu sein. Manchmal gestattest du dir nicht, gesund zu sein. Sowohl Amy als auch Bill sind von Zeit zu Zeit einfach deshalb krank geworden, weil sie Ferien brauchten oder ein bißchen Mitgefühl. Kranksein ist allerdings nicht so angenehm oder einfach, wie wenn du einfach um Mitgefühl *bittest* oder Urlaub *machst*. Es funktioniert bis zu einem gewissen Punkt, aber es ist selten die befriedigendste Art, mit deinen Bedürfnissen umzugehen.

Wenn du irgendeine Krankheit hast und sie los sein willst, dann laß sie einfach los. Etwas *loswerden* ist ein aktiver Ansatz, der verlangt, daß du Energie in die Krankheit steckst. *Loslassen* ist so leicht, wie wenn du deine physische Hand aufmachst.

1. Erde dich und geh in Trance.

2. Lokalisiere die roten Punkte in deiner Aura, die deine Krankheit darstellen. Die Punkte können auch eine andere Farbe haben als Rot — bitte einfach darum, deine Krankheit zu sehen, dann erscheinen die Flecken in ihren eigenen Farben.

3. Fülle jeden dieser Flecken mit Helium.

4. Laß jeden heliumgefüllten Flecken wie einen Ballon aufwärts und aus deiner Aura hinausschweben ins All, wo er sich neutralisiert.

5. Laß durch dein siebtes Chakra goldene Energie hereinkommen und alle Stellen, wo die Flecken waren, ausfüllen.

6. Komm aus der Trance.

Deine innere Stimme

Die folgende Übung ist eine der einfachsten in diesem Buch, aber sie bringt in allen Bereichen übersinnlicher Arbeit gute Ergebnisse.

Weiter vorne haben wir von der *inneren Stimme* gesprochen — dem Teil von dir, der schon alles weiß und der dir auf deine Fragen die Antworten gibt, die dir am nützlichsten sind. Um mit dieser Stimme in Kontakt zu kommen, schließt du zuerst die Augen und erdest dich. Denk an eine Frage, die du gerne stellen möchtest — etwa: ,,Will ich wirklich mit Eddy zu dem Schwof gehen?'' oder ,,Hat mein Chef vor, mir eine Gehaltserhöhung zu geben?'' oder ,,Mag meine Schwester wirklich gern Peperoni?''

Dann drucke ein großes JA auf deinen geistigen Bildschirm, und daneben ein großes NEIN. Stell deine Frage, und schau, welches Wort aufleuchtet. Wir wissen, daß sich das zu einfach anhört, aber das Leben *muß* nicht schwer sein. Probier es aus. Du wirst vielleicht erstaunt sein, wie schnell und leicht du eine richtige Antwort bekommst.

Diese Technik ist auch nützlich, um mit deinem Körper zu sprechen. Amy überprüft zum Beispiel manchmal die Ausgewogenheit ihrer Ernährung auf diese Weise. ,,He, Körper'', sagt sie dann, ,,brauchst du mehr Vitamine?'' Wenn JA als Antwort kommt, geht sie die Liste der Vitamine durch — A, B, C, D, E usw. — und bekommt jeweils entweder JA oder NEIN zur Antwort.

Du kannst die Technik nach deinem Geschmack variieren, indem du ,,manchmal'' hinzufügst oder ,,ein bißchen'' oder ,,sehr'' oder irgendeine andere Einschränkung oder Steigerung der Antwort. Sei so spezifisch, wie du willst.

Fortgeschrittene Selbstheilung und Heilung in Abwesenheit

In Kapitel 4 haben wir dir gezeigt, wie du Krankheit im Körper lesen kannst. Für die folgende Übung zur Heilung in Abwesenheit befolgst du Schritt 3 von ,,Schmerz in der Aura und im Körper lokalisieren'' und findest die roten Flecken in dem Bild deines Freundes. Laß die Chakras im Moment einmal außer acht.

Wenn du die schmerzhaften Gebiete ausgemacht hast, dann nimm eines davon heraus, und stell dir einen glühenden orangefarbenen Ball mitten darin vor. Stell dir vor, wie dieser Ball langsam den ganzen roten Fleck ausfüllt, bis kein Rot mehr übrig ist. Mach das mit jedem roten Fleck so. Wenn manche Flecken nicht orange werden wollen, dann mach die Übung noch einmal. Wenn sie rot bleiben, dann will dein Freund vermutlich nicht, daß diese Bereiche geheilt werden. Erinnere dich an unser Gespräch über ,,Annehmenkönnen'' in Kapitel 4; gestatte deinem Freund, nur soviel Heilung anzunehmen, wie es ihm zu dieser Zeit angenehm ist.

Wiederhole diese Übung, indem du diesmal anstelle des Körpers die Chakras liest und heilst.

Mache dir schließlich ein Bild von dir selber, und mach diese Übung zuerst mit deinem Körper und dann mit deinen Chakras. Löse immer am Ende der Übung deine Bilder auf. Diese Heilmethode ist zwar hauptsächlich zur Heilung in Abwesenheit oder zur Selbstheilung gedacht, gelegentlich ist sie jedoch auch nützlich, wenn du mit jemandem arbeitest, der dir gegenübersitzt. Wenn es ihm zum Beispiel aus irgendeinem Grund unangenehm ist, daß du deine Hände in seiner Aura herumbewegst, dann kannst du ihn mit dieser Technik heilen.

6

Warum werden wir krank?

Die meisten von uns glauben, Kranksein sei ein Unglück, das uns befällt, ein Zufall, an dem wir keinen Anteil haben. Wir meinen vielleicht, wir sind krank geworden, weil wir ohne etwas auf dem Kopf durch den Regen gegangen sind oder weil Bazillen in der Luft waren. Warum leben aber manche Leute ein gesundes Leben ohne etwas auf dem Kopf, und andere nicht? Und warum erwischen manche Leute immer die Bazillen?

Was hast du davon, krank zu sein?

Wenn jemand krank wird, dann ist das überhaupt kein Zufall. Kranksein hat eine Menge Vorzüge, das heißt, du kannst eine Menge davon haben, krank zu sein. Es kann etwas Angenehmes sein, wie Liebe, das du behalten möchtest, oder etwas Unangenehmes, wie Schmerz, das du loswerden möchtest. In beiden Fällen ist es jedoch etwas, was du für dein Überleben für notwendig hältst. Wenn du merkst, was es dir bringt, welche Vorteile du davon hast, dann fängst du an zu verstehen, was für dich notwendig ist, und du bist auf dem Weg zur Befreiung von deinem persönlichen Normensystem.

Manche Vorzüge des Krankseins erkennen wir leicht, andere sind nicht so leicht zu sehen. Wenn du zum Beispiel gezwungen bist, im Bett zu liegen, kannst du nicht nur eine Menge Mitgefühl und Aufmerksamkeit auf dich lenken, sondern die Leute bedienen dich auch, machen für dich sauber und sind netter zu dir als gewöhnlich. Du verpaßt außerdem das wichtige Treffen, zu dem du keine Lust hast, oder den Wochenendbesuch bei deinen Schwiegereltern, oder du kannst deine Krankheit auf das Essen schieben, das du in dem Restaurant gegessen hast, wo du nicht hingehen wolltest, aber dein Mann oder deine Frau bestand darauf.

Verschiedene Ärzte, die wir kennen, stimmen uns darin zu, daß die meisten Krankheiten, mit denen ihre Patienten zu ihnen kommen, psychosomatischen Ursprungs sind, das heißt, daß sie keine organischen Gründe haben. Mit dem Körper ihrer Patienten ist nichts verkehrt, aber die Patienten haben *beschlossen*, daß etwas verkehrt sein sollte, und haben alle Symptome einer Krankheit. Wenn der Arzt seinen Patienten sagt: ,,Schauen Sie, es ist nichts verkehrt mit Ihnen. Sie sind gesund wie ein Pferd. Warum gehen Sie nicht ins Kino, um wieder normal zu werden?'', dann suchen sie sich einfach einen anderen Arzt, der mehr Mitgefühl für ihre Beschwerden aufbringt. Manche Ärzte haben deshalb gelernt, ihren Patienten verständnisvoll zuzuhören und ihnen dann irgendein Placebo zu geben — Zuckerpillen oder irgendwelche harmlosen Substanzen. Die Patienten können sich dabei vorstellen, daß die Krankheit, die sie sich selber in ihrem Kopf geschaffen haben, fachmännisch behandelt wird. Und schon bald ist die Aufmerksamkeit, die ihr Arzt ihnen schenkt, genug für ihre Bedürfnisse, und sie kommen wieder auf die Beine, ohne je wirklich zu merken, daß sie wie Kinder behandelt und mit Kleine-Kinder-Methoden zu der Gesundheit zurückgeholt wurden, die sie gar nicht verloren hatten.

Wenn du dich selbst oder deine Freunde heilst, wird es dir sehr helfen, wenn du erkennst, welch enorme Macht das Denken hat, wenn es darum geht, eine augenscheinliche Krankheit herzustellen, wo in Wirklichkeit gar keine besteht. Die Tatsache, daß solche Krankheiten Schöpfungen der Phantasie sind, verringert ihre Macht im Leben ihrer Opfer nicht: Leute können an eingebildeten Krankheiten sterben. Wir können unseren Kopf dazu benutzen, um Kopfschmerzen, Erkältungen oder Fieber zu produzieren, aber auch, um wirklich ernste biologische Probleme zu schaffen, wie etwa Magengeschwüre, Herzanfälle und Krebs. Natürlich kann der Kopf die Krankheit, die er geschaffen hat, auch heilen — und darum geht es zum Teil in diesem Buch.

Wie schon gesagt, werden viele Krankheiten auf ,,Bazillen'' zurückgeführt. Es ist zwar technisch richtig, daß ein Bazillus seine Wirkung in einem Körper hinterlassen kann, es besteht aber weiterhin die Frage, warum die Krankheit zu einer bestimmten Zeit auftritt und nicht zu einer anderen und warum manche Leute öfter krank werden als andere. Da die ganze Zeit Bazillen um uns herumschwirren, schaut der Geistheiler bei einer Heilung nach den Gründen, warum Bazillen in einem Körper aktiv werden.

Um einen Augenblick auf der rein physischen Ebene zu bleiben: Krankheit bedeutet für den Körper einen Reinigungsprozeß. Anstatt eine Erkältung als ein Bündel unangenehmer Symptome zu betrachten, die mit dir *geschehen*, kann die Krankheit auch als eine Art gesehen werden, wie der Körper Gifte ausscheidet. Der Körper entwickelt Fieber und bricht dann in Schweiß aus, um durch die Haut Gifte auszuscheiden. Ein Schnupfen ist die Art, wie der Körper Gifte durch die Schleimhäute ausscheidet. Durchfall bedeutet, daß der Körper sich durch seine Ausscheidungen reinigt.

Diese Gifte haben sich wahrscheinlich durch Alkoholgenuß, Rauchen, zu viel oder schlechtes Essen, Tabletten oder Drogen oder Umweltverschmutzung in dir angesammelt. Wenn man Krankheit aus dieser Sicht betrachtet, dann ist sie nicht so sehr etwas Schlechtes als vielmehr die Feststellung des Körpers, daß es an der Zeit ist, Hausputz zu machen. Wenn der Körper von Zeit zu Zeit einen Hausputz durchführt, dann verhindert er dadurch tatsächlich, daß sich Gifte anhäufen, die zu viel größeren und schmerzhafteren Krankheiten führen als eine Erkältung. Krankheit kann in der Tat eine aktive, positive Station auf dem Weg zu Gesundheit und Glück sein.

Wie wir schon erwähnt haben, werden sowohl Amy als auch Bill gelegentlich einfach deshalb krank, um Urlaub zu haben. Wenn wir über einen langen Zeitraum hinweg hart gearbeitet haben und von unseren Freunden und der Familie nicht die Liebe und Unterstützung bekommen, die wir brauchen; wenn wir uns Ferien versprochen haben, aber es nie so richtig dazu kommt; wenn wir etwas zu tun haben, das wir lieber umgehen möchten; wenn wir einfach ein oder zwei Tage im Bett liegen wollen, das aber nicht sagen wollen — immer dann ist die Zeit gekommen, wenn die Symptome einer Krankheit gerade stark genug auftreten, um uns davon zu überzeugen, daß wir alle unsere Verabredungen absagen und nur herumhängen, Suppe und Schachteln voll Pralinen essen und eine Menge fernsehen sollen. Es ist jedoch klar, daß diese Art, Ferien zu machen, weder so wirksam noch so befriedigend ist, wie wenn du sagst: ,,Ich brauche ein bißchen Aufmerksamkeit'' oder ,,Ich habe zuviel gearbeitet, und ich nehme mir zwei Tage frei und fahre ans Meer.'' Die Vorzüge der Krankheit haben doch irgendwie ihren Preis, zum Beispiel, daß du zwei Tage im Bett verbringen *mußt*, anstatt am Strand zu liegen, oder daß Leute dich nicht mehr einladen, wenn du sowieso immer in letzter Minute krank wirst.

Kranksein ist nicht „schlecht"

Um zu wissen, *warum* jemand krank geworden ist, hilft es immer, wenn man weiß, *was* derjenige davon hat, daß er krank ist. Wie vielleicht inzwischen klar ist, heißt „etwas davon haben" nicht unbedingt, daß wir etwas bekommen, das normalerweise als „gut" betrachtet wird. Aber wenn du herausfinden kannst, was jemand von seiner Krankheit hat — was immer es ist —, dann kannst du ihm viel besser helfen, sich selbst im Heilungsprozeß zu helfen.

All dies soll nicht heißen, daß es „schlecht" ist, krank zu sein. Es ist nichts verkehrt daran, krank zu sein — es ist einfach eine andere Seite des Gesundseins, außer daß es sich gewöhnlich nicht so gut anfühlt.

In Kapitel 3 haben wir gesagt, daß dein Körper dir durch Krankheit etwas über Unausgewogenheiten und Störungen mitteilt, die du in deinem Leben hast oder geschehen läßt. Solche Unausgewogenheiten können ganz einfach sein — zum Beispiel, daß du dir keine Pause von der täglichen Routine gönnst —, sie können aber auch viel komplizierter sein. Wenn du Schwierigkeiten mit dem Herzen hast, teilt dir dein Körper dadurch vielleicht mit, daß du zuviel Cholesterin zu dir nimmst.

Beim Auralesen oder bei einer Heilung ist ein Teil deiner Arbeit, Unausgewogenheiten in der Lebenskraft deines Freundes zu entdecken und ihm klarzumachen, was er da tut und was dabei herauskommt. Wenn du deinem Freund deine Entdeckungen mitteilst, hat er die Möglichkeit zu wählen, ob er das, was sein Kranksein ihm gibt, haben will oder ob er lieber etwas anderes möchte oder das, was er will, auf direkterem Wege erreichen kann.

Oft ist die Botschaft eines Kranken an seine nahe Umgebung: „Ich bestrafe euch dafür, daß ihr mich nicht genug liebt — seht ihr, ihr habt mich krank gemacht" oder „Ihr habt nicht gemerkt, daß ich eure Liebe brauche, also werde ich krank, und dann müßt ihr sie mir geben." Ein Mensch bringt seine Bedürfnisse und Wünsche durch sein fundamentalstes Werkzeug — seinen Körper — zum Ausdruck.

Besonders wenn eine Krankheit sich hinzieht und chronisch wird, entwickelt die Pflegeperson möglicherweise eine Feindseligkeit gegenüber dem kranken Partner oder Freund, dem sie ständig Zeit und Aufmerksamkeit widmet, ohne große Gegenleistung. Immer wieder haben wir erlebt, wie Freunde von chronisch kranken Menschen standhaft behauptet haben, ihr Freund/ihre Freundin täte ihnen nur leid, um dann schließlich zuzugeben, daß sie verletzt und wütend waren. Über jemandes Krankheit ärgerlich oder frustriert zu sein ist eines der größten Tabus, die wir in dieser Kultur haben.

Verdrängter Groll kann sehr schlechte Gefühle auslösen. In dem bewußten oder unbewußten Wissen, daß die beste Art, jemandes Aufmerksamkeit zu erringen, die ist, krank zu sein, zögert der Kranke vielleicht seine Krankheit hinaus. Oder er wird gesund, verliert die Aufmerksamkeit, die er bekam, ist frustriert und wird wieder krank, um den Kreislauf zu wiederholen.

Beliebte Zeiten, um krank zu werden, sind a) wenn Leute an der Schwelle zu oder in der Mitte von großen Veränderungen stehen und b) wenn die Dinge außergewöhnlich gut für sie gehen.

Veränderung, wie wir in Kapitel 3 gesagt haben, bewirkt, daß das Bewußtsein sich auf Überleben einstellt. Wenn du ein Verhaltensmuster änderst oder ändern willst, fühlt dein Bewußtsein sich bedroht. Wenn eine kleinere Veränderung ansteht, schneidest du vielleicht in deinen Daumen anstatt in die Zwiebel, schließt dich aus dem Haus aus oder bekommst eine leichte Erkältung. Wenn eine große Veränderung bevorsteht, greift dein Bewußtsein, um sie zu verhindern, vielleicht zu extremeren Mitteln: Du fällst und brichst dir ein Bein, dein Auto wird gestohlen, du hast Streit mit deinem Ehepartner, Geschäftskollegen oder deinem besten Freund.

Ebenso kann dein Bewußtsein reagieren, wenn alles in deinem Leben wunderbar funktioniert: Es holt die Bilder deiner Kindheit hervor und beschließt, daß du all die guten Dinge, die dir in den Schoß fallen, wirklich nicht verdient hast. Und mit vierzig Grad Fieber ist es ziemlich schwierig, einen Erfolg zu genießen, egal, wie phantastisch er ist. Wenn du also zu einer solchen Zeit krank wirst, dann schneidest du dich von dem Glück ab, das du nicht zu verdienen glaubst. Wenn du gerade Gehaltserhöhung bekommen hast, dein Freund dich fragt, ob du im Winterurlaub in seinem Haus auf den Bahamas wohnen willst, deine Kinder in der Schule alle das beste Zeugnis haben und deine bevorzugte Aktie gerade um 50 Punkte gestiegen ist, dann geschehen dir vielleicht dieselben Dinge wie während der Zeiten, wo sich in deinem Leben etwas verändert.

Wir wollen nun allerdings nicht sagen, daß du *nur* in Zeiten von Umwälzungen krank wirst oder daß jede Veränderung in deinem Leben eine Krankheit hervorrufen wird, ganz und gar nicht. In manchen Zeiten der Veränderung und Anspannung findest du vielleicht sogar, daß du dein körperliches Wohlbefinden vollkommen unter deiner Kontrolle hast. Wenn du zum Beispiel merkst, daß eine Grippe im Anzug ist, aber du ein Treffen vor dir hast, das außerordentlich wichtig für dich ist, dann stellst du vielleicht fest, wie du die Grippe aufschiebst, bis das Treffen vorbei ist. Viele Leute aus unserem Bekanntenkreis haben diese Erfahrung gemacht. Bill spielte eine Zeitlang solch ein Spielchen mit sich selber.

Ungefähr ein Jahr lang merkte Bill immer wieder, wenn eine wichtige Arbeit fällig war, daß eine Grippe im Anmarsch war oder sein Rücken nicht mehr mitmachen wollte. Er fing an, mit seinem Körper Vereinbarungen zu treffen, die ungefähr so aussahen: „Hör zu, Kamerad", sagte Bill zu seinem Körper, „ich merke, du willst krank werden, und es kommt mir so vor, als ob du dich unter Druck fühlst und Angst vor dieser Arbeit hast. Aber es ist mir sehr wichtig, diese Arbeit gut und termingerecht fertig zu kriegen, und ich kann's mir wirklich nicht leisten, jetzt krank zu werden.

Laß uns einen Handel machen. Du wirst nicht krank, bevor die Arbeit getan ist, und ich versprech' dir, daß wir hinterher zwei Tage Ferien machen.''

Dann trug er seinen eigenen Namen in den Kalender ein für die beiden ersten freien Tage, nachdem die Arbeit fertig war, und machte sich wieder ans Werk. Er wurde dann nicht krank, zumindest bis die Arbeit fertig war. Und dann hatte er seine freien Tage, und sein Körper befand gewöhnlich, daß er die lieber mit angenehmen Dingen verbringen wollte, als mit Fieber und laufender Nase im Bett zu liegen. Und oft wurde er überhaupt nicht krank.

Im Grunde ist das Leben eine Art Spiel, in dem du es dir gutgehen lassen kannst oder nicht, ganz nach deiner Wahl. Auf jeden Fall geht das Spiel weiter, bis du stirbst. Da dein Körper eine lange Zeit tot sein wird und lebendig nur für relativ kurze Zeit, kannst du eigentlich geradesogut das Spiel genießen.

Manchen Leuten macht es tatsächlich Spaß, krank zu sein. Sie manipulieren gern andere Leute, und sie mögen die Art von Aufmerksamkeit, die sie bekommen, wenn sie scheinbar hilflos sind. Sie liegen gern wochen- und monatelang hintereinander im Bett, und sie haben es gern, von den Verantwortlichkeiten des Lebens befreit zu sein. Solche Menschen entwickeln vielleicht sogar langfristige, chronische Leiden, die ein Arzt diagnostizieren kann oder auch nicht. Es ist möglich, daß jemand bewußt auf diese Weise ,,krank'' ist und genau weiß, was er oder sie da macht und wozu die Situation für ihn oder sie gut ist, aber das ist selten. Viel öfter ist es so, daß die betreffende Person in einer solchen Situation wirklich glaubt, krank zu sein und mit den Problemen des täglichen Lebens einfach nicht fertig werden zu *können* (im Gegensatz zu: *wollen*).

Wenn das deine Vorstellung von einem guten Leben ist und wenn du die Leute um dich herum dazu bringen kannst, diese Art des Spiels mitzumachen, na dann viel Spaß! Aber wenn es dir so vorkommt, als könnte, im Schlafanzug herumzuliegen, so viele

Tagesprogramme im Fernsehen anzuschauen, daß es für zwanzig Jahre reichen würde, und endlos viele Teller Hühnersuppe zu essen, auf die Dauer ein bißchen langweilig werden, dann möchtest du dir vielleicht eine andere Art aussuchen, wie du das Spiel deines Lebens spielst.

Du bekommst, was du haben willst

Du bekommst letzten Endes genau das, was du willst — wenn auch die Ebene, auf der du es dir wünschst, vielleicht unbewußt ist. Wenn es dir jedesmal, wenn du das Badezimmer putzen mußt, schlecht wird, dann glaubst du vielleicht, du willst nicht, daß dir schlecht wird. Tatsache ist jedoch, daß du *nicht* das Badezimmer putzen willst, und wenn dir schlecht wird, ist das vielleicht ein Weg, es zu umgehen, oder zumindest ein Weg, um im Zusammenhang mit dem Badezimmerputzen etwas Mitgefühl zu bekommen. Vielleicht geht es dir gar nicht mal um das Badezimmerputzen, sondern du benutzt es, um Mitgefühl einzuheimsen.

In neun von zehn Fällen finden wir bei unseren Heilungen, daß unsere Klienten sich durch ihre Leiden etwas verschaffen, was sie entweder nicht bemerkt hatten oder was sie für ein Nebenprodukt ihrer Krankheit gehalten hatten. Die einfache Entdeckung, was sie davon haben und wie wichtig das für sie ist, klärt fast immer das Leiden auf. Wenn du oder Freunde von dir also irgendeine Krankheit haben, dann solltest du bei einer Heilung zuerst einmal herausfinden, was die Person von diesem Zustand hat. Was du noch wissen willst, ist, ob sie bereit ist, die Krankheit „loszulassen''.

Die Krankheit loslassen heißt, daß du bereits bist, auf sie zu verzichten. Es geht nicht darum, sie haben zu wollen oder nicht — wir gehen davon aus, daß du auf einer bewußten Ebene nicht krank sein willst. Eine Krankheit loslassen heißt, daß du bereit bist, auch ohne die Vorteile, die sie mit sich bringt, auszukommen oder die Vorteile in irgendeiner anderen Form zu erlangen.

Wenn du das Badezimmer nicht putzen willst und dir jedesmal schlecht wird, wenn du es tun mußt, dann wirst du wahrscheinlich ganz gern auf das Schlechtwerden verzichten. Aber bist du auch bereit, das Badezimmer zu putzen und dir *trotzdem* nicht schlechtwerden zu lassen? Bist du bereit, auf das, was du daraus beziehst, zu verzichten — zum Beispiel auf das Mitgefühl dafür, daß es dir schlecht wird — oder es auf irgendeine andere Weise zu bekommen? Bist du bereit, zu den Leuten, mit denen du zusammenwohnst, oder zu deinem Freund/deiner Freundin zu sagen: ,,Ich weiß, ich muß das Badezimmer putzen, aber ich mach' es wirklich nicht gerne, und jedesmal, wenn ich es tun muß, wird's mir übel. Ich brauche ein bißchen Mitgefühl dafür, daß ich etwas tun muß, das ich nicht leiden kann. Kannst du mir bitte fünf Minuten Mitgefühl geben?''

Du stellst vielleicht fest, daß du nun, wo du dein Mitgefühl im voraus bekommen hast, ohne weiteres das Badezimmer putzen kannst, ohne daß dir schlecht wird. Vielleicht findest du sogar, daß du einfach dadurch, daß du gesagt hast, was los ist, das Badezimmer putzen kannst, ohne daß dir übel wird, auch wenn deine Freundin sagt: ,,Tut mir leid, ich würde dir gern etwas Mitgefühl geben, aber ich muß mich beeilen, weil ich sonst meinen Termin beim Friseur verpasse.'' Letztendlich kannst du ohne alles Drumherum eine Krankheit loslassen. Es ist so einfach, wie wenn du auf der physischen Ebene dieses Buch losläßt. Du machst einfach deine psychische Hand auf.

Die Fähigkeit, eine Krankheit loszulassen, hat sehr viel damit zu tun, daß du deinen Körper besitzt, wie wir in Kapitel 5 besprochen haben. Wenn du etwas besitzt, kannst du damit machen, was du willst. Du kannst es behalten, loslassen oder in den Schrank stellen und an Regentagen damit spielen. Wenn etwas *dich* besitzt, dann mußt du tun, was *es* will. Wenn eine Krankheit dich besitzt und sie will, daß du krank im Bett liegst, rate mal, was du dann tust.

In gewisser Hinsicht ist Kranksein ein bißchen so, wie wenn es in deinem Haus spukt. In deiner eigenen Welt, der physischen oder psychischen, bist du das wichtigste Wesen, das es gibt, und was du sagst, ist Gesetz. Wenn andere in deinem Haus wirken und du ihnen ganz deutlich zu verstehen geben kannst, daß sie verschwinden müssen, dann gehen sie. Wenn du eine Krankheit hast und ihr ganz deutlich zu verstehen geben kannst, daß sie verschwinden muß, dann verschwindet sie. Du mußt jedoch ehrlich sein und wissen, was du wirklich willst, was du wirklich von dem Zustand, in dem du bist, hast und was du wirklich zu tun bereit bist.

Der Widerstand des Geistheilers gegen das Kranksein

Manchmal haben Geistheiler in dieser Hinsicht einzigartige Probleme. Da Geistheiler alles über diese Dinge wissen, meinen viele von ihnen, sie dürften nicht krank werden. Es ist wie der Witz: ,,Wenn du so clever bist, wieso bist du dann nicht reich?'', nur heißt es diesmal: ,,Wenn du ein Heiler bist, wieso bist du dann krank?'' Also laufen manche Heiler und andere übersinnlich begabte Leute herum und behaupten, sie werden niemals krank, auch wenn sie's doch tun. Diese Haltung ist eine Art des Widerstands, und inzwischen weißt du, was geschieht, wenn du gegen etwas Widerstand leistest: Du wirst zu dem, dem du dich widersetzt. Oder in diesem Fall: Wenn du dich dem Kranksein widersetzt, ist Kranksein wahrscheinlich das, was als nächstes auf deinem Programm steht.

Amy hatte ein eindrucksvolles Erlebnis mit den Auswirkungen von Widerstand, als sie gerade mit dem Heilen angefangen hatte. Eine Frau kam zu ihr, deren Arm gelähmt war. Sie hatte weder einen Unfall noch eine Krankheit gehabt, sondern war einfach eines Morgens aufgewacht und hatte diese schreckliche Sache entdeckt. Amy war voll Mitgefühl. Sie überschüttete die Frau mit Aufmerksamkeit und Energie, aber es half alles nichts. Auch andere Geistheiler arbeiteten an ihr, mit demselben Ergebnis.

Schließlich gab Amy es auf und hatte das Gefühl, gegenüber ihrer unglücklichen Klientin versagt zu haben. Ungefähr eine halbe Stunde danach merkte sie auf einmal, daß ihr Arm seltsam kribbelte, so als ob er einschlief. Ihr Arm wurde taub.

Voller Entsetzen erzählte sie die Geschichte einem ihrer Freunde, der auch als Heiler arbeitet. Der tätschelte den Arm und sagte: ,,Hm, ich glaube, du gehst am besten mit ihm Eis essen.'' Sein Rezept funktionierte.

Amy brauchte eine Weile, bis sie sich darüber klar wurde, daß die Frau *natürlich* auf die Heilungen nicht angesprochen hatte: Sie wollte nicht! Sie bekam vermutlich für ihre Lähmung mehr Aufmerksamkeit, als sie je für irgend etwas anderes bekommen hatte, und sie würde sie bestimmt nicht aufgeben, um Amy einen Gefallen zu tun.

Ganz vorn, im ersten Kapitel dieses Buches, haben wir viel über das Einssein mit anderen Menschen und mit dem Universum als Ganzem gesprochen. Du könntest nun meinen, daß Geistheiler, die diese Dinge studiert haben und sie jeden Tag üben, anderen Sterblichen insofern überlegen sind, als sie gut leben können, ohne sich in den Illusionen des Lebens zu verstricken. Unglücklicherweise scheint das jedoch nur sehr selten der Fall zu sein. Erstens sind Geistheiler eben Menschen, so wie Könige, Hausfrauen, Tennisspieler und Kinder. Sie sind denselben Ängsten, Wünschen und anderen Launen und Dummheiten des Menschseins unterworfen.

Zweitens werden sie manchmal, *weil* sie wissen, wie man auf die se Weise mit psychischen Energien umgeht, hochmütig und bilden sich ein, ein Anrecht auf das gute Leben zu haben. Sie meinen, ihr Leben müßte leichter sein als das anderer Leute, weil sie all dieses Wissen haben. Im allgemeinen ist das schlichter Unsinn. Die Wahrheit ist, daß du um so mehr Verantwortung bekommst, je mehr du weißt. Wenn du Schreibmaschine schreiben kannst, kriegst du vielleicht einen Job als Schreibkraft. Wenn du verkaufen kannst, kannst du einen Job als Verkäufer oder Verkäuferin kriegen. Wenn du mit Leuten und Papieren umgehen kannst, kriegst du vielleicht einen Job als Manager. Wenn du mit Managern umgehen und ein Geschäft führen kannst, kommst du vielleicht in den Vorstand. Bei jeder Stufe auf der Geschäftsleiter wird dein Gehalt höher — aber gleichzeitig nimmt auch deine Verantwortung zu. Deshalb arbeiten manche Leute, die Universitätsexamen haben, als Taxifahrer oder Kellner — sie haben entschieden, daß sie die Verantwortung, die damit einhergeht, wenn sie ihren Titel benutzen, nicht haben wollen.

In der Arbeit als Geistheiler, genauso wie in jeder anderen Arbeit, wird deine Verantwortung, je mehr du weißt und tun willst, immer größer. Eine solche Verantwortung, die untrennbar zur Arbeit als Geistheiler gehört, ist die, nicht in Egospielen steckenzubleiben. Beachte bitte: Wir sagen nicht, daß du keine Egospiele *spielen* darfst. Schließlich haben wir alle ein Ego, und wozu ist es gut, ein Ego zu haben, wenn wir uns nicht damit vergnügen dürfen? Es ist dazu da, daß wir damit spielen. Was wir sagen, ist, du sollst nicht darin *steckenbleiben*. Du sollst dir nicht einbilden, diese Spiele seien besser oder bedeutungsvoller als irgendwelche anderen Spiele. Du sollst dir nicht einbilden, daß, nur weil du Auras lesen und Kopfschmerzen kurieren kannst, du selber keine Kopfschmerzen bekommst — du kriegst sicher welche! — oder daß du über dem Ganzen stehst. Wenn ein Geistheiler anfängt zu glauben, daß er oder sie mehr weiß als andere Leute oder besser ist als sie, dann bringt ihn die Realität sehr schnell auf die Erde zurück.

Einmal, während wir an diesem Buch schrieben, fühlte Bill sich ziemlich selbstbewußt. Mit dem Buch ging es gut voran, seine andere Arbeit lief auch gut, er hatte ein bißchen Geld auf der Bank, er war in eine wunderbare Frau verliebt und sie in ihn — alles in seinem Leben funktionierte. Und schon fing er an zu glauben, er wüßte jetzt, wie der Hase läuft. Er erzählte ein paar Freunden davon — nicht davon, wie gut sein Leben gerade lief, sondern wieviel besser es noch werden würde, als es schon war. Er fing an, Luftschlösser zu entwerfen.

Als er von seinen Freunden wegging, setzte er sich ins Auto — aber auf einmal und ohne sichtbaren Grund lief es nicht mehr, es keuchte und stotterte. Er hatte fast einen Unfall. Zu Hause rief ihn ein Freund an und sagte ihm, daß ein Kurs in Körperarbeit, den er ein paar Monate lang mitmachen wollte, ausfiel. Ein Buch, das er für einen Freund verkaufen wollte, wurde von dem Verleger, von dem er angenommen hatte, er würde es herausbringen, abgelehnt. Bill hatte das Gefühl, als müsse er nach Hawaii abhauen und sich an einem einsamen Strand verstecken. Die Realität zeigte ihm, daß er ein Dummkopf war.

Zugegeben, Bill erkannte, was los war, und die ganze Geschichte war in zwei Stunden vorbei. Zugegeben auch, daß Bill sein übersinnliches Wissen dazu benutzte, die Geschichte zu beenden, die ein paar Jahre zuvor vielleicht tage- oder wochenlang weitergegangen wäre. Was wir sagen wollen, ist einfach, daß dir auch, wenn du weißt, daß du übersinnliche Kräfte hast, nicht immer die Sonne lacht.

Heilen durch Übernehmen der Krankheit

Wenn du beim Heilen vergißt, daß du jemand anderer bist, kann es passieren, daß all die Leiden, die du bei anderen Leuten kurierst, bei dir selber wieder auftauchen. Deshalb haben wir dir zuvor in diesem Buch das Erden beigebracht: Wenn du geerdet bleibst, ist es nämlich sehr viel unwahrscheinlicher, daß du mit dem Kopf in den Wolken schwebst, weil du ja deine psychischen Füße fest in der Erde verwurzelt hast. Dennoch gibt es manche Heiler, die absichtlich so arbeiten, daß sie die Krankheit ihrer Klienten übernehmen und dann sich selber von der Krankheit heilen. Wie schon zuvor gesagt, halten wir es für völlig unnötig, das zu tun. Wir raten dir sogar sehr davon ab.

Wenn du allerdings ein Märtyrer oder ein Masochist bist oder herausfinden willst, wie es sich anfühlt, durch Übernehmen der Krankheit zu heilen, dann experimentiere mit einer kleineren Krankheit, Kopfschmerzen zum Beispiel, nicht mit etwas Großem wie Krebs. Nachdem du in Trance gegangen bist, machst du einfach dein zweites Chakra weit auf. Dann, wenn du die Kopfschmerzen deines Freundes isoliert hast, schaffst du sie dir geistig selber: Wo im Kopf sitzt der Schmerz? Welche Farbe hat er? Wie groß ist er? Welche Temperatur hat er? Ist er ein Klopfen oder ein Reißen? Inzwischen dürfte dein Freund sich wunderbar fühlen, und du hältst vermutlich nach dem Aspirin Ausschau. Erwarte jedoch von deinem Freund dafür kein Mitgefühl. *Er* hat dich nicht gebeten, den Schmerz zu übernehmen. Aber jetzt hast du ihn, und vielleicht ist es erleuchtend für dich, wenn du dich fragst, was es dir nützt, mit dieser Technik zu heilen, und ob du das, was du davon hast, auch wirklich haben willst.

Arbeit mit psychisch stark gestörten Menschen

Manchmal taucht beim Geistheilen ein weiteres Problem auf, und das ist die Arbeit mit emotional oder psychisch stark gestörten

Menschen. Laß uns zunächst daran erinnern, daß dieses Buch dich nicht zum Arzt oder Psychiater ausbildet. Es ist eine Anleitung zum Geistheilen. Wenn also jemand zu dir kommt, der wirklich durcheinander ist, dann ist das Freundlichste und Nützlichste, was du für diesen Menschen tun kannst, ihn oder sie zu einem qualifizierten Psychotherapeuten zu schicken.

Du kannst außerdem — aber nicht statt dessen! — eine Heilung (auch eine Heilung in Abwesenheit) mit der Person machen. Psychisch oder emotional ernstlich gestörte Menschen haben jedoch gewöhnlich einen ,,verborgenen Plan'', wie wir das nennen. Sie beziehen aus ihrer Krankheit etwas sehr Großes. Vielleicht beziehen sie eine ganze Menge Aufmerksamkeit daraus, vielleicht entledigen sie sich auf die Weise einer Menge oder aller Verantwortung für ihr Leben, vielleicht haben sie eine große karmische Schuld abzuarbeiten. Was es auch ist, sie spielen ein Spiel mit außerordentlich hohem Einsatz, und wenn du nicht den Dummen für sie spielen und in ein Spiel gezogen werden willst, das schmerzhaft oder sogar gefährlich für dich sein kann, dann raten wir dir, daß du ihnen für ihren Besuch dankst und sagst, daß du diese Art von Arbeit nicht machst. Du brauchst das nicht zu erklären und auch keinen Grund anzugeben — es ist genug, daß du es sagst. Wie gesagt, es kann eine sehr wertvolle psychische Fähigkeit sein, nein sagen zu können.

Jemand, der ernsthaft gestört ist, ist in gewissem Sinne vermutlich sowieso nicht bereit, geheilt zu werden. Ein guter Psychotherapeut kann so einen Menschen vielleicht dahin bringen, daß er sieht, was er aus seiner Krankheit bezieht, und vielleicht kann er ihm auch zu der Bereitschaft verhelfen, seine Spiele loszulassen und gesund zu werden. Du kannst dem Menschen vielleicht durch Heilung in Abwesenheit in dieser Hinsicht helfen, aber aller Wahrscheinlichkeit nach wird das alles sein, was du tun kannst.

Um eine Heilung bitten, die man nicht haben will

Wenn jemand um eine Heilung bittet und sie gar nicht haben will, dann spielt er oder sie gewöhnlich das Spiel: „Ich kann nicht, und du kannst mich nicht dazu bringen." Egal, was du tust, egal, was für ein guter Heiler du vielleicht bist, egal, wie gut deine Absichten sind, du kannst gegen die Krankheit eines solchen Menschen nichts tun. Wie gesagt, du kannst niemanden gegen seinen Willen heilen. Beim Geistheilen geht es darum, jemanden sich selbst heilen zu *lassen*, und nicht so sehr darum, irgend etwas zu *tun*, und du wirst daher nicht sehr viel erreichen, wenn du jemanden, der es ablehnt, gesund zu sein, gesund sein läßt. Du kannst geradesogut den Regen fallen lassen, wenn nicht die kleinste Wolke am Himmel ist. Da tust du besser daran, wenn du die Sonne scheinen läßt.

Es erleichtert deine Arbeit, wenn du die Person, die zu einer Heilung zu dir kommt, fragst, ob sie bereit ist, geheilt zu werden, und dann, wenn du in Trance gehst, um deine Lesung zu machen, diese Frage noch einmal genau anschaust und das Wesen des Menschen fragst, ob *es* bereit ist, geheilt zu werden. Wir haben schon vorher darauf hingewiesen, daß du öfter einmal feststellen kannst, daß die Person dich nicht hereinlassen will, und gewöhnlich wird das aufgeklärt, wenn du das Thema offen anschneidest und darüber sprichst. Meistens weiß derjenige, der nicht bereit ist, geheilt zu werden, gar nicht, daß das seine Einstellung ist. Wenn du ihn durch deine Frage darauf hinweisen kannst, kann er vielleicht seine Gefühle dazu auf eine bewußte Ebene bringen und so die Macht gewinnen, selber zu entscheiden. Dann kann er wählen, ob er geheilt werden will oder nicht, und du kannst dementsprechend mit ihm arbeiten.

Drogen

Manchmal ist die Person nicht bereit, geheilt zu werden, wenn sie oder er das Gefühl hat, als Gegenleistung oder als Ergebnis der Heilung etwas aufgeben zu müssen. Zum Beispiel können Leute, die lange Zeit Drogen genommen haben, eine Art physischer oder psychischer Abhängigkeit von ihren bevorzugten Drogen entwickeln. Wenn jemand sechs Jahre lang Valium genommen hat, dann hat sein Kopf wahrscheinlich eine Verbindung zwischen dem Schlucken dieser Pille jeden Morgen und seinem Überleben hergestellt. Wenn du ihm sagst: ,,Wirf dein Valium weg und wandle!'', dann schafft sein Kopf das vielleicht nicht ohne weiteres.

Menschen, die viele Drogen nehmen, brauchen gewöhnlich, wenn du sie erfolgreich heilen willst, eine Menge Überlebenssicherheit. Ihr Bewußtsein muß die Sicherheit haben, daß sie nicht sterben werden, wenn sie geheilt werden oder wenn sie ihre Pillen aufgeben. Manchmal sind solche Leute nicht bereit, sich diesen Teil ihres Verhaltens klarzumachen. Wenn du jedoch erfolgreich mit ihnen arbeiten willst, ist es gut, wenn du weißt, womit du es zu tun hast.

Der erste Schritt, um herauszufinden, ob jemand Drogen nimmt, ist, zu fragen, und wenn die Antwort dich nicht befriedigt, dann schau mit deinem geistigen Auge einmal nach. Wenn du jemanden heilen willst, der Drogen nimmt, dann versichere seinem Selbst, daß es die Drogen haben kann, wenn es will, daß es sie aber auch aufgeben kann, wenn es das will. Das Selbst ist oft bereit, Drogen aufzugeben, wenn der Körper und der Kopf sie noch behalten wollen.

Wenn du einen solchen Menschen heilst, erdest du ihn zuerst gut durch das erste Chakra und auch durch die Füße. Reinige sein erstes Chakra gründlich, und fülle es dann mit goldener oder blauer Energie, je nachdem, ob er Beruhigung (blau) oder Anregung (gold) braucht. Und laß ihn nach der Heilung etwas tun, was seinen Körper real macht, ohne die Droge zu nehmen.

Wir sagen nicht, Drogen sind schlecht. Drogen sind Drogen. Die Verwendungsart einer Droge kann als gut, schlecht oder neutral betrachtet werden. Wir machen dich nur darauf aufmerksam, daß Menschen, die sich an irgendwelche Drogen gewöhnt haben, leicht in Überlebensängste kommen, besonders wenn sie das Gefühl haben, ihre Drogen könnten ihnen weggenommen werden. Unter Drogen verstehen wir auch Tranquilizer und Aufputschmittel neben Marihuana, Alkohol, Tabak und Kaffee.

Tod und Sterben

Wir haben in diesem Buch immer wieder über Überleben gesprochen und darüber, daß Menschen ,,auf Überleben'' schalten, wenn sie sich ernsthaft bedroht fühlen. Überleben ist das Gegenteil von Tod. Und der Tod ist für die meisten Menschen der große Unbekannte. Er ist sozusagen die große, die wirklich große Veränderung.

Wir haben zuvor von Bills Freundin gesprochen, die in einem Autounfall ums Leben kam und dann anfing, in Bills Wohnung zu ,,spuken''. Es sieht so aus, als ob manche Wesen nur widerwillig die physische Ebene verlassen, wenn ihr Körper gestorben ist — entweder weil es ihnen hier gefallen hat oder weil sie mit den Lebenden noch ein paar Dinge zu regeln haben oder weil sie momentan verwirrt sind und nicht wissen, welcher Existenzebene sie nun angehören.

Neuere Studien deuten darauf hin, daß der Tod weder der Eingang in Himmel oder Hölle ist, wie es manche Kirchen lehren, noch das große Nichts, das uns die sogenannten Rationalisten glauben machen wollen. Ärzte wie Elisabeth Kübler-Ross und Raymond A. Moody haben viele Stunden mit sterbenden Menschen verbracht und mit anderen Menschen, die medizinisch gestorben waren, aber wieder ins Leben zurückgebracht wurden. Diese Menschen berichteten außerordentlich interessante Dinge darüber, wie es für sie war, zu sterben und tot zu sein. Was sie erlebt haben, stimmt mit den Erfahrungen, über die übersinnlich veranlagte Menschen und Mystiker seit Jahrtausenden berichten, überein.

In seinem Buch *Leben nach dem Tod* beschreibt Dr. Moody eine „ideale Erfahrung, die alle allgemeinen Elemente enthält", welche er in der großen Mehrheit der von ihm untersuchten 150 Fälle von Tod und Wiedererweckung vorfand. Sein Bericht paßt sehr gut in dieses Buch:

Ein Mann liegt im Sterben, und als er den Punkt erreicht, wo er körperlich in große Not kommt, hört er, wie sein Arzt ihn für tot erklärt. Ein unangenehmes Geräusch taucht auf, ein lautes Klingeln oder Summen, und gleichzeitig spürt er, wie er sich schnell durch einen langen dunklen Tunnel bewegt. Danach findet er sich plötzlich außerhalb seines eigenen physischen Körpers wieder, aber immer noch in der unmittelbaren physischen Umgebung, und er sieht seinen Körper aus einer Entfernung, als ob er ein Zuschauer wäre. Er beobachtet von diesem ungewöhnlichen Logenplatz aus die Wiederbelebungsversuche und befindet sich in einem Zustand emotionaler Aufruhr.

Nach einer Weile sammelt er sich und gewöhnt sich etwas mehr an seine seltsame Lage. Er bemerkt, daß er immer noch einen „Körper" hat, aber einen sehr anders gearteten als den physischen Körper, den er zurückgelassen hat, und auch mit ganz anderen Kräften. Bald ändert sich die Szene. Andere Wesenheiten tauchen auf, um ihm zu helfen. Er erblickt die Geister von Verwandten und Freunden, die schon gestorben sind, und vor ihm erscheint ein liebevoller, warmer Geist, ein Lichtwesen, wie er es nie zuvor gesehen hat. Dieses Wesen stellt ihm auf nichtverbale Weise eine Frage, mit der er angeregt wird, sein Leben zu bewerten, und hilft ihm dabei, indem es ihm einen panoramahaften Kurzüberblick über die wichtigsten Ereignisse in seinem Leben zeigt. Irgendwann bemerkt er, daß er sich einer Art von Schranke oder Grenze nähert, die offenbar die Grenze zwischen dem irdischen und dem nächsten Leben darstellt. Er merkt jedoch, daß er zur Erde zurück muß, daß die Zeit für seinen Tod noch nicht gekommen ist. Er leistet Widerstand, denn er ist inzwischen sehr angetan von seinen Erlebnissen nach dem Tode und will nicht zurück. Er ist überwältigt von starken Gefühlen der Freude, der Liebe und des Friedens. Trotz dieses Widerstandes vereint er sich irgendwie wieder mit seinem physischen Körper und lebt weiter.

Die Menschen, mit denen Dr. Moody gearbeitet hat, gehören zu den ganz wenigen auf Erden, die mit Sicherheit sagen können, was für sie der Tod ist. Wir übrigen können nur auf die persönlichen Erfahrungen dieser Menschen vertrauen oder uns auf die Dogmen und Weltanschauungen verlassen, die wir unser Leben lang zu akzeptieren gelernt haben (siehe Kapitel 7), einschließlich des Dogmas, das besagt, daß wir über den Tod nichts wissen können.

Weder Amy noch Bill hatten bisher in ihrem Leben ein Sterbeerlebnis. Unsere Erfahrungen mit dem Tode anderer Menschen und unsere Erfahrungen als Heiler deuten für uns jedoch darauf hin, daß der Tod unter anderem ein großer Lehrmeister für die Seele ist, der die Erfahrungen eines Lebens definiert und klärt, so ähnlich wie Krankheit die Erfahrung von Gesundheit definiert und klärt.

Der Tod ist ein so großes Ereignis im Leben eines Menschen, und er ist der persönlichen Erfahrung der meisten lebenden Menschen so gänzlich unbekannt, daß er gewöhnlich mehr als alles andere gefürchtet wird. In besonders schwierigen oder erschreckenden Lebenssituationen ist es die große Furcht des Körpers, daß er aufhören wird zu existieren. *Alle* Angstreaktionen sind also in gewissem Maße von der Angst vor dem eigenen Tode bestimmt. Wenn du dich vor einer Spinne fürchtest oder vor einem Alptraum oder einem seltsamen Schatten, der in der Nacht in deinem Türeingang lauert, dann bist du immer auf irgendeiner Ebene deines Seins in Todesangst.

Bei jedem Zustand der Furcht stellt der Körper sich physisch auf die Überlebensreaktion ein. Bei Furcht reagiert der Körper aus dem ersten Chakra und setzt seinen Vorrat an Wissen zum Überleben frei, um das Leben aufrechtzuerhalten.

In den meisten Angstsituationen ist eine so extreme Reaktion nicht erforderlich. Nur sehr, sehr wenige Spinnen haben tödliches Gift. Die meisten Alpträume haben keinen Bezug zum Tod, sondern eher zu den Problemen des Lebens. Und die meisten lauernden Schatten erweisen sich dann als Bäume oder Katzen oder Nachbarn, die nach ihrem Hausschlüssel suchen.

Die meisten Situationen, die in dir Überlebensängste hervorrufen, würden eigentlich Reaktionen aus den verschiedenen anderen Zentren erfordern, nicht aus dem Überlebenszentrum: Gefühle, Kommunikation, Intuition usw. Man kann jedoch davon ausgehen, daß der Körper das nicht weiß und daß er jede Furcht dazu benutzen wird, die schrecklichen Gefahrensignale, die er in dir erwecken kann, auszulösen.

Jedes Mal, wenn du der Furcht, die solche extremen Reaktionen hervorruft, ,,nachgibst'', stärkst du notwendigerweise die Macht, die eine solche Furcht über dein Leben hat. Und jedesmal, wenn du eine solche Furcht einfach als das annimmst, was sie gewöhnlich ist — eine starke Reaktion auf einen leichtem Impuls —, verringerst du ihre Macht. Vielleicht bleiben deshalb Menschen, die ihren eigenen Tod schon erlebt haben, wie die, deren Fälle Dr. Moody untersucht hatte, und solche, die buchstäblich am Rande des Todes gestanden haben, wie etwa Überlebende aus Konzentrationslagern, Überlebende von Unfällen, Erdbeben oder anderen großen Naturkatastrophen, unter Schrecknissen, die bei uns anderen intensive Überlebensreaktionen hervorbringen, anscheinend kühl und gelassen. Überlebensreaktionen können deutlich erkennbar sein, zum Beispiel wenn das Adrenalin durch unser System saust und uns auf Kampf oder Flucht vorbereitet, weil wir spät am Abend eine merkwürdige Person in unserem Hauseingang lauern sehen. Sie können aber auch weniger offensichtlich sein, zum Beispiel, wenn wir in einer Situation, von der wir meinen, wir können uns ihr nicht „stellen", außerordentlich lethargisch, müde oder gelangweilt werden. Das Bedürfnis nach Schlaf ist wie das Bedürfnis wegzulaufen oft eine physische Abwehrreaktion, dazu geschaffen, uns davor zu bewahren, mit Dingen, die wir fürchten, umzugehen. Jene Menschen mit Todeserfahrung haben etwas gelernt, auf dessen Abwehr wir anderen enorme Mengen Energie verwenden. Aus ihrer Begegnung mit dem Tod haben sie ein gewisses Maß an Gelassenheit im Angesicht aller Bedrohungen gewonnen.

Gewiß fürchten sich solche Menschen immer noch; ihre Furcht scheint jedoch eine Qualität gewonnen zu haben, die anders ist als das, was wir anderen erleben, die wir noch nicht gelernt haben, daß wir an den Dingen, vor denen wir uns fürchten, nicht sterben und daß der Tod nicht notwendigerweise das Ende unseres bewußten Seins bedeutet.

Als Heiler wirst du Gelegenheit haben, viele Spielarten der Angst zu erleben. Menschen, die dich um Heilung bitten, haben gewöhnlich Angst — Angst, daß du erfolgreich sein könntest, ohne daß sie bewußt verstehen, wie du das machst, oder daß sie ihre Krankheit aufgeben müssen, oder Angst, daß du es nicht schaffst und sie mit ihren Leiden zurückläßt. Wenn du vor dem Heilen die Aura liest, wirst du eine Menge uneingestandener Angst und zahlreiche Angstsymbole darin sehen. Manchmal wirst du den Leuten helfen können, ihre Ängste zu sehen, manchmal nicht. Gewöhnlich ist es jedoch so, daß die Angst, die du in jemandes Energiekörper siehst, sich überraschend einfach und direkt auf seine Krankheit bezieht.

Wann immer du im Energiekörper einer Person Angst liest, gib besonders auf das erste Chakra acht, auf die Fußchakras und das Erdungsseil. Wenn diese sauber und fest sind, wird der Körper sich sicher fühlen und der Mensch große Mengen physischer Energie freibekommen, mit der er an anderen Energiezentren und anderen Problemen arbeiten kann.

Du wirst als Heiler auch viel von deiner eigenen Angst sehen. Egal, wie klar das Material in diesem Buch und in deiner eigenen Erfahrung für dich wird, und egal, wieviel du in übersinnlichen Bereichen arbeitest — du lebst noch immer in der physischen, materiellen Welt. Du hast einen Körper, du lebst, und du wirst eines Tages deinem Tode gegenübertreten müssen.

Da der Tod für dich ein Geheimnis bleiben wird, bis du stirbst, und da dein Hauptinteresse in diesem Leben materieller Natur ist, wird deine Todesangst — und deshalb auch die Angst vor anderen, geringeren Problemen des Lebens — dich immer begleiten. Aller Wahrscheinlichkeit nach ist dein Tod ein Problem, das du nicht vor deinem Tode lösen wirst. Da der Tod jedoch ein ständiger Begleiter ist, der immer deine Kleider trägt, immer neben dir schläft und in jedem deiner Worte und jeder Tat gegenwärtig ist, wäre es am besten, wenn du dich gut mit ihm stellst. Wenn du deiner Todesangst widerstehst, wirst du immer Angst vor dem Tod haben. Und diese Angst wird jeden Aspekt deines Lebens bestimmen. Wenn du jedoch deinen Tod und deine Angst davor annimmst, dann öffnest du in deinem Leben einen Raum, wo du und dein Tod miteinander auskommen können, wo du deinen Tod als Teil deines Lebens sehen kannst. Und dann kann die Angst anfangen, dich loszulassen, und dir die Freiheit geben, vollständiger mit deinem Leben in Kontakt zu sein — dieselbe Freiheit, die du bei deiner Arbeit deinen Freunden gibst.

In Kapitel 1, als wir über die Farben sprachen, nannten wir Schwarz „die Farbe von Tod und Zerstörung". Wir sagten aber auch, daß der Tod der Zustand ist, der der Wiedergeburt vorangeht, und Zerstörung geht dem Neuaufbau voraus, der Kreativität. Genauso wie Schwarz als außerordentlich positive Farbe gesehen werden kann, so kann auch der Tod, trotz all unserer Angst davor, als außerordentlich positives Ereignis gesehen werden — das Ereignis im Leben, das uns vollkommen und endgültig erfüllt und uns frei macht für das nächste große Abenteuer. Wenn wir vom

Tod als unserem Lehrer sprechen, dann meinen wir damit, daß wir der Furcht ins Auge sehen und sie annehmen sollen, sie zu unserer machen, damit wir freier sein können.

Die Frage ,,Warum werden Menschen krank?'' ließe sich abändern in: ,,Warum sterben Menschen?'' Und wer weiß das wirklich, warum Menschen sterben? Immerhin sieht es so aus, als ob die Menschen, die den Tod wählen, etwas über das Ziel ihrer Seele lernen, indem sie mit der Erfahrung des Todes ins reine kommen.

Im weitesten und übersinnlichsten Sinne betrachtet, werden Menschen vielleicht krank, um etwas über ihre Reise durch die Welt der physischen Realität zu lernen. Sie lernen, ihren Ängsten und Wünschen zu begegnen, sie lernen etwas über ihre Beziehung zum Leben und zu ihrem Körper, und sie erfahren etwas darüber, wer sie wirklich sind — nicht, wer ihr Körper ist oder ihr Bewußtsein oder ihr Intellekt oder ihre Emotionen, obwohl sie das auch lernen und daß alle diese Dinge ein Teil von ihnen sind; nein, darüber, wer *sie* sind — wer das Wesen, die Seele oder Wesenheit ist, die hinter der Fassade der materiellen Existenz steht und die sich in materielle Formen gekleidet hat, um hier auf der Erde sein zu können, in physischer Form, um zu lernen, zu lieben und zu wachsen.

Die karmischen Zusammenhänge

Hier gibt es auch etwas über das Karma zu lernen. In der buddhistischen Mythologie bezeichnet man eine Art von Menschen als Bodhisattvas. Ein Bodhisattva ist ein Mensch, der dazu bestimmt ist, ein Buddha zu werden (ein vollkommen erwachtes, erleuchtetes Wesen), der jedoch eingewilligt hat, anstatt alleine im Zustand der Erleuchtung zu sein, immer und immer wieder in die sterbliche physische Form zurückzukehren, um allen fühlenden Wesen dabei zu helfen, erleuchtet zu werden. Die Buddhisten meinen, daß Gautama Buddha selbst, wie auch Jesus Christus, ein solches Wesen war. Und tatsächlich, wenn wir die Lehren dieser und anderer großen Heiler, Hellseher und Gesandten Gottes betrachten, dann finden wir, daß sie so klar sahen, daß wir alle eins sind, daß sie unmöglich lächelnd in irgendeinem freundlichen Himmel oder Nirwana sitzen und darauf warten können, bis wir anderen auch so weit sind. Sie sahen, daß wir und sie dasselbe sind und daß es letztendlich nicht eine Erleuchtung für ein Wesen geben kann, die nicht die Erleuchtung für alle zur Folge hat, und daß, solange ein Mensch in der Dunkelheit lebt, wir alle an seiner Last teilhaben.

Es scheint also so zu sein, daß wir alle leben und sterben müssen, und leben und sterben, und wieder leben und sterben, bis Leben und Sterben für jeden von uns nur noch die beiden Seiten ein und desselben Prozesses sind, in dem wir tatsächlich wie Götter erkennen, daß wir alle und jeder von uns ein Teil von allem sind. Und daß unser Leben und Sterben Teil des großen Werdensprozesses ist und wir dabei allmählich einfach Gottes Gesicht ohne Furcht sehen und Teil davon sein können.

7

Vertrauen, Weltanschauungen und Träume

Vertrauen, Glauben, Intuition und Hingabe

Vertrauen ist ein Glaube, der nicht auf Beweisen beruht. *Glauben* ist eine Überzeugung von einer Wahrheit oder Realität ohne ausdrückliches Wissen.

In Kapitel 1 haben wir dir gesagt, wenn sich das, was in diesem Buch steht, nicht für dich in deiner eigenen Erfahrung als wahr erweist, dann ist es, im realsten Sinne des Wortes nicht wahr. Es ist wichtig, daß du das, was wir hier sagen, nicht *glaubst*, es ist wichtig, daß du kein *Vertrauen* in unsere Ansichten hast. Wir können dir keine Beweise oder ausdrückliches Wissen dafür liefern, daß irgend etwas, was wir sagen, auch tatsächlich so ist. Wenn du nicht eigene Erfahrungen hast, die unsere Behauptungen stützen, dann kannst du dich nur an unsere Meinungen halten, die vielleicht in deinen eigenen Lebensumständen völlig bedeutungslos sind. Du kennst uns nicht einmal. Wir können vollkommen verrückt sein.

Ein Ziel der Übungen in diesem Buch ist es, dir das technische Wissen des Geistheilens zu vermitteln. Ein weiteres Ziel — und auf lange Sicht gesehen das wertvollere — ist es, dich zur direkten, persönlichen Erfahrung deiner eigenen übersinnlichen Fähigkeiten hinzuführen. Diese Erfahrungen, was immer sie sein mögen, werden deine Beweise sein. Sie werden dich über den Glauben hinaus zu ausdrücklichem Wissen führen.

Letztendlich gibt es nämlich keinen anderen Weg, diese Dinge zu lernen, als den, sie zu wissen — durch reine Intuition, die Funktion des siebten Chakras. Intuition unterscheidet sich insofern von Glauben, als sie kein System hat. Intuition ist immer ein Prozeß und ist immer neu. In einer festgefügten Weltanschauung sind bestimmte Dinge immer vorausgesetzt. Intuition setzt nichts voraus: Sie weiß.

Der Glauben ist manchmal stark und manchmal schwach. Aber wo Glauben eine Stütze ist, ist Intuition Befreiung, wo Glauben Trost ist, ist Intuition Hingabe. Vertrauen ist wie Glauben auf Erwartungen gegründet: Wenn ich das und das tue, ist das Resultat das und das. Jedes Anschauungssystem fußt auf Erwartungen, und jede Erwartung enthält den Keim der Enttäuschung. Wenn du meinst, du wirst etwas dafür bekommen, daß du jemanden liebst, dann ist das, was du mit der größten Wahrscheinlichkeit bekommst, Enttäuschung.

Hingabe ist kein System. Sie enthält keine Erwartungen und deshalb auch keine Enttäuschungen. Wenn du jemanden liebst, einfach weil du liebst, dann gibst du dich der Liebe hin, anstatt mit ihr zu handeln. Und wieviel Liebe hast du, wenn du sie weitergibst!

Hingabe hat nichts damit zu tun, daß du dich einer fremden Macht unterwirfst. Hingabe heißt neutral sein, keinen Widerstand leisten, die Dinge so nehmen, wie sie sind.

In gewissem Sinne geht es in diesem Buch um Hingabe und darum, deine Kraft zu verschenken. Nur wenn du deine Kraft verschenkst, gelangst du zur Hingabe, und das einzige, dem du dich ergeben kannst, ist das, was ist. Wenn du dich dem ergibst, was ist, dann bist du völlig ohne Widerstand, völlig neutral, völlig intuitiv — und paradoxerweise gewinnst du dabei die volle Kraft. Du wirst zu einem eigenen und wesentlichen Teil dessen, was ist. Das heißt, eigentlich *wirst* du nicht zu dem, was ist, da du es schon *bist*; es ist korrekter zu sagen, daß du *erkennst,* daß du Teil dessen bist, was ist. Man muß die Wahrheit dieses Zustandes *erleben,* weil er sich auf intellektueller Ebene so selbstverständlich verstehen läßt, daß wir oft die erstaunliche Macht hinter dieser einfachen Tatsache nicht erfassen.

Am Ende von Kapitel 4 haben wir gesagt, das Lesen übersinnlicher Informationen ist eigentlich nichts anderes, als daß du mit dir selber über dich selber sprichst. In demselben Sinne ist jeder übersinnliche Vorgang Sache der Hingabe an dich selber.

Hingabe, Neutralität, Widerstandslosigkeit — all dies sind Wegweiser, die dich in die Harmonie des Universums hineinführen. In dem Maße, wie du eins bist mit dieser Harmonie, bist du übersinnlich. Wenn du jedoch an die Harmonie des Kosmos *glaubst,* wenn du darauf *vertraust,* dann erwartest du, daß sie sich auf bestimmte, vorgezeichnete Weise verhält, und das Ergebnis ist, daß du aus dem Gleichgewicht gerätst, Widerstand leistest und die Harmonie verlierst.

Weltanschauungen

Eine Weltanschauung ist ein Gebäude von Annahmen, von denen ausgehend wir so tun, als wüßten wir, wie die Dinge funktionieren. Wenn ich meine Lampe anschalte, glaube ich, daß das Licht angehen wird. Ich habe Vertrauen zu dem System der Elektrizität, das in der Praxis bei irgendeinem großen Gewässer anfängt, das ich nie gesehen habe, und das durch irgendwelche Maschinen kanalisiert wird, an die ich noch nicht einmal denken kann, ohne verwirrt zu werden. Irgendwie erzeugen oder extrahieren diese Maschinen eine Kraft, die durch Hunderte oder Tausende von Meilen von Kupferdraht geschickt wird. Die Kraft erreicht mein Haus und wartet wie ein gehorsamer Diener in meinen Wänden, bis ich sie mit einem Knips des Schalters hervorrufe.

Ich tue so, als wüßte ich, wie Elektrizität funktioniert, weil meine Lampe angeht, wenn ich den Schalter anknipse. Wenn aber meine Lampe *nicht* angeht — weil ein Kabel kaputt ist oder eine Sicherung herausgeflogen ist oder auch nur, weil die Glühbirne durchgebrannt ist —, dann sind meine Erwartungen enttäuscht, und ich werde ein bißchen ärgerlich. Ich werde mit der Tatsache konfrontiert, daß für mich Elektrizität nicht mehr und nicht weniger ist als Zauberei.

In der Arbeit (als Geistheiler) haben wir die Gelegenheit, uns mit einer Menge Annahmen und einer Menge Weltanschauungen auseinanderzusetzen, sowohl unseren eigenen als auch mit denen der Menschen, mit denen wir arbeiten. Und je weiter wir in die Lage der meisten Menschen hineingehen, desto mehr sehen wir, daß ihr ganzes Leben auf der einen oder anderen Form von Zauberei aufgebaut ist. Das ist so, weil es für die meisten Menschen immer ein paar Fragen gibt, auf die es nur die eine wahre Antwort gibt: Ich weiß es nicht.

Manchmal ist es leicht, einzugestehen, daß du etwas nicht weißt. Wenn du mich zum Beispiel fragst, wie Elektrizität funktioniert, dann werde ich dir einfach sagen, daß ich es nicht weiß. Manchmal sind die Fragen allerdings schwieriger und verzwickter, und die Antworten, die wir darauf zu haben glauben, erweisen sich als Erzeuger immer neuer und verzwickterer Fragen. Zum Beispiel, warum gibt es Menschen auf der Erde? Ich werde dich, was immer du antwortest, fragen, woher du weißt, daß deine Antwort richtig ist, und nach und nach werden wir so zu einer Antwort gelangen, die hinter all deinen Fragen steht, das heißt, wir werden bei einer deiner grundlegenden Annahmen angelangt sein, bei einem Baustein deiner persönlichen Weltanschauung.

Deine Weltanschauung schafft deine persönliche Realität. Wenn du glaubst, die Welt ist ein schlimmer Ort, wirst du Schlimmes in der Welt erleben, und das Schlimme, das du erlebst, wird deinen Glauben, daß die Welt ein schlimmer Ort sei, rechtfertigen. Ebenso, wenn du glaubst, die Welt sei ein freundlicher Ort: Du erlebst Freundlichkeit, und die Freundlichkeit, die du erlebst, rechtfertigt dich in deinem Glauben, die Welt sei ein freundlicher Ort.

Als wir in Kapitel 4 über ,,Annehmenkönnen'' gesprochen haben, ging es auch ein bißchen um Glauben. Wenn dein finanzielles Annehmenkönnen bis zu, sagen wir, 100 Mark geht, dann zeigt das vielleicht, daß du glaubst, 100 Mark annehmen zu können, weil du 100 Mark *hast*.

Ein Freund von Bill, ein Immobilienmakler, fand heraus, daß verschiedene Vertreter, die bei ihm angestellt waren, verschiedene Niveaus des Annehmenkönnens hatten. Ein Mann, der auf Kommission arbeitete, verdiente pro Jahr zwischen 47.000 und 53.000 Dollar, jahrein, jahraus, die sechs oder sieben Jahre lang, die er für Bills Freund arbeitete. Ein anderer Mann, der auch auf Kommission arbeitete, verdiente knapp 15.000 Dollar pro Jahr, schaffte es aber nie, diese Summe zu übertreffen. Der erste hatte ein Niveau des Annehmenkönnens von ungefähr 50.000 Dollar pro Jahr — das war die Geldsumme, die er pro Jahr verdienen konnte. Der zweite Mann glaubte nicht, daß er mehr als 15.000 Dollar im Jahr verdienen könnte. Beide arbeiteten gute und schlechte Jahre hindurch auf dem Immobilienmarkt, und doch waren ihre Einkünfte so verschieden voneinander, während sie für sie selber immer ungefähr gleichblieben, Jahr für Jahr.

Deine Weltanschauung und dein Glauben beeinflussen alle Aspekte deines Lebens, einschließlich deiner Gesundheit und deines Wohlbefindens. Wenn du glaubst, daß es dich gesund erhält, wenn du Hundefutter ißt, dann iß es. Wenn du glaubst, daß du von fettem Essen Pickel kriegst, dann ist das auch so. Wenn du glaubst, es ist dein Schicksal, blind zu sein, dann hast du die besten Voraussetzungen dafür, blind zu werden.

Es gibt zwei prinzipielle Schwierigkeiten, die aus einer festgefügten Weltanschauung oder einem Glauben entstehen. Erstens: Wenn deine persönliche Realität mit der Realität der Welt in Konflikt gerät, wirst du dich wahrscheinlich für dein Verhalten schuldig fühlen und anderen ihr Verhalten übelnehmen. Die zweite Schwierigkeit ist die, daß deine Weltanschauung und dein Glauben dich einengen. Wenn du zum Beispiel glaubst, daß du blind wirst, dann bist du nicht frei, etwas anderes zu sein als blind. Es ist wichtig, daß du deine Glaubenssätze heraussuchst und definierst, so daß du sie besitzen kannst, anstatt von ihnen besessen zu werden. Wenn du einen Glaubenssatz besitzt, entgehst du seiner Unvermeidlichkeit und wirst frei, zu wählen, ob du ihn und das, was er impliziert, haben willst oder nicht.

Das Gute an Weltanschauungen ist, daß sie verändert werden können. Da eine Weltanschauung ja nur eine Art ist, wie man etwas sehen oder verstehen kann, kann sie durch jede andere Art, etwas zu sehen oder zu verstehen, ersetzt werden. Kein System ist „richtiger" als irgendein anderes.

Die Interpretation oder das Anschauungssystem, das für einen Menschen zu einem bestimmten Zeitpunkt richtig ist, ist das, welches zu diesem Zeitpunkt für ihn am besten funktioniert, das ihm die größte Zufriedenheit verschafft. Wenn du dich krank fühlst, ist wahrscheinlich etwas mit deiner Beziehung zum Kosmos aus dem Lot. Wenn du deine Aura und deine Chakras anschaust, kannst du ermitteln, was aus dem Lot ist und was zu tun ist, um dich wieder ins Lot zu bringen. Dasselbe trifft zu, wenn du andere anschaust.

Die Aussagen in diesem Buch beruhen in großem Ausmaße auf einer Art System. Es ist nicht so sehr ein System, an das wir glauben, als vielmehr eines, das für uns funktioniert und von dem wir beobachtet haben, daß es für andere auch funktioniert. Es ist jedoch von gewissem Wert, wenn wir dich darauf hinweisen, daß auch wir dir ein System beibringen. Und wenn wir Erfolg haben, wirst du dieses System nach und nach ablegen, zusammen mit allen anderen, die du vielleicht in deinem Kopf untergebracht hast.

Es gibt ein altes Paradoxon, das sich, übersetzt in eine moderne Kurzfassung, so anhören würde: *Diese Behauptung ist falsch.* Das Paradox dabei ist natürlich: Wenn diese Behauptung falsch ist, dann ist sie richtig; wenn sie hingegen richtig ist, dann ist sie falsch.

In gewissem Sinne trifft diese Art von Paradox auch auf dieses Buch zu. Bis jetzt haben wir bei dir vielleicht den Eindruck erweckt, daß du etwas „tun" mußt, um eine Heilung zu bewirken. Falsch. Du brauchst keine Chakras zu reinigen, Energie fließen zu lassen oder Auras zu bearbeiten. Du brauchst auch keine Schnüre herauszuziehen oder dich aus irgend jemandes psychischem Raum herauszuhalten oder Rosen vor dir zu sehen. Du brauchst auch nicht mit deinem Körper zu sprechen oder Farben anzuschauen oder auch nur aufmerksam zu sein.

Alles, was du zu tun hast, um eine Heilung zu bewirken, ist, daß du deinen Freund seine Symptome, Leiden und Beschwerden haben läßt und beabsichtigst, daß er gesund wird. Wenn dein Freund sich nicht wohl fühlt, laß ihn sich nicht wohl fühlen. Da er sich sowieso schon nicht wohl fühlt, sollte es ziemlich einfach sein, ihn sich fühlen zu lassen, wie er sich fühlt.

Es ist aber nicht einfach. Es ist außerordentlich schwer, die Dinge so zu lassen, wie sie sind. Jeder hat eine Vorstellung davon, wie die Dinge sein „sollten" oder wie die Dinge sind, wenn sie „richtig" sind, oder wie der Kranke sich fühlen wird, wenn er „gesund" ist. Da du zu dem wirst, dem du dich widersetzt, so werden auch die anderen Menschen, die Welt und der Kosmos zu dem, dem du dich widersetzt. Wenn du den Dingen, wie sie sind, keinen Widerstand leistest, dann haben sie den psychischen Raum, ihren jetzigen Zustand zu beenden und sich auf den nächsten Zustand, was immer er auch sei, hinzubewegen. Um eine Heilung zu bewirken, mußt du dich ihr überlassen.

Heilung durch Vertrauen

Es ist seltsam, wenn wir das sagen, aber je weniger ein Heiler sich darum *kümmert,* was das Ergebnis seiner Heilung sein wird, desto stärker kann er als Heiler wirken. Die stärksten Heilungen geschehen nämlich aus einem Zustand der Liebe heraus — aus dem vierten Chakra —, in dem das Herz einfach um der Liebe willen liebt.

Wenn du jemanden liebst, damit er oder sie dir Sicherheit oder Geld oder Aufmerksamkeit gibt, dann liebst du nicht einfach aus Freude am Lieben. Du liebst, um als Gegenleistung etwas zu bekommen. Vielleicht kann zwischen zwei ganz bestimmten Menschen solcherart eine befriedigende Übereinkunft bestehen: ,,Ich gebe dir Liebe, wenn du mir Geld (Sicherheit, Beachtung usw.) gibst.'' Meist ist es jedoch so, daß daraus Verwirrung resultiert. Viele Dinge werden im Namen der Liebe gefordert — Geld, Sicherheit, Beachtung, Versprechungen, Bedingungen und so fort. Und oft geht die Liebe selbst verloren, weil sie nicht in sich selbst Erfüllung fand.

Beim Heilen ist es dasselbe. Wenn ein Heiler heilt, weil er gern heilt, dann findet mit der größten Wahrscheinlichkeit eine Heilung statt. Wenn ein Heiler heilt, weil er will, daß sein Ego dafür gestreichelt wird, daß er ein guter Heiler ist, oder weil er nicht will, daß jemand, den er liebt, krank ist oder stirbt (und ihn dadurch möglicherweise verläßt), oder weil er ein berühmter Heiler sein will, über dessen Erfolge alle hören sollen, dann ist er beim Heilen mit seinem Bewußtsein woanders. Seine Wünsche saugen seine Energie weg. Die heilende Energie muß seine Wünsche unterstützen, anstatt die Heilung. Wenn er jedoch für einen Augenblick seine persönlichen Wünsche beiseite lassen kann, kann er zu einem vollkommen klaren Kanal für die Heilenergie werden.

Amy erlebt jedesmal beim Heilen das köstliche Vergnügen, ein Kanal für leuchtende, reinigende Energie zu sein. Ihr eigener psychischer und physischer Körper wird geheilt, indem sie andere heilt. Sie erlebt Zustände von Freude, Frieden, Kraft, Ruhe — alles durch das Fühlen der vielen Energien.

Viele Heiler sagen: ,,Gott arbeitet durch mich — ich weiß nicht, was ich tue.'' Es ist nicht nötig, daß du weißt, was du tust. Wie gesagt, brauchst du letztendlich keine Auras zu reinigen, Schnüre herauszuziehen, Rosen zu sehen usw. Du brauchst nur zu beabsichtigen, daß die Heilung stattfindet. Wenn ein Heiler sagt, er sei Gottes Kanal, dann ist das sein oder ihr persönlicher Gott — ob das nun Gott im Himmel ist oder der Gott seines oder ihres eigenen Herzens.

Wenn ein Heiler durch ,,Vertrauen'' heilt, dann ist damit auch dieser reine Zustand der Liebe aus dem vierten Chakra gemeint, der Liebe, die nichts fordert. Und die wunderbaren Heilungen, die solche Heiler manchmal bewirken, finden in einem Zustand der Hingabe statt.

Ein Glaubensheiler wendet keine Energien an die Krankheit oder Gesundheit seines Klienten. Er hat kein *Bedürfnis* danach, daß die Person sich besser fühlt, und keine seiner eigenen Überlebensvorstellungen ist damit gekoppelt, ob derjenige gesund wird oder nicht. Der Heiler kann aus einer Absicht heraus handeln, die die harmonische, neutrale Energie des Kosmos benutzt anstatt seiner eigenen.

In diesem Zustand kann der Heiler dem Klienten den psychischen Raum lassen, krank zu sein — er braucht den Leiden des Menschen keinen Widerstand zu leisten. Dann, wenn der Heiler der Krankheit nicht widersteht, der Kranke der Krankheit nicht widersteht und die Krankheit den beiden keinen Widerstand leistet, kann der Glaubensheiler wählen — aus seinem Herzen heraus und ohne danach zu streben —, daß die Krankheit verschwindet.

Wenn du als Heiler ein Resultat sehen willst, dann planst du. Wenn du planst, bist du nicht im Hier und Jetzt der Heilung: Du bist der Gegenwart um fünf Minuten voraus oder um eine Stunde oder eine Lebenszeit und freust dich an den vorgestellten Ergebnissen deiner Heilung.

Heilung durch Vertrauen hat ein geradezu schmalziges Image und beschwört Bilder von fanatischen Gläubigen herauf, die schreien und singen und sich in einer Art heidnischen Gebetsritual an die Brust schlagen. Diese Vorstellung mag für viele Menschen abstoßend wirken, der Vorgang ist aber bei einer Heilung durch ein Gruppenritual und bei einer Aurareinigung derselbe. In der Gruppenzeremonie wird die Heilung von einer starken Gruppenabsicht unterstützt anstatt nur von der Absicht des Heilers. Wenn diese Art von Vertrauen ganz fest ist, dann stellt es keine Fragen — es ist durch reinen Willen erfolgreich.

Wenn ein Heiler jemandem ,,die Hand auflegt'' und so eine Heilung bewirkt, ist der Vorgang dabei der gleiche wie bei den Heilverfahren, die wir dich in diesem Buch gelehrt haben, außer daß direkter physischer Kontakt stattfindet. Heiler, die mit Handauflegen arbeiten, wie die philippinischen Geistheiler, finden, daß die direkte Berührung ihnen hilft, ihre Aufmerksamkeit und Energien auf den kranken Körperteil zu konzentrieren.

Wir haben gemerkt, daß Berührung bei einer Heilung den Menschen sich sicher fühlen läßt. Berührung hilft in gewisser Weise, den Körper ,,real'' zu machen. Wir haben es jedoch bei den meisten Heilungen nicht nötig gefunden, physischen Kontakt herzustellen. Bei manchen Menschen oder manchen Körperteilen des

Menschen, der zu dir kommt, solltest du natürlich tunlichst vermeiden, die Hand aufzulegen. Verhalte dich der Situation angemessen, und tue nichts, was das Ergebnis, um das es geht — die Heilung auf übersinnlichem Wege — behindern könnte.

Emile Coué war ein französischer Psychologe der Jahrhundertwende und ein Befürworter der Autosuggestion. Coué behauptete: Wenn man sich lange genug sagt, etwas sei wahr, so wird es wirklich wahr werden. „Jeden Tag geht es mir in jeder Hinsicht besser und besser" war seine Formel dafür.

In gewisser Weise waren Coués Übungen eine Art Selbsthypnose, darauf ausgerichtet, die Vorstellungen eines Menschen zu verändern. Außer daß sie darauf aus waren, Menschen zu helfen, anstatt Waren zu verkaufen, unterschieden sich Coués Ideen nicht sehr von denen der Reklamepäpste der Madison Avenue. Wieviele Produkte benutzt du einfach, weil du oft genug oder laut genug oder aus einer genügend maßgeblichen Quelle gehört hast, sie sind gut oder wichtig für dich oder irgend so etwas? Es sind Produkte, die du vielleicht nicht brauchst und die du, wenn du wirklich hinschaust, vielleicht nicht einmal haben *willst*. Und doch gebrauchst du sie, weil du an sie glaubst.

Glauben beginnt offensichtlich nicht im bewußten Denken, sondern in dem Teil von uns, der „eine Überzeugung, daß etwas wahr oder real ist" annimmt, „ohne es ausdrücklich zu wissen".

Hier sind zwei einfache Übungen, um mit ein paar deiner eigenen Anschauungssysteme in Kontakt zu kommen. Die Übungen erstrecken sich über viele Tage, erfordern jedoch jeden Tag nur ein paar Minuten Aufmerksamkeit. Da du dich nun schon seit ein paar Kapiteln beobachtest und aufmerksam bist, sollten dir die Übungen sehr leichtfallen und dir eine Menge Information über deine Anschauungssysteme liefern.

Glaubensübung 1

1. Nimm *eine* Sache, die du gewohnheitsmäßig tust. Es kann etwas sein, das du gern magst, etwas, das du nicht magst, oder etwas, das dir gleichgültig ist, aber beginne mit nur einer Sache, so daß du ihr für diese Übung deine ganze Aufmerksamkeit widmen kannst.

2. Jedesmal, wenn du während der nächsten beiden Wochen diese Sache tust, dann mach dabei nichts anderes. Wenn deine Übung sich darauf bezieht, wie du deinem Ehepartner gute Nacht sagst, dann küsse ihn/sie nicht beim Gute-Nacht-Sagen, sag auch nicht gute Nacht, während du dir die Zähne putzt, und sag nicht hinter deinem Buch oder deiner Zeitung hervor gute Nacht. Sei einfach mit deiner ganzen Aufmerksamkeit beim Gute-Nacht-Sagen. Wenn deine Übung sich auf das Zigarettenrauchen richtet, dann rauche nicht beim Kaffeetrinken, sprich nicht beim Rauchen, rauche nicht und lese gleichzeitig. Rauche einfach nur.

3. Prüfe während der zweiwöchigen Testzeit, was dein Bewußtsein zu dieser Übung sagt. Schau, ob es dir sagt, diese Übung ist albern; schau, ob es wandert, so daß du die Übung vergißt; schau, ob es dich in deinem gewohnten Geleise festhält; schau, ob es eine *neue* Art annimmt, wie du diese Gewohnheit automatisch tust. Wenn du gewöhnlich deinem Ehepartner gute Nacht sagst und dir dabei die Zähne putzt, dann schau, ob diese Gewohnheit dich ihm oder ihr näherbringt, dich auf Entfernung hält oder irgend etwas anderes. Wenn du gewöhnlich zum Kaffee eine Zigarette rauchst, dann schau, ob diese Gewohnheit dir die Befriedigung verschafft, die du von deinem Kaffee/deiner Zigarette erwartest.

4. Schau während der zweiwöchigen Testzeit, was für dich der Vorzug an deiner Gewohnheit ist und wo diese Gewohnheit anfing. Wenn du den Anfang dieser Gewohnheit herausgefunden hast, schau, was für ein Glaubenssatz dich dazu motiviert hat. Wenn du deinem Ehepartner beim Zähneputzen gute Nacht sagst, glaubst

du dadurch Zeit zu gewinnen? Wenn du zum Kaffee eine Zigarette rauchst, glaubst du, daß diese beiden Dinge eine gute Kombination sind? Und so weiter.

5. Geh am Ende der Testperiode einen Tag lang zu deiner alten Art, diese Gewohnheit zu tun, zurück. Schau, ob es sich irgendwie anders anfühlt als zuvor. Am zweiten Tag nach der Testzeit kannst du wählen, auf welche Weise du diese Handlung tun willst. Mach sie so, wie du willst, aber wisse, daß du diese Art wählst, und mach sie nicht aus einem gewohnten Glaubenssatz heraus.

Glaubensübung 2

1. Nimm *eine* Sache, die du an dir nicht magst. Du kannst irgend etwas nehmen, aber für diese Übung ist es einfacher, wenn du etwas nimmst, das ganz offensichtlich ist, zum Beispiel, daß du zu dick oder zu dünn oder zu arm bist.

2. Jeden Morgen, wenn du aufstehst, und jeden Abend, wenn du dich zum Zubettgehen fertig machst, und mindestens einmal am Tag zwischendurch sage dir selber im Spiegel: ,,Ich erlaube mir selbst, dünn zu sein (dick zu sein, Geld zu haben usw).''

3. Mach diese Übung so lange, bis die Person im Spiegel auf dich reagiert. Wir können dir nicht sagen, wie das aussehen wird oder wie lange es dauern wird, bis es soweit ist, aber du wirst es wissen, wenn du es siehst.

4. Achte bei dieser Übung darauf, was du von dem Zustand, den du ändern möchtest, glaubst. Glaubst du, daß dicke (oder dünne) Leute mehr Liebe bekommen? Glaubst du, du *kannst* Geld haben? Und so weiter.

Erfolg und Versagen

Es ist manchmal verblüffend zu sehen, daß der eine Mensch in seinen Geschäften oder in der Liebe oder im Sport unglaublich erfolgreich ist, während ein anderer — der offensichtlich ebenso begabt und fleißig ist wie der erste — sein ganzes Leben lang am Rande des Versagens herumstolpert. Und es ist auch verblüffend zu sehen, daß manche sehr erfolgreiche Menschen mit ihrem Los unzufrieden sind und finden, daß Erfolg nicht die Quelle von Zufriedenheit und Wohlbefinden ist, für die sie ihn gehalten hatten, während manche Menschen, die mit keinerlei materiellen Reichtümern gesegnet sind, reich sind an Lebensfreuden.

Ganz sicher gehen Erfolg und Unzufriedenheit oder Mißerfolg und Zufriedenheit in keiner Weise Hand in Hand, und die meisten Leute, die wir kennen, wären lieber erfolgreich *und* zufrieden als nur eins von beiden. Die Leute, die erfolgreich und zufrieden oder erfolglos und unzufrieden sind, werfen nicht sehr viele Fragen auf — sie scheinen die ,,normalen'' Fälle zu sein. Die andern sind die Ausnahmen, die uns, wie üblich, die Regel erkennen lassen.

In unserer alltäglichen Welt scheinen Erfolg und Mißerfolg polare Gegensätze zu sein, und in unserer zielorientierten, technologischen Gesellschaft werden sie gewöhnlich als Gegensätze *behandelt*. Genauso wie jedoch Krankheit ein Aspekt der Gesundheit ist, so ist es auch Mißerfolg ein Aspekt des Erfolgs. Und so wie es nicht wirklich möglich ist, krank zu sein, ist auch nicht wirklich möglich, erfolglos zu sein.

Vielleicht erfordern diese vorherigen Aussagen ein wenig Erklärung. Wir sagten in Kapitel 5, daß Heilen nicht so sehr ein Korrigieren dessen, was nicht funktioniert, ist als vielmehr ein Geschehenlassen, durch das die Dinge so sein dürfen, wie sie sind. Wir haben auch gerade vorhin über die Harmonie und den Fluß des Kosmos gesprochen. *Es ist gar nicht möglich, aus diesem Fluß her-*

auszutreten, und es nicht möglich, zu verhindern, daß die Dinge funktionieren. In demselben Sinne ist es unmöglich, ,,krank'' zu sein. Es ist jedoch durchaus möglich, den Fluß nicht zu *erkennen* oder zu *denken*, daß die Dinge nicht funktionieren, oder sich unwohl zu *fühlen*.

Zusätzlich zu seinem Wert als geistiges Aspirin ist Geistheilen ein Prozeß, der dir die Bewußtheit davon wiedergibt, daß alles im Universum sich genauso entfaltet, wie es soll, und die Bewußtheit davon, daß jedes Individuum der Schöpfer seiner eigenen Erfahrung ist. Wenn wir mit Chakras, Auras und Energiekörpern arbeiten, dann arbeiten wir mit einer Art Sprache, die uns erlaubt mit diesen Kräften umzugehen und wieder in den harmonischen Fluß zurückzukommen. Wir sind in diesem Fluß, auch wenn es für uns nicht so aussieht.

Eine Möglichkeit, dieses etwas flüchtige und abstrakte Konzept zu erfassen, besteht darin, daß du das Verhältnis zwischen Erfolg und Versagen begreifst und es dann auf das entsprechende Verhältnis zwischen Gesundheit und Krankheit anwendest. Wir arbeiten hier daraufhin, zu erkennen, daß Krankheit ein Teil der Gesundheit ist, so wie Versagen ein Teil des Erfolges ist.

1. Geh in Trance.

2. Schaffe auf deinem geistigen Bildschirm ein Bild des Erfolgreichseins, was immer das für dich bedeutet.

3. Schaffe auf einem ähnlichen, aber separaten Bildschirm ein Bild des Versagens.

4. Stell dir vor, daß Erfolg wichtiger ist als Versagen.

5. Stell dir vor, daß Versagen wichtiger ist als Erfolg.

6. Wiederhole Schritt 4 und 5 mehrere Male.

7. Stelle dein Bild vom Erfolg über dein Bild vom Versagen.

8. Stelle dein Bild vom Versagen über dein Bild vom Erfolg.

9. Wiederhole Schritt 7 und 8 mehrere Male.

10. Komm aus der Trance.

Sind bei dieser Übung die Unterschiede zwischen deinem Bild

vom ,,Erfolg'' und deinem Bild vom ,,Versagen'' allmählich unscharf geworden?

1. Geh in Trance.

2. Schaffe auf deinem Bildschirm ein Bild des Gesundseins.

3. Schaffe auf einem ähnlichen, aber separaten Bildschirm dein Bild von Krankheit.

4. Stell dir vor, Gesundheit sei besser als Krankheit.

5. Stell dir vor, Krankheit sei besser als Gesundheit.

6. Wiederhole Schritt 4 und 5 mehrere Male.

7. Stelle dein Bild von Gesundheit über dein Bild von Krankheit.

8. Stelle dein Bild der Krankheit über dein Bild der Gesundheit.

9. Wiederhole Schritt 7 und 8 mehrere Male.

10. Komm aus der Trance.

Erfolg und Versagen sind mit Gesundheit und Krankheit eng verwandt. Da alles sich genauso entfaltet, wie es soll, ist ein Mißerfolg ein Erfolg im Versagen. Du mußt wieder einmal anschauen, was du davon hast. Wenn du gewöhnlich erfolglos bist, was beziehst du daraus? Bekommst du Mitgefühl? Aufmerksamkeit? Besteht deine Belohnung darin, daß du dich schlecht fühlst oder daß du deinen Vater, deine Mutter oder sonst jemanden ärgerst? Viele Menschen, die oft versagen, finden den großen Vorzug darin, daß sie keine Verantwortung übernehmen müssen. Sie sind nicht gut genug, um Erfolg zu haben und sich und der Welt ihre Kraft zu zeigen. Wenn du dich schlecht fühlst, macht dein Körper dich auf die Tatsache aufmerksam, daß du nicht im Fluß bist, und er gibt dir die Gelegenheit, wieder mit deinem natürlichen Selbst in Kontakt zu kommen.

Schaffen und Zerstören

Ebenso wie wir dazu neigen, Erfolg als etwas zu betrachten, was sich von Versagen unterscheidet, und Gesundheit als etwas anderes als Krankheit, so betrachten wir auch meist Schaffen und Zerstören als zwei verschiedene Dinge. Wenn wir den größeren Zusammenhang, in dem all diese scheinbaren Gegensätze existieren, nicht erkennen, dann bleiben wir in unseren Vorstellungen davon, wie die beiden sich unterscheiden, hängen, und das Ergebnis davon ist, daß wir uns den Teilen, die wir als negativ betrachten, widersetzen.

Die folgende Übung dient dazu, dich mit deiner Fähigkeit, zu schaffen und zu zerstören, in Kontakt zu bringen.

1. Geh in Trance.

2. Schaffe eine Krankheit. Es kann eine kleine Krankheit sein, wie Kopfschmerzen, oder eine große, wie Lepra. Laß deine Phantasie walten und mach dir ein Vergnügen daraus — es ist ein Spiel.

3. Zerstöre die Krankheit, die du geschaffen hast.

4. Schaffe eine neue Krankheit und zerstöre sie wieder.

5. Schaffe eine dritte Krankheit.

6. Überlasse diese dritte Krankheit sich selber und schaffe noch zwei weitere Krankheiten.

7. Zerstöre alle Krankheiten, die du geschaffen hast.

8. Schaffe drei neue Krankheiten.

9. Schaffe noch doppelt so viele Krankheiten, wie du insgesamt bis jetzt geschaffen hast.

10. Jetzt zerstöre alle Krankheiten, die du bis jetzt geschaffen hast.

11. Zerstöre drei Krankheiten mehr, als du bis jetzt geschaffen hast.

12. Schaffe eine nagelneue Krankheit.

13. Schaffe hundert nagelneue Krankheiten.

14. Schaffe so viele nagelneue Krankheiten, wie es im Universum Mikroben gibt.

15. Zerstöre doppelt so viele Krankheiten, wie es Mikroben im Universum gibt.

16. Schaffe und zerstöre so viele Krankheiten, wie du willst.

17. Löse all deine Bilder auf und komm aus der Trance.

Wir sind die Schöpfer unseres Erlebens. Wir schaffen unsere Gesundheit, und wir schaffen unsere Krankheiten, ebenso wie wir unsere Erfolge und unser Versagen kreieren.

Mangel

Ein Teil der Schwierigkeiten, die Leute anscheinend damit haben, erfolgreich zu sein oder sich die von ihnen gewünschte Gesundheit zu schaffen, besteht darin, daß die meisten von uns an Mangel glauben. Wir glauben, es gäbe nicht genug Erfolg, Gesundheit, Geld, Liebe usw. für alle. Und da die meisten von uns auch noch glauben, daß wir das, was wir uns wünschen, einschließlich der vollkommenen Gesundheit, nicht *verdienen*, so setzen wir dem Erfolg, der Gesundheit usw., die wir uns zugestehen, Grenzen.

Wenn in deinem Leben Mangel herrscht, dann ist das im allgemeinen deshalb so, weil du glaubst, es gäbe nicht genug für alle oder nicht genug, um dich zufriedenzustellen. Das Ergebnis ist, daß du das Wenige, das du hast, hortest. Und das Ergebnis davon ist, daß du den Mangel, der erst nur eine Annahme war, für dich zu einer Realität machst.

Nehmen wir Liebe als Beispiel. Wenn du in deinem Leben ein wenig Liebe hast und sie festhältst, aus Angst, daß du nie mehr welche bekommst, dann wirst du verschlossen, abweisend und zusammengezogen, wenn nicht physisch, dann geistig. Wenn du jedoch ein wenig Liebe hast und sie weitergibst, dann findest du sofort, daß du sogar noch mehr Liebe hast. Je mehr Liebe du tatsächlich gibst, um so mehr hast du.

Wenn du allerdings deine Liebe gibst, *um mehr Liebe zu bekommen,* dann gibst du sie überhaupt nicht — dann kommst du aus einem Zustand des Mangels und nicht aus einem Zustand des Überflusses, denn du denkst, du möchtest, brauchst oder solltest mehr Liebe haben, als du zuvor hattest. Wenn du aus solch einem Zustand heraus Liebe gibst, dann schickst du keine Liebe in die Welt, sondern ein Bedürfnis. Und was du zurückbekommst, ist mehr Bedürfnis.

Wenn die Bibel uns rät: ,,Wirf dein Brot aufs Wasser hinaus, und es wird dreifach zurückkommen'', dann ist das nicht als Witz gemeint. Du mußt es jedoch geben, einfach, um zu geben, sonst machst du in Wirklichkeit ganz etwas anderes. Und es ist das andere — das, was du wirklich tust, was dem, was du tust, zugrunde liegt —, was zu dir zurückkommen wird.

Die kosmische Harmonie läßt sich nicht belügen — man kann nur ehrlich sein. Wenn du irgend etwas anderes tust, als ehrlich zu sein, dann belügst du dich selber. Und du merkst, daß du dich belogen hast, wenn du siehst, was zu dir zurückkommt. ,,Wie du säst'', sagt die Bibel, ,,so erntest du.'' Nicht, wie du *denkst* oder *glaubst* zu säen.

Die folgende zweiteilige Übung sieht vielleicht ein bißchen schwierig aus. Lies sie zweimal durch, bevor du daran gehst, und versichere dich, daß du die Anweisungen verstanden hast.

1. Geh in Trance.

2. Schaffe etwas Mangel, das heißt, schaffe in deinem Bewußtsein einen Zustand von *Nicht-genug,* von *Brauchen.*

3. Schaffe noch etwas mehr Mangel. Schaffe so viel Mangel, daß das Universum von Mangel erfüllt ist.

4. Wenn es einen außerordentlichen Überfluß an Mangel gibt und einfach von *nichts* genügend vorhanden ist, dann frag dich, ob das *genug Mangel* ist. Wenn es nicht genug Mangel ist, dann schaffe noch zweimal so viel Mangel, wie du bis jetzt geschaffen hast. Verdoppele die Menge an Mangel, die du im Universum hast, bis genug da ist.

5. Wenn du genügend Mangel hast, laß dieses Universum beisei-

te und schaffe ein ganz neues Universum, in dem es *überhaupt keinen Mangel* gibt.

6. Schaffe in diesem zweiten Universum einen Zustand von *Genug*. Wenn es eine Menge Genugsein gibt, dann frage dich, ob das *genug Genugsein* ist. Wenn nicht, schaffe noch etwas mehr. Schaffe soviel Genugsein, bis es in deinem zweiten Universum ein Genugsein an Genugsein gibt — und zwar reichlich.

7. Stell deine beiden Universen Seite an Seite auf deinen geistigen Bildschirm, und laß dazwischen und um sie herum etwas Platz.

8. Füll den leeren Platz mit Mangel aus deinem ersten Universum. Fülle ihn vollständig aus.

9. Fehlt in deinem ersten Universum nun etwas Mangel? Wenn ja, schaffe etwas mehr, und fülle es wieder auf.

10. Fülle jetzt den Platz mit Genugsein aus deinem zweiten Universum. Fülle ihn wieder vollständig aus.

11. Fehlt jetzt in deinem zweiten Universum etwas Genugsein? Wenn ja, schaffe etwas mehr, und fülle es wieder auf.

12. Wiederhole Schritt 8—11 so oft, bis du weißt, wer es ist, der in deinem Universum Mangel und Überfluß schafft.

13. Löse alle Bilder auf und komm aus der Trance. Öffne die Augen und schau im Zimmer herum. Sieht es irgendwie anders aus als vor der Übung?

1. Geh in Trance.

2. Bilde auf deinem geistigen Bildschirm ein Bild von dir selber.

3. Frage dich, ob du an irgend etwas Mangel hast — an Liebe, Geld, Gesundheit, was immer es sei. Wenn die Antwort nein ist, geh zu Schritt 4 über. Wenn die Antwort ja ist, frage dich, woran du Mangel hast. Geh zu dem Universum des Genugseins zurück, und nimm etwas von dem, was du brauchst, bringe es zurück und gib es dem Bild von dir selber. Mach das so oft, bis du genug von dem hast, was du brauchst.

4. Wenn du genug hast, dann mache auf einem separaten Bild-

schirm ein Bild von jemand anderem und gib dieser Person etwas von dem, was du soeben dir selber gegeben hast.

5. Frag dich, ob du immer noch genug von dem hast, was du gerade weggegeben hast. Wenn ja, dann gehe weiter zu Schritt 6. Wenn nicht, dann gehe zu deinem Universum des Genugseins und hole dir etwas mehr für dich. Dann gib wieder etwas weg. Wiederhole diesen Schritt, bis du es weggeben kannst und immer noch genug hast.

6. Wenn dein Universum des Genugseins durch diese Übung geleert worden ist, dann fülle es mit mehr Genugsein auf.

7. Löse alle deine Bilder auf und komm aus der Trance.

Wie war es beim Geben: Ist dein eigener Vorrat gewachsen, weniger geworden oder gleich geblieben? War es so, wie du es auch in Zukunft haben möchtest? Wenn nicht, dann mach die Übung noch einmal, und stelle die Forderung auf, daß jedesmal, wenn du etwas weggibst, dein eigener Vorrat größer werden soll, oder kleiner werden oder gleichbleiben soll, ganz nach Wunsch.

Träume, Traumheilen und astrale Lehrgänge

Wer weiß, woher die Träume kommen, wohin sie gehen und was ihr Nutzen und Ziel sein mag? Von alters her hat man gedacht, daß Träume dem Menschen den göttlichen Willen enthüllen. In der nordischen Mythologie hielt man Träume für das Medium, durch das die Toten mit den Lebenden kommunizieren. Ein Stamm australischer Buschmänner sagt: ,,Ein Traum träumt uns.''

Seher, Propheten, Dichter und Psychoanalytiker haben alle das ihre dazu beigetragen, die Wichtigkeit der Traumsymbolik herauszustellen. Über die letzten zwei Jahrhunderte hinweg haben mehrere Wissenschaftler in Schlaflabors eindeutige Verbindungen zwischen Träumen, außersinnlicher Wahrnehmung und Hellsehen festgestellt. Don Juan, der Yaqui-indianische Zauberer, lehrte Carlos Castaneda, seine Träume dazu zu benutzen, ein Wissender zu werden.

Wir haben von Zeit zu Zeit gesagt, daß du der Schöpfer deiner eigenen Erfahrung bist. Diese Wahrheit ist nirgendwo so klar wie im Reich der Träume, denn hier gibt es nicht den Anschein einer äußeren Realität, die dich verwirren kann. Auch wenn wirklich in deinen Träumen Gott oder die Toten mit dir kommunizieren, so sind doch die Traumlandschaft, die Charaktere, die Handlung, die Erzählung und die Symbologie Konstrukte deiner Phantasie, die die visuelle Sprache deines Bewußtseins widerspiegeln und davon widergespiegelt werden.

Unsere Erfahrung mit Träumen deutet darauf hin, daß sie viele Funktionen erfüllen, die alle in dem größeren Zusammenhang der Kommunikation des Wesens mit dem Bewußtsein stehen. Da das Wesen sich seiner Verbindung mit der kosmischen Harmonie bewußt ist, kann es dem Bewußtsein Informationen eingeben, und zwar in einer Weise, die diese verstehen und zu seinem psychischen Wachstum benutzen kann. In derselben Weise können Träume in allen Bereichen übersinnlicher Arbeit benutzt werden, auch beim Heilen.

Während wir an den ersten Kapiteln dieses Buches schrieben, fand eine nahe Freundin von Bill heraus, daß sie Gebärmutterkrebs hatte. Obschon sie gerade dabei war, eine Strahlenbehandlung, die auf eine Operation hinführen sollte, anzufangen, fragte Bill sie, ob sie eine Heilung in Abwesenheit haben wolle. Sie lachte und meinte: ,,Wenn nicht jetzt, wann dann wohl?''

Etwa eine Woche später setzten Bill und Amy sich einen Nachmittag zusammen und führten für Bills Freundin eine Heilung in Abwesenheit durch, ganz ähnlich der Übung, die du in Kapitel 2 gelernt hast. Zwei Tage später sprach Bill am Telefon mit ihr. Sie sagte: ,,Ich hatte letzte Nacht einen sehr großartigen Traum. Ich träumte, daß du mich in ein großes Haus voller Leute mitnahmst, die ich nie zuvor gesehen hatte. Ich erinnere mich an eine Menge goldenes Licht.''

Bill fragte sie, ob sie sich an irgendwelche Leute in dem Haus erinnern könne. Sie sagte: ,,Weißt du, es ist komisch, aber ich kann mich nur an eine Person klar erinnern'', und beschrieb eine Frau, die nur Amy sein konnte, obwohl Amy und sie sich nie begegnet waren und sie keine Ahnung hatte, wie Amy aussah. Bei ihrer nächsten medizinischen Untersuchung hatte der Krebs aufgehört zu wachsen. Sie bekam weiter die normale medizinische Behandlung, und zwei Monate nach diesem Ereignis wurde die krebsfreie Gebärmutter chirurgisch entfernt. Allopathische Ärzte sagen da vielleicht, die Strahlenbehandlung hat den Krebs geheilt, und Geistheiler sagen vielleicht, die Heilung in Abwesenheit hat den Krebs geheilt. Wir nehmen an, daß Bills Freundin den Krebs geheilt hat, indem sie in ihrem Universum starke Hilfe aus beiden Quellen erschuf.

Wir haben gefunden, daß die Traumwelt ein idealer Ort ist, um übersinnlich zu arbeiten. Im Traumzustand bist du schon auf eine andere Realität als deine gewöhnliche konzentriert, und viel Traumarbeit kann einfach dadurch geleistet werden, daß du dein Bewußtsein vor dem Einschlafen auf die Aufgabe einstellst. Der erste Schritt für die Traumarbeit ist, daß du Kontakt mit deiner eigenen Traumwelt herstellst. Es ist durch verschiedene wissenschaftliche Experimente gezeigt worden, daß jeder Mensch in der Nacht in bestimmten Phasen des Schlafes träumt. Du mußt also nicht auf eine Nacht warten, in der du träumst: die Frage ist nicht, ob du Träume hast, sondern ob du dich an sie erinnerst.

Die wirksamste Art, dich an deine Träume zu erinnern, ist die, aufzuwachen, wenn du einen Traum hast. Du kannst dich darin bestärken, daß du es ernst meinst, indem du dir nachts Papier und Bleistift neben das Bett legst. Dann gehst du, wenn du im Bett bist, in eine leichte Trance, als ob du auralesen oder eine Heilung machen wolltest. Du kannst im Liegen in diese Trance gehen, wenn du willst. Wenn du geerdet und in Trance bist, dann teile dir sehr deutlich mit, daß du mit deinen Träumen aufwachen willst. Dann laß dich in den Schlaf hineindämmern.

Manche Leute können gleich am ersten Tag dieser Übung mit ihren Träumen aufwachen. Andere brauchen ein paar Tage. Als Bill mit der Traumarbeit anfing, träumte er zuerst, daß er aufwachte, den Traum aufschrieb und wieder einschlief. Auf diese Weise versuchte sein Körper, der keine Lust hatte, mitten in der Nacht aufzustehen, ihn hereinzulegen. Der Trick funktionierte jedoch nur zwei Nächte lang; dann wurde Bill sich eines Nachts, als er gerade träumte, er sei wach und schriebe seinen Traum auf, im Schlaf genügend bewußt, um zu bemerken, was los war. Also wachte er auf und schrieb den Traum auf, daß er wach sei und den Traum aufschriebe. Und binnen einer Woche schrieb er jede Nacht zwei, drei oder vier Träume auf.

Wenn du einmal so weit bist, daß du mit deinen Träumen aufwachst, kannst du anfangen, im Schlaf andere Arten von Arbeit zu machen. Du kannst zum Beispiel tatsächlich im Schlaf übersinnliche Themen studieren.

Astrale Lehrgänge lassen sich am besten als Treffen erklären, bei denen dein Wesen zusammen mit anderen Wesen, die Experten auf diesen Gebieten sind, Methoden des bewußten psychischen Wachstums studiert. Ein astraler Lehrgang ähnelt der Arbeit mit Geistführern.

Du kannst entweder absichtlich in einen astralen Lehrgang gehen, oder du kannst in einen hineingeraten. Wenn du anfängst, dich an Träume zu erinnern, in denen du zum Beispiel den Vorlesungen irgendeines berühmten esoterischen Lehrers beiwohnst, oder wenn du dich an Träume erinnerst, in denen Freunde oder auch unbekannte Leute dich im Heilen, Aufmerksamsein usw. unterrichten, dann bist du vermutlich in einen astralen Lehrgang geraten. Lies in regelmäßigen Abständen dein Traumtagebuch, damit du einen Eindruck bekommst, in welche Richtung die Lektionen führen.

Während wir an diesem Buch schrieben, geriet Bill in einen astralen Lehrgang, den er besonders aufregend fand. Hier ist der Traum:

Ich bin mit einer Gruppe von Leuten zusammen, die Astralreisen/Levitieren üben oder lernen. Der Lehrer steht neben einem Metallding, das wie ein vertikales Trapez aussieht, und der Student oder Einzuweihende steht auf der anderen Seite davon. Sie steigen zusammen auf, und der Student fliegt.

Zuerst steigt eine Frau auf. Als sie herunterkommt, sage ich etwas — im Scherz? —, und die Lehrerin, eine große Frau mit grauen Haaren, hält ihre Hand zu mir her. Ich habe Angst. Ich stehe vor dem Ding und merke, wie es anfängt zu arbeiten. Ich schreie, und alles ist wieder „normal". Dann versuche ich es noch einmal, und plötzlich fliege ich.

Die Zeit steht für mich, im Vergleich zu anderen Leuten, still. Die Leute im Raum bleiben reglos in ihren Stellungen erstarrt stehen. Ich habe ein paar Schwierigkeiten mit dem Navigieren und erkenne, daß es daher kommt, daß dies mein erster Flug ist, und daß ich lernen werde, es besser zu machen. Als ob ich weiß, daß es mich herunterbringen wird, schreie ich wieder und falle — schwebe? — aus einer anscheinend weiten, langen Entfernung, sehe jedoch, daß es nur die Höhe des Raumes ist. Alle sind wieder munter, und es sind neue Leute im Raum.*

---

* Die Tatsache, daß neue Leute in dem Raum waren und daß alle wieder munter waren, scheint darauf hinzudeuten, daß die Zeit, die für Bill stillstand, währenddessen für die anderen Leute in dem Traum *nicht* stillstand. Diese Art von Ungleichheit zwischen der Zeit, *wie sie das Selbst* auf der astralen Ebene *erlebt,* und der Zeit, die *für andere beobachtet wird,* erinnert frappierend an gewisse Streitfragen in der Relativitätstheorie. Wenn zum Beispiel ein Stern implodiert und zu einem schwarzen Loch wird, steht an einem bestimmten Punkt seiner Implosion, wie es Beobachter hier auf der Erde sehen, die Zeit für den Stern still. Für den Stern steht die Zeit jedoch nicht still, er implodiert weiter. Hier gibt es wieder einmal eine merkwürdige Parallele zwischen übersinnlichen Erfahrungen und den fortgeschrittenen Entdeckungen der Wissenschaft, die die Erfahrungen, die Leute mit übersinnlichen Fähigkeiten viele Jahrhunderte hindurch gemacht haben, zu untermauern scheint. Mit fortschreitender Reife der Wissenschaft tauchen diese Parallelen immer häufiger auf.

Wenn du willst, kannst du absichtlich an einem astralen Lehrgang teilnehmen. Wie bei allen Formen übersinnlicher Arbeit, die wir in diesem Buch besprochen haben, wird das, was du tust, sehr wie eine Übung in Phantasie aussehen. Vielleicht entdeckst du jedoch bei diesen Übungen, daß an der Phantasie mehr dran ist, als das phantasielose Auge zu entdecken vermag.

Um dich für einen astralen Lehrgang „einzuschreiben", beschließt du, welches Gebiet oder welche Gebiete du „studieren" willst. Geh nach dem Zubettgehen in Trance, und frage dich, wer den Lehrgang leitet. Nimm den Namen oder den Menschen, der dir als erster in den Sinn kommt. Wenn es keinen Sinn für dich ergibt — wenn etwa Benjamin Franklin einen Kurs über den Energiekörper hält oder deine Großmutter über die Funktionen der Kreativität spricht —, dann ist das ganz in Ordnung. Ein Wesen, das im nicht-physischen Bereich ein großer Lehrer ist, kann in dieser Inkarnation als dein Zeitungsjunge zurückgekommen sein, um die Leute auf seiner Tour kennenzulernen. Verfolge deine Träume und schau, was du daraus lernst.

Natürlich kannst du auch einzeln an deinen Fragen arbeiten. Nachdem du in Trance gegangen bist, dich geerdet hast und anfängst einzuschlafen, definierst du das, woran du arbeiten möchtest, und sagst dir: „Ich möchte wissen, was ich aus . . . . beziehe", oder „Ich möchte meine Angst vor . . . . konfrontieren", oder „Ich möchte wissen, was . . . . bedeutet", oder „Ich möchte wissen, wie ich . . . . heilen kann." Wenn du nicht binnen einiger Nächte eine zufriedenstellende Antwort hast, dann formuliere die Frage klarer und präziser, oder arbeite daran, herauszufinden, warum du dich nicht wissen lassen willst, was du wissen willst.

Bei dieser Art von Traumarbeit ist es hilfreich, wenn du die Art und Weise, wie dein Bewußtsein arbeitet, kennenlernst. Es gibt bestimmte allgemeine Symbole, die praktisch in jedermanns Träumen vorzukommen scheinen, zumindest während einer bestimmten geschichtlichen Epoche oder in einem bestimmten Teil der

Welt. Außerdem hat aber jeder Mensch sein spezifisches und einzigartiges System von Traumsymbolen, und du wirst lernen müssen, was bestimmte Menschen, Orte, Handlungen oder Dinge für dich bedeuten. Du kannst das so machen, daß du nach bestimmten Mustern und wiederkehrenden Symbolen schaust, die in deinen Träumen auftauchen, und dich einfach im Wachzustand fragst, was sie bedeuten, wenn dir ihre Bedeutung nicht schon klar ist. Es kann auch sein, daß dir ein Symbol nicht gleich klar wird; wenn du deine Träume nach ein paar Wochen oder Monaten noch einmal durchliest, wirst du anfangen zu sehen, wie sie sich auf dein Leben beziehen und wie du es zuerst vielleicht nicht gesehen hast. Das, was du daraus lernst, wird sich im großen und ganzen auf die Träume anwenden lassen, die du zu der Zeit hast, wo du die alten Träume noch einmal betrachtest, und auch auf spätere.

Bill hat über die letzten paar Jahre hinweg ziemlich viel mit Träumen gearbeitet, und er hat sowohl bei sich selber als auch bei anderen beobachtet, daß man gut daran tut, beim Zusammensetzen des eigenen Symbolsystems daran zu denken, daß das Bewußtsein unglaubliche Wortspiele macht. Wenn du anfängst, von einem Rad zu träumen, bedenke, daß dir vielleicht jemand im Traum einen Rat geben will. Oder du träumst von einem Hut, dann bist du vielleicht auf der Hut vor irgend etwas. Das Bewußtsein spielt nicht nur mit Worten — es spielt auch mit Bildern, Geräuschen, Empfindungen usw. Jedes System von Symbolen, das du auf bewußter Ebene verwendest, verwendet dein Bewußtsein auch im Traum.

Als Bill vor zwei Jahren die Lösung für ein bestimmtes Problem suchte, träumte er, daß er in einer unterirdischen Garage war und hinter einem Esel her jagte. Bei seiner Jagd nach dem Esel verlor er immer wieder seinen Schlüsselbund. Als er im kalten Morgenlicht seinen Traum begutachtete und ihn anhand seiner eigenen Symbole interpretierte, sah er, daß er in den unteren Schichten seines Bewußtseins (unterirdisch) immer die Antwort (den „Schlüssel") verlor, weil er in seinem Leben so damit beschäftigt war, irgendwelche Eseleien zu machen. Aufgrund dieser Trauminformation konnte er ein bißchen weniger Zeit damit zubringen, dem Esel hinterherzurennen, und anfangen, die Schlüssel zu gebrauchen, um seine Frage aufzuschließen.

Wenn dir die Traumarbeit einmal vertraut ist, wird dir schnell sichtbar, daß dein Austausch mit der Traumwelt in zwei Richtungen funktionieren kann: Du kannst aus deinen Träumen Informationen bekommen, und du kannst sie auch dirigieren. In gewisser Weise dirigierst du sie natürlich immer. Du bist der Schöpfer deiner Erfahrung. Hier sprechen wir jedoch von einer anderen Art des Dirigierens, nämlich der, daß du bewußt und absichtlich darüber entscheidest, für welche ganz bestimmte Arbeit du deine Träume benutzen möchtest.

Astrales Heilen ähnelt einer Kombination von Traumarbeit und Heilen in Abwesenheit. In gewissem Sinne ist es auch eine Art Heilen in Abwesenheit und sollte mit derselben Vorsicht und Zurückhaltung behandelt werden. Die Leute haben ein Recht auf ihre Krankheit, und es ist schlechtes Benehmen als Heiler, wenn du nachts auf der Astralebene herumfliegst und mit deinen heilenden Fingern in psychische oder physische Wunden stichst.

Wie bei jeder anderen Heilung in Abwesenheit ist es auch hier höchst ratsam, zuerst die Zustimmung des Menschen, den du heilen willst, einzuholen. Wenn du jedoch diese Zustimmung hast, dann laß dich nicht aufhalten.

1. Leg dich ins Bett, geh in Trance und erde dich.

2. Leere dein Bewußtsein und schaffe dir ein geistiges Bild von dem Menschen, den du heilst. Wenn du nicht weißt, wie er oder sie aussieht, dann schaffe, wie bei einer einfachen Heilung in Abwesenheit, eine Silhouette oder ein allgemeines Bild von der Person, wie du sie dir vorstellst.

3. Erde die Person in deinem Bild, und fülle ihren Körper und ihre Aura mit orangefarbenem Licht.

4. Wenn du an einem speziellen Körperteil arbeitest, dann konzentriere das Orange stark auf diese Stelle.

5. Sage der Person auf deinem Bild, daß du sie in Kürze treffen wirst, um ihr eine Heilung zu geben.

6. Schlafe ein. Gute Nacht. Schreibe alle Träume auf, die du in der Nacht hast, und schau, ob sie die Heilung betreffen. Wenn du das nächste Mal mit der Person sprichst, kannst du vielleicht herausfinden, ob sie etwa zu der Zeit, in der du an ihr gearbeitet hast, irgendwelche ungewöhnlichen Träume oder Empfindungen im Wachzustand hatte.

Zum Abschluß dieses Kapitels wollen wir einen kurzen Blick auf ein altes Kinderlied werfen. Stell dir vor, dein Körper ist für dein Wesen das, was ein Boot für deinen Körper ist, und du treibst den Fluß deines Lebens hinunter, und stell dir vor, was aus deinem verzweifelten Streben nach Ruhm, Vermögen, Macht und Ansehen in der Welt würde, wenn dein Wesen deinem Körper vorsingen würde:

Row, row, row your boat
Gently down the stream.
Merrily, merrily, merrily, merrily,
Life is but a dream.

(Rudere dein Boot
Sanft den Strom hinunter.
Fröhlich, fröhlich, fröhlich, fröhlich,
Das Leben ist nur ein Traum.)

8
Weiter fortgeschrittene Techniken des Heilens und Hellsehens

Vergangene Leben lesen

Wir haben festgestellt, daß viele Leute, wenn sie anfangen, sich für übersinnliche Dinge zu interessieren, als erstes die Frage stellen: ,,Können Sie mir etwas über meine früheren Leben sagen?''

Vergangene Leben zu lesen klingt wie eine mystische und geheimnisvolle Fähigkeit, aber es ist in Wirklichkeit nicht schwieriger als irgendwelche anderen Übungen in diesem Buch. Bevor wir dir sagen, wie du deine eigenen früheren Leben und die deiner Freunde lesen kannst, werden wir ein bißchen darüber sprechen, was diese Leben sind.

Wie wir schon früher in diesem Buch gesagt haben, verkörpert sich jedes Wesen in einer Reihe von Körpern. Jeder neue Körper, in den es eintritt, oder jedes neue Leben, das es annimmt, ist der nächste Schritt auf seinem Weg zu Wachstum und Entwicklung. Das heißt nicht, daß ein Mensch mit jedem Leben immer heiliger und heiliger wird. Ein Wesen kann auch ein Leben als sehr üble Person annehmen, weil der nächste Schritt in seinem Wachstum ist, etwas über diese Art des Seins zu lernen. Man spricht gewöhnlich von aufeinanderfolgenden Leben, das heißt von Leben, die eines nach dem anderen stattfinden. Aber nach unserer Auffassung und auch der vieler Physiker und Mystiker ist alle Zeit gleichzeitig — 2000 v. Chr., heute und 2000 n. Chr. finden alle gleichzeitig statt. Man kann es also so sehen, daß alle Leben eines Wesens „zur selben Zeit stattfinden".

Die Entscheidungen eines Wesens darüber, welche Körper es annehmen wird, sind auch vom Karma beeinflußt, das, wie schon besprochen, ein komplexes Netzwerk von Übereinkünften und Beziehungen mit anderen Wesen ist. Diese Beziehungen können von sehr positiv bis sehr negativ reichen. Wenn deine reiche Tante stirbt und dir unerwartet ein phantastisches Erbe hinterläßt, dann kann es sein, daß du ihr in einem vergangenen Leben einen Gefallen getan hast und sie dir auf diese Weise danke sagt. Oder wenn ein Massenmörder scheinbar unschuldige Opfer hinschlachtet, dann kann es sein, daß er sich in einem vergangenen Leben von ihnen schwer mißhandelt gefühlt hat. Es ist jedoch wichtig, zu erkennen, daß die Leute ihre Entscheidungen aufgrund von Erfahrungen in *diesem* Leben treffen sollten. *In* diesem Leben müssen sie *mit* diesem Leben leben. Man ignoriert zum Beispiel die Verbrechen eines heutigen Massenmörders nicht, weil er ein besonders unglückliches Vorleben hatte.

Auskünfte über vergangene Leben sind der allerfruchtbarste Boden für esoterische Scharlatanerie. Jeder Hellseher weiß, daß er die Herzen seiner Klienten oder Freunde gewinnen wird, wenn er ihnen erzählt, daß sie in vergangenen Leben ägyptische Prinzessinnen, Edle des versunkenen Kontinents Atlantis oder Beethoven waren. Eine andere Art, wie man Leute locken und sie beeindrucken kann, ist, daß man ihnen erzählt, sie waren in vergangenen Leben böse und gefährlich und sind deshalb für ihre heutigen

Handlungen nicht verantwortlich. Wir haben viele Leute gesehen, die, als sie entdeckten, daß sie Schwarzmagier oder Militärdiktatoren waren, nicht glücklicher hätten sein können. Andere sind glücklich, zu erfahren, daß sie ausgeplündert und beraubt, als Hexen auf dem Scheiterhaufen verbrannt oder sonst zu Märtyrern gemacht wurden. Die harten Zeiten in ihren vergangenen Leben liefern ihnen willkommenes Futter für den Glauben, daß das Leben schon immer ungerecht zu ihnen gewesen sei und daß es deshalb notwendigerweise so weitergehen müsse.

Mit Karma umzugehen ist im Prinzip eine Sache der Bereitwilligkeit, mit dem gegenwärtigen Augenblick fertig zu werden. Und Amy findet bei ihren Lesungen, daß für jemanden, der sich dazu verpflichtet hat, seine Probleme im Hier und Jetzt zu bewältigen, ein Überblick über karmische Muster und vergangene Leben lehrreich und interessant sein kann.

Manchmal hilft es jemandem, wenn er von einem vergangenen Leben erfährt, das ganz besonders glücklich war. Die Erinnerungen an dieses Leben sind im Gedächtnis des Wesens gespeichert, und das Sprechen über vergangene Leben kann sie dem Menschen ins Bewußtsein rufen. Das tiefe Erinnern an solch eine glückliche Zeit kann jemandem in einer Zeit des Unglücks den Seelenfrieden wiedergeben, oder es kann ihn an die angeborene Fähigkeit seines Wesens zum Glücklichsein erinnern. Oder es kann ihn daran erinnern, daß auf lange Sicht gesehen seine momentanen Probleme nicht so bedeutend sind.

Manchmal wiederholen Leute dasselbe karmische Muster immer und immer wieder, ohne große Fortschritte und ohne Lösung. In solch einem Fall kann ein Einblick in vergangene Leben dem Menschen zeigen, wie sinnlos es ist, dasselbe elende Spiel immer weiter zu spielen.

Bevor du jemandem eine Lesung über vergangene Leben gibst, frage dich, ob er die Information, die du ihm gibst, klug benutzen wird. Es bringt nichts, wenn du jemanden dadurch, daß du ihn auf einen Trip in die ferne Vergangenheit mitnimmst, noch darin unterstützt, vor der Lösung seiner gegenwärtigen Probleme davonzulaufen.

Eine Frage, die neugierige an Vorleben Interessierte häufig stellen, ist: ,,Habe ich meine Frau/meinen Mann/meinen Bruder/ meine Mutter/meine Tochter/meine(n) Geliebte(n) in einem vergangenen Leben schon gekannt?'' Die Antwort ist fast immer ,,ja''. Enge Bekanntschaften sind gewöhnlich karmischer Natur, enge Freunde und Verwandte sind fast immer alte Freunde. Eine nach Amys Erfahrung oft gestellte Frage ist auch: ,,Ist mein(e) kürzlich verstorbene(r) Frau/Mann/Mutter/Vater/usw. gerade als mein Kind wiedergeboren worden?'' Die Antwort lautet gewöhnlich ,,nein''. Die meisten Wesen reinkarnieren nicht so schnell, und die meisten Wesen möchten zwischen karmischen Zyklen, die sie an eine bestimmte Gruppe von Menschen binden, eine Ruhepause einlegen.

Entgegen landläufiger Meinung hatten die meisten Leute sehr viele vergangene Leben, nicht nur eins oder zwei. Wenn du dich also hinsetzt, um jemandes vergangene Leben zu lesen, könnte es Tage dauern.

Wir haben gefunden, daß der Einfluß unserer verschiedenen Leben auf unser gegenwärtiges Leben sich ständig verändert. Die Lehren eines Lebens als Pirat sind jetzt vielleicht ganz nutzlos für dich, während deine Zeit als griechischer Gelehrter dir einen Reichtum an unbewußter Information liefern kann. Alles, was du je in deinen verschiedenen Leben gelernt hast, ist tief in dir gespeichert. Für die meisten Menschen ist dieser Prozeß zwar unbewußt, die Erinnerungen daran erscheinen jedoch in deiner Aura in Form von Bildern und Symbolen, wenn du eine Lehre aus einem vergangenen Leben brauchst.

Ein Hellseher, der eine Aura auf Informationen aus vergangenen Leben untersucht, beobachtet vielleicht eine Szene, die stattfindet, sieht Leute in Kleidern aus anderen Zeiten oder hört sogar ein Gespräch aus alten Zeiten. Oder er kann Symbole in der Aura sehen, die die verschiedenen Leben eines Menschen repräsentieren, etwa eine Lotusblüte für ein Leben als Buddhist oder ein Leben, in dem irgendeine Form von Meditation eine Rolle gespielt hat, ein Kreuz für ein christliches Leben, ein Mandala für ein Leben in Indien oder Tibet usw.

Jemand, der sich für östliche Philosophie oder Meditation interessiert, zieht vielleicht, ohne sich dessen bewußt zu sein, herbei, was er in einem vergangenen Leben im Osten gelernt hat. Es wäre nicht erstaunlich, Bilder aus diesem Teil der Welt in seiner Aura schweben zu sehen. Wenn die Lehren aus dem Osten ihre psychische Wirkung verlieren, verblassen die Bilder und ziehen sich aus der Aura zurück, und an ihrer Stelle erscheinen neue Bilder. Eine Aura kann von Szenen aus einem oder vielen Leben gleichzeitig erfüllt sein, zusätzlich zu Bildern aus unbewältigten Situationen aus dem gegenwärtigen Leben der Person.

Das Lesen vergangener Leben ist wirklich sehr ähnlich wie Aura- oder Chakralesen: Der Schlüssel dazu ist, sich zu entspannen, zu gestatten, daß Eindrücke zu dir kommen — egal wie seltsam oder unerwartet —, und deiner Intuition zu folgen. Mit etwas Übung im übersinnlichen Lesen wirst du wissen, wann es eine gute Idee ist, jemandes Fragen über vergangene Leben zu beantworten, und wann nicht. Du kannst zur Entscheidungshilfe darüber die Ja/Nein-Übung benutzen. Wenn du vergangene Leben lesen möchtest, dann benutze die folgende Übung. Mach die Übung nur mit jemandem, der besonders empfänglich für übersinnliches Lesen zu sein scheint. Für einen Anfänger können vergangene Leben unheimlich sein. Du kannst die Übung auch so verändern, daß du deine eigenen Vorleben lesen kannst.

1. Sitze in der eingangs beschriebenen Grundhaltung.

2. Leere dein Bewußtsein, und konzentriere dich auf die Frage: ,,Was sind die Vorleben, die zu diesem Zeitpunkt in der Aura meines Freundes erscheinen?''

3. Nun schau die Aura deines Freundes an. Laß alle Eindrücke und Bilder zu dir kommen. Frage dich nach einer allgemeinen Zeit- und Ortsangabe für diese Szenen.

4. Frage dich, ob das Vorleben, aus dem die Bilder gekommen sind, für deinen Freund am heutigen Tag irgendeine Bedeutung oder Botschaft hat. Beachte, ob deine Intuition dir sagt, daß jemand aus dem gegenwärtigen Leben deines Freundes auch in diesem vergangenen Leben vorkam, und wenn ja, welches war seine Rolle?

5. Löse diese Bilder auf. Komm aus der Trance.

Nach dieser Übung ist ein besonders guter Zeitpunkt, um einen Witz zu machen oder auf andere Art eure Körper real zu machen.

Voraussagen, Hellsehen und zukünftige Leben

Können wir auch in die Zukunft sehen? Können wir unsere eigene Zukunft voraussagen und auch die anderer Menschen? Solche Fragen werden oft an Geistheiler und Hellseher gestellt. Und wenn du beginnst, an deine übersinnliche Wahrnehmung heranzukommen, fragst du dich vermutlich, ob solche Fähigkeiten in deiner Reichweite liegen. Wenn deine Freunde wissen, daß du deine übersinnlichen Kräfte benutzt, kann es sehr gut sein, daß sie von dir erwarten, daß du ihre Zukunft sehen kannst.

In unserer Sichtweise ist die Zukunft eine fließende, flexible Angelegenheit. Sie ist nicht festgesetzt und besiegelt, ein für allemal definiert, unveränderlich und unwiderruflich vorherbestimmt. Die Zukunft verändert sich *immer*. In jedem Augenblick deines Lebens erschaffst du deine Zukunft, von den kleinsten bis zu den größten Entscheidungen.

Wenn ein Hellseher in deine Zukunft schaut, dann beobachtet er, was du *im Augenblick* für dich geplant hast. Wenn seine Voraussage sich nicht bewahrheitet, dann bedeutet das nicht unbedingt, daß dein Hellseher ein Quacksalber ist; es kann auch heißen, daß du deine Pläne geändert hast, vielleicht sogar, ohne es bewußt zu merken. Oder er hat die Symbole präzise gelesen und sie nach einem System interpretiert, das anders ist als dein eigenes.

Vor einigen Jahren verbrachte Bill den Sommer an der Ostküste und besuchte eine Hellseherin, die unter seinen Freunden einen ausgezeichneten Ruf hatte. Bill fand ihre Auskünfte zum großen Teil außerordentlich zutreffend. Dann fing sie an, seine Zukunft zu lesen. Sie sah ihn zwei weitere Jahre im Osten bleiben, bevor er sich in eine geographisch sehr verschiedene Gegend begab. Er hatte jedoch nicht die Absicht, im Osten zu bleiben, und fuhr am Ende des Sommers wieder nach Kalifornien zurück. Naja, dachte er, da hat sie danebengehauen.

Im Verlauf der zwei Jahre fand Bill jedoch, daß sein Leben von der gleichen Art von Fragen bestimmt war, die ihn während des Sommers im Osten beschäftigt hatten. Und am Ende dieser Zeitspanne fing er an, sich in eine mental und emotional andere Umgebung zu begeben. Die Hellseherin hatte zutreffend gelesen, wo er sich mental befand, hatte es jedoch geographisch falsch interpretiert.

Wenn du in deine eigene Zukunft schaust, sei es in der Meditation oder in Träumen, dann beobachtest du einige der vielen Möglichkeiten, die du für dich aufgestellt hast. Für manche Leute ist das ein Segen, für andere ein Fluch. Es ist jedoch hiermit genauso wie mit irgendeiner anderen übersinnlichen Fähigkeit: du brauchst dich nicht von ihr benutzen zu lassen.

Manche Menschen mit präkognitiven Fähigkeiten neigen dazu, nur negative Dinge vorauszusehen — Katastrophen, Morde usw. Das ist die Wahl, die diese Menschen treffen, wenn sie auch vielleicht meinen, es unterstünde nicht ihrer Kontrolle. Ziemlich oft fragen Leute Amy: ,,Können Sie mir sagen, wann jemand sterben wird?'' Ihre Antwort darauf ist: ,,Ich habe mich bewußt dafür entschieden, jemandes bevorstehenden Tod *nicht* wahrzunehmen. Ich habe das Gefühl, es wäre eine zu große Verantwortung für mich, und ich möchte es lieber nicht wissen.''

Lewis Bostwick hat Amy einmal eine Geschichte über Jeane Dixon, die berühmte Hellseherin, erzählt. Sie rief ihn offenbar weinend an, nachdem John F. Kennedy ermordet worden war, und sagte: ,,Ich hab' immer und immer wieder versucht, das Weiße Haus anzurufen, um ihn zu warnen, aber sie wollten mich nicht durchlassen!'' Lewis' Antwort war: ,,Well, Jeane, vielleicht solltest du nicht durchkommen.''

Es gibt eine feine Trennungslinie zwischen Führung und Einmischung in die Pläne, die ein anderer für sein Leben hat. Amy ist immer vorsichtig, wenn sie gebeten wird, jemandes Zukunft vorauszusehen. Sie hat sehr erfolgreiche Voraussagen gemacht, auch Voraussagen, die sich nie bewahrheitet haben, und hat es auch manchmal abgelehnt, überhaupt irgendwelche Voraussagen zu machen. Wenn ihre Intuition ihr sagt, daß es ihrem Klienten helfen wird, die Trends und Möglichkeiten für seine Zukunft anzuschauen, und wenn sie glaubt, daß er verstehen wird, daß diese Trends Veränderungen unterworfen sind, dann wagt sie sich daran.

Allzuoft sind die Leute jedoch in hohem Maße ,,programmierbar''. Wenn du ihnen sagst: ,,Sie werden Arzt/Rechtsanwalt/Indianerhäuptling werden'', dann gehen sie hin und tun genau das. Es ist eine bequeme Art, die Verantwortung für deine eigenen Entscheidungen zu umgehen, wenn man sagt: ,,Ja also, mein Hellseher hat gesagt, ich muß das und das tun.''

Wenn du das Gefühl hast, du kannst jemandem damit helfen und du möchtest seine Zukunft anschauen, dann vergiß bitte nicht, ihm zu sagen, daß die endgültige Entscheidung immer bei ihm selber liegt.

Wie du dir vielleicht inzwischen schon gedacht hast, muß es, da es ja vergangene Leben gibt, auch zukünftige Leben geben. So ist es tatsächlich, und so seltsam das erscheinen mag — wir alle planen gerade jetzt unsere zukünftigen Leben, genauso wie wir unsere Zukunft in *diesem* Leben planen. Es ist möglich, in der Aura zukünftige Leben zu sehen, ganz ähnlich, wie wir dich gelehrt haben, vergangene Leben zu sehen. Wir raten davon jedoch ab: Es kann dich psychisch verwirren und erschüttern, wenn du zukünftige Leben voraussiehst.

Die Zukunft lesen

Hier sind zwei Übungen, um deine eigene Zukunft zu lesen. Du kannst sie auch benützen, um jemand anderes Zukunft zu lesen.

1. Sitze in der beschriebenen Grundhaltung.

2. Zeichne auf deinen geistigen Bildschirm drei Kreise. Klebe auf den ersten ein Schild mit der Aufschrift ,,sechs Monate'', auf den zweiten eins mit ,,ein Jahr'' und auf den dritten eins mit ,,fünf Jahre''.

3. Denke an drei Dinge, die du gern hättest. Es kann alles sein: ein neues Auto, Rauchen aufgeben, schlank werden, mit deinem Chef zurechtkommen oder etwas anderes.

4. Stelle dir vor, daß deine drei Wünsche sich in die verschiedenen Kreise einordnen. *Stelle* sie nicht in die Kreise, sondern beobachte vielmehr, wie sie hineingehen. In einen Kreis paßt mehr als ein Ding hinein. Schau, was wohin geht, und beachte, wie du dich damit fühlst. Wenn du gern etwas daran ändern möchtest, welcher Wunsch in welchen Kreis gegangen ist, dann schiebe deine Wünsche von einem Kreis in einen anderen. Wenn etwas in keinen der

drei Kreise paßt, dann bitte darum, daß eine Zahl darunter erscheint. Diese Zahl zeigt dir, wie viele Jahre es dauern wird, bis du diesem Wunsch erlaubst, sich zu verwirklichen.

5. Löse die Kreise auf und komm aus der Trance.

Zukünftige Rosen lesen

1. Sitze in der Grundhaltung.

2. Mache auf deinem geistigen Bildschirm eine Rose für dich selber. Untersuche diese Rose. Beachte, was du an ihr magst und was nicht.

3. Mache links von der Rose eine andere. Dies ist die Rose für dich vor sechs Monaten. Beachte die Unterschiede zwischen den beiden Rosen, wenn welche da sind.

4. Mache auf der rechten Seite eine dritte Rose. Dies ist eine Rose für dich in sechs Monaten. Wenn an der Rose irgend etwas ist, das du nicht magst, sei es die Farbe, die Form oder die Größe, dann verändere sie. Löse alle Rosen auf.

5. Mache eine weitere Rose. Es ist eine Rose für dich in einem Jahr. Mache noch eine Rose. Es ist die Rose für dich in fünf Jahren. Mache noch so viele Rosen, wie du möchtest, für so viele Jahre, wie du möchtest. Wenn sie dir nicht gefallen, verändere sie nach deinem Geschmack. Löse all deine Rosen auf, und komm aus der Trance.

Mit Geistführern sprechen

Im zweiten Kapitel dieses Buches sprachen wir über Geistführer beim Heilen, jene körperlosen Helfer, die vielen Heilern bei ihrer

Arbeit helfen. Wir rieten dir, mit solchen Führern nicht ohne die Hilfe eines erfahrenen Hellsehers zu arbeiten.

Es gibt jedoch eine andere Art von Führern, mit denen du ohne große Schwierigkeit oder Gefahr kommunizieren kannst. Jeder Mensch hat mindestens einen Geistführer, der zeitweise in den äußeren Zonen seiner Aura wohnt.

Wie wir schon erwähnt haben, haben Wesen, wenn sie nicht inkarniert sind, auf der astralen Ebene eine Menge Pflichten und Funktionen zu erfüllen. Einer oder mehrere von ihnen entscheiden sich vielleicht dafür, eine Teilzeit- oder auch Ganzzeitarbeit als dein geistiger Ratgeber anzunehmen. Es ist vielleicht eine Überraschung für dich, zu erkennen, daß du immer Gesellschaft hast, denn die meisten Leute kommunizieren niemals *bewußt* mit ihren Geistführern. Der Großteil der Kommunikation findet auf der Astralebene statt, zum Beispiel wenn du schläfst. Manchmal sprechen Leute in verschiedenen ,,kleinen Stimmen'' mit sich selber, besprechen ihre Probleme und Entscheidungen usw. Wenn du findest, daß du das tust, dann sprichst du vielleicht mit deiner ,,inneren Stimme'' (der Stimme deines *Wesens,* nicht der deines *Bewußtseins*); es kann aber auch sein, daß du mit einem deiner Führer eine übersinnliche Kommunikation hast. Wir haben oft von Leuten gehört, die das Gefühl hatten, sie hätten einen Schutzengel oder jemanden, der auf sie aufpaßt — sie spürten die Gegenwart ihrer Geistführer.

Als du dich entschlossen hast, zu inkarnieren und geboren zu werden, war das in der übersinnlichen Gemeinschaft ein glückliches Ereignis. Eine Reihe von Wesen, die auf der Astralebene deine Freunde waren, oder Bekanntschaften aus früheren Leben wohnten diesem Ereignis bei. Von dieser spirituellen Versammlung im Krankenhaussaal blieben ein paar Wesen um dich, um dafür zu sorgen, daß du gesund bleibst, daß du wieder ordentlich mit der physischen Ebene zurechtkommst usw. Sie sind deine Begleiter und Ratgeber. Wenn es jedoch dein Karma war, als Baby krank zu sein, dann konnten deine Führer sich nicht in deine Pläne einmischen, und das bleibt auch während des restlichen Lebens so.

Als du älter wurdest, kamen mehr Geistführer in deine Sphäre. Wenn Menschen erwachsen sind, haben sie durchschnittlich fünf oder sechs Führer. Oft ist einer davon der wichtigste, und alle anderen haben ihr persönliches Gebiet. Zum Beispiel beschäftigt sich vielleicht ein Führer mit deiner Arbeit und Karriere, ein anderer mit deiner Gesundheit, ein anderer mit deiner spirituellen Entwicklung, ein weiterer mit deinen sexuellen Beziehungen usw. Dein ganzes Leben hindurch kommen und gehen deine geistigen Führer, so wie du dich veränderst und deine Bedürfnisse sich ändern. Wenn du eine neue, wichtige und schwierige Aufgabe übernimmst, dann hast du vielleicht genau für die Dauer dieser Aufgabe einen speziellen Führer. Andere Führer können für den größten Teil deines Lebens bei dir bleiben.

Wir werden dir ein paar Übungen geben, um mit deinen Führern in Kontakt zu kommen. Es ist wichtig, noch einmal in Erinnerung zu rufen, was wir schon über die Geistführer beim Heilen gesagt haben: *Die Meinungen dieser Wesen sind nicht immer „richtig" für dich, nur weil es körperlose Führer sind.* Nimm ihre Ratschläge mit Vorbehalt an, wie du es auch bei verkörperten Ratgebern tun würdest. Sie sind da, um dir zu helfen, nicht um dein Leben zu führen.

Es gibt viele verschiedene Arten, um mit deinen Führern und denen anderer Menschen in Kontakt zu treten. Amy sieht Geistführer zu verschiedenen Zeitpunkten auf jeweils andere Weise. Manchmal sieht sie, wenn sie in der Aura eines Menschen nach seinen Geistführern schaut, etwas, das aussieht wie andersfarbige Lichtbälle. Ein andermal sieht sie ein Bild von einer Person. Wenn ein Geist in einer menschlichen Form erscheint, dann hat er sich dafür entschieden, sich in der Gestalt eines seiner liebsten Leben zu präsentieren oder in einer Gestalt, mit der du vielleicht leichter sprechen kannst.

In den Tagen, als Bill zum erstenmal in Kontakt zu seinen Geistführern trat, lernte er auch seinen wichtigsten Führer kennen, der ihm gewöhnlich als großer, breiter alter Mann erschien, in einer Art farblosem, vage grau-grünlichen Gewand. Er sah mehr wie ein riesiger flechtenbewachsener Fels aus. Eines Tages bat Bill seinen Führer, er möge doch in einer Form erscheinen, die er besser erkennen könne, und der Geist zeigte sich als ungefähr dreißigjähriger Mann aus der amerikanischen Kolonialzeit, mit weißer Zopfperücke, Kniestrümpfen und Knickerbockern. Und Bill selber erschien hinter dem Geistführer in Gestalt einer dicklichen, blonden Frau. Offenbar war Bill irgendwann in der letzten Häfte des 18. Jahrhunderts eine Frau gewesen, die Geliebte dieses Mannes, der in diesem Leben Bills wichtigster Geistführer war.

Obwohl ein Geistführer in Wirklichkeit weder männlich noch weiblich ist, noch irgendeiner Nationalität angehört, siehst du ihn vielleicht als einen plumpen Buddha oder als eine elegante Französin oder etwas anderes. Wir wissen von einem Hellseher, dem sein Geistführer als wohlgeformte Blondine in Hot pants erschien. In manchen Kulturen, zum Beispiel bei vielen Indianerstämmen in Nordamerika, werden die Geistführer traditionell in Tiergestalt gesehen.

1. Sitze für ein paar Augenblicke in der Grundhaltung und falte dann die Hände. Das schafft einen geschlossenen Energiekreis.

2. Formuliere im Geiste die Bitte, daß einer deiner Geistführer dir erscheinen möge.

3. Öffne die Hände und schaffe so eine empfangende Haltung, und laß dann deine Eindrücke zu dir kommen. Du siehst vielleicht eine Person, vielleicht auch ein Muster oder eine Farbe. Oder du siehst gar nichts — du *weißt* vielleicht, wie dein Führer aussieht, oder du hörst eine Stimme, die dir ihn oder sie beschreibt.

4. Frage deinen Führer nach einem Namen. Du kannst ihn gesprochen oder auf deinem geistigen Bildschirm gedruckt sehen oder vielleicht *weißt* du ihn.

5. Frage deinen Führer, was seine oder ihre Absicht für dich ist oder was sein oder ihr spezielles Aufgabengebiet ist.

6. Sag danke und auf Wiedersehen, und komm aus der Trance.

Du kannst diesen Vorgang so oft wiederholen, wie du willst, um deine verschiedenen Führer kennenzulernen. Du kannst auch darum bitten, einen bestimmten Führer zu sehen, indem du einfach im Geiste bittest: ,,Ich würde gerne meinen Gesundheitsführer sehen'' usw.

Die folgende Übung dient dazu, von deinen Führern bestimmte Informationen und Ratschläge zu bekommen.

Deine Geistführer um Führung bitten

1. Sitze in der Grundhaltung, die Hände gefaltet. Bilde in deinem Geiste eine Frage. Es kann irgend etwas sein. ,,Sollte ich diesen neuen Job annehmen?'' — ,,Wie kann ich besser mit meinem Freund reden?'' — ,,Kann diese neue Diät, über die ich gelesen habe, mir wirklich helfen?'' — ,,Ist das Buch über Geistheilen, das ich gelesen habe, wirklich Hokuspokus?'' Leere dein Bewußtsein und konzentriere dich auf die Frage.

2. Öffne die Hände, lege sie mit den Handflächen nach oben auf deine Knie, und empfange die Antwort. Höre sie, wisse sie, oder sieh sie als Schrift auf deinem geistigen Bildschirm.

3. Sage deinen Führern danke und auf Wiedersehen, und komm aus der Trance. Mache deinen Körper real.

Beim Auralesen spricht Amy oft mit den Führern ihrer Klienten und bittet sie um Hilfe und Rat für diese. Manchmal gibt es etwas, das sie dem Menschen mitteilen wollen, und sie bitten Amy, es ihm zu sagen. Meist ist es guter Rat, aber Amy ist besonnen und sagt den Führern manchmal: „Nein, tut mir leid, aber ich glaube nicht, daß diese Information angemessen ist."

Um mit den Führern eines anderen Menschen zu sprechen, benutzt du dieselbe Methode, die du in den beiden vorhergehenden Übungen für deine eigenen Führer verwendet hast. Wir haben festgestellt, daß viele Menschen interessiert sind, von ihren Führern zu hören, und es macht dir vielleicht Spaß, deine übersinnlichen Fähigkeiten in dieser Weise anzuwenden.

Heilung außerhalb des Körpers

Heilung außerhalb des Körpers ist eng verwandt mit Heilung in Abwesenheit, wie wir sie in Kapitel 2 besprochen haben. Bei der Heilung in Abwesenheit richtet der Heiler seine Aufmerksamkeit auf das mentale Bild einer Person, die nicht anwesend ist. Bei der Heilung außerhalb des Körpers geht der Astralkörper des Heilers wirklich aus seinem physischen Körper heraus und betritt die Aura desjenigen, den er heilt. Manche Heiler arbeiten lieber außerhalb des Körpers, andere bevorzugen Heilungen in Abwesenheit. Manche Menschen finden, daß ihr hellseherisches Erleben, wenn sie diese Technik benutzen, erhöht ist. Wir kennen ein Medium, eine Frau, die ihren Körper verlassen kann, um Lesungen zu machen, und gleichzeitig ihre freie Zeit ausnützt, um ihren Mann bei der Arbeit und ihre Kinder zu Hause zu besuchen. In einem Experiment, das ihr Gedächtnis im außerkörperlichen Zustand testen sollte, las sie astral in einem Buch, das offen im Nebenzimmer lag. Als sie wieder in ihren Körper zurückkehrte, konnte sie die ersten zwei Abschnitte wörtlich wiedergeben und den Rest der zwei Seiten nacherzählen.

Wir haben die Heilung außerhalb des Körpers in das Kapitel über weiter fortgeschrittene Techniken gestellt, weil sie nicht etwas ist, das du gelegentlich einmal einfach so machst. Du mußt ein deutliches Gefühl dafür haben, wie es ist, *in* deinem Körper zu sein, bevor du anfangen kannst, rein und raus zu gehen. Eine weitere Schwierigkeit bei dieser Arbeit ist, daß du leicht deine Energie in der Aura eines anderen lassen kannst, wenn du nicht aufpaßt.

Diese Übung beginnt mit einem Teil der früheren Übung „In der Ecke des Zimmers sein" (Kapitel 3).

1. Sitze in der Grundhaltung. Versichere dich, daß du gut geerdet bist. Wähle eine Person, die du heilen willst, und halte dich dabei an die Dinge, die wir in Kapitel 2 über das Heilen in Abwesenheit gesagt haben.

2. Sei in der Ecke des Zimmers. Dann sei wieder in der Mitte deines Kopfes. Wiederhole diesen Vorgang dreimal.

3. Sei wieder in der Ecke des Zimmers. Dann sei in irgendeinem anderen Raum des Hauses oder der Wohnung. Fühlt es sich anders an?

4. Gehe von hier auf das Dach des Hauses.

5. Sei als nächstes auf einer Wolke am Himmel.

6. Sei dann in der Aura deines Freundes. Wie fühlt sich das an? Kannst du die Farben der Aura sehen? Erde deinen Freund. Reinige dann seine Aura, indem du kosmische Energie hereinbringst und sie über seine Aura fließen läßt.

7. Gehe ins erste Chakra deines Freundes. Reinige es, so wie du es mit der Aura gemacht hast.

8. Geh eines nach dem anderen die Chakras durch und reinige sie.

9. Wenn in irgendeinem Teil des Körpers deines Freundes eine spezielle Krankheit ist, dann geh in diesen Körperteil und stell dir vor, daß orangefarbene Energie darüberfließt.

10. Sei wieder in der Mitte deines Kopfes.

11. Stelle einen Magneten in deine Aura und ziehe mit ihm jegli-

chen Rest deiner Energie, die vielleicht in der Aura deines Freundes geblieben ist, an dich. Wiederhole den Vorgang in der umgekehrten Richtung.

12. Komm aus der Trance.

Dein Wesen mit deinem Körper bekannt machen

1. Sitze in der Grundhaltung. Laß die Farbe Gold durch dich laufen.

2. Mach eine Rose für dich selbst. Schau sie genau an — ihre Farbe, ihren Duft, ihre Blütenblätter.

3. Mach dort, wo du sonst die Sonne in dein Bild bringst, eine weitere Rose. Dies ist eine Rose für dein Wesen. Betrachte diese Rose eingehend.

4. Bring die zweite Rose herunter auf die erste, und laß die beiden Rosen miteinander verschmelzen.

5. Löse die beiden Rosen auf und komm aus der Trance.

9
Komisches Bewußtsein und karmischer Trost

Zack! Jetzt bist du ein Geistheiler

Während du an dieses letzte Kapitel gehst, fragst du dich vielleicht: „Hab' ich es richtig gemacht? Hab' ich wirklich übersinnliche Fähigkeiten?" Egal, was oder wie du es getan hast, es war richtig. Wenn du die Erwartungen, die du am Anfang dieses Buches hattest, bei weitem übertroffen hast, herzlichen Glückwunsch. Wenn du enttäuscht bist über deine Fortschritte — keine Angst: Einfach durch das Durchführen der Übungen in diesem Buch hast du wundersame kreative Kräfte in dir entzündet. Es wird vielleicht Monate oder sogar viele Jahre dauern, bis das, was du da entzündet hast, sich voll entfaltet.

Wir sind sicher, daß das, was du in diesem Buch gelernt hast, dich dazu befähigen wird, körperliche Leiden zu heilen, zumindest einige der jeweils anfallenden. Wir vertrauen auch darauf, daß deine Lebenserfahrung reicher wird und du mehr Vergnügen an deinen täglichen Aktivitäten haben wirst.

Wie wir schon gesagt haben, Geistheiler sein und deine übersinnlichen Fähigkeiten benutzen liefert dir keine Garantie, daß dein Leben nunmehr in dornenlose Rosen gebettet verlaufen wird. Du wirst aber vielleicht merken, wenn du ein paar der Übungen in diesem Buch anwendest — wenn du dich zum Beispiel erdest und die Energie durch dich laufen läßt und deine Aura und Chakras in gutem und sauberem Zustand hältst —, daß die ,,schlimmen'' Sachen in deinem Leben nicht mehr ganz so schlimm erscheinen werden wie sonst, und die ,,guten'' Sachen werden dir noch besser vorkommen.

Wie wir in den ersten Kapiteln dieses Buches gesagt haben: Du *hast* übersinnliche Kräfte, und du *bist* ein Geistheiler. Das Buch war ein Kurs, um zu erkennen, was *in* deinem Leben schon vorhanden ist, und nicht so sehr einer, der etwas *zu* deinem Leben hinzufügt. Dasselbe trifft auf deine Wahrnehmung zu. Deine Sinne zum Beispiel nehmen immer wahr und nehmen Informationen für dich auf: Deine Augen sehen immer, deine Ohren hören immer, deine Haut fühlt immer, deine Nase riecht immer, dein Mund schmeckt immer. Und deine Emotionen sind immer wach: Du fühlst dich immer glücklich oder traurig oder ruhig oder aufgeregt oder neutral oder sonstwie. Und dein Bewußtsein ist immer wach: Es denkt immer und denkt auch immer darüber, was es denkt. Die meiste Zeit beachten wir die Vorgänge in unseren Sinnen, unseren Emotionen und unserem Intellekt nicht. Sie gehen aber dennoch vor sich; und übersinnlich arbeiten bedeutet, daß du diese Prozesse, die sowieso vor sich gehen, aktivierst und mit ihnen arbeitest.

Wir haben gesagt, es ist nicht ,,wichtiger'', ein Geistheiler zu sein, als es wichtig ist, Arzt, Schriftsteller oder Indianerhäuptling zu sein. Es ist einfach etwas, was man sein kann. Es gibt vieles, was man sein kann, und eines ist nicht ,,besser'' als etwas anderes. Das Leben mit den übersinnlichen Kräften zu leben — zu wissen, daß man sie *hat*, und seine Fähigkeiten in den kleinsten, alltäglichsten Dingen anzuwenden — scheint jedoch wirklich die Wahrnehmung zu erweitern, die Begeisterung fürs Leben zu vergrößern und ganz allgemein das Leben vergnüglicher zu machen.

Wenn du die übersinnliche Seite deines Lebens benutzt, dann belebt dich das und in gewissem Sinne macht es deine Welt größer: Es gibt immer mehr, das man übersinnlich angehen kann, immer mehr zu untersuchen und zu erleben. Soweit wir das beurteilen können, gibt es tatsächlich kein Ende bei diesem Spiel des Lebens.

Übersinnlich mitzuspielen wird bei verschiedenen Menschen viele verschiedene Dinge bewirken. Du entscheidest dich vielleicht dafür, dich aktiv auf übersinnlichen oder spirituellen Gebieten zu betätigen; du findest vielleicht, daß sich in den Interessengebieten, die du schon verfolgst, etwas verändert; du bekommst vielleicht Interesse an neuen kreativen Bereichen, die nicht notwendigerweise übersinnlich sein müssen; oder du findest, daß deine täglichen Beziehungen etwas glatter laufen. Was immer dir geschieht, wir würden gerne davon hören.

Literaturvorschläge

Es gibt viele, viele Bücher über übersinnliche Phänomene und ähnliche ,,Geheimnisse''. Die folgende Liste enthält ein paar Bücher, die wir besonders wertvoll gefunden haben.

Fritjof Capra: Der kosmische Reigen
Carlos Castaneda: Eine andere Wirklichkeit; Die Lehren des Don Juan; Die Reise nach Ixtlan; Der Ring der Kraft; Der zweite Ring der Kraft
Ram Dass: Schrot für die Mühle
Ken Dychtwald: KörperBewußtsein

Ann Faraday: Deine Träume — Schlüssel zur Selbsterkenntnis

Francesca Freemantle und Chögyam Trungpa: Das Tibetanische Totenbuch

Lama Govinda: Der Weg der weißen Wolken

G. I. Gurdjieff: Begegnungen mit bemerkenswerten Menschen

Eugen Herrigel: Zen und die Kunst des Bogenschießens; Der Zen-Weg

L. Ron Hubbard: Dianetik

Aldous Huxley: Die Pforten der Wahrnehmung

Richard Wilhelm (Übers.): I Ging

William James: Die Vielfalt religiöser Erfahrung

Don Johnson: Rolfing — und die menschliche Flexibilität

Stanley Keleman: Dein Körper formt dein Selbst

R. D. Laing: Phänomenologie der Erfahrung; Das geteilte Selbst

Timothy Leary: Exo-Psychologie

Lawrence Leshan: Meditation als Lebenshilfe

John Lilly: Das Zentrum des Zyklons

Robert A. Monroe: Der Mann mit den zwei Leben. Reisen außerhalb des Körpers

Raymond A. Moody: Leben nach dem Tod

Sheila Ostrander und Lynn Schroeder: PSI

P. D. Ouspensky: Auf der Suche nach dem Wunderbaren

Bhagwan Shree Rajneesh: Das Buch der Geheimnisse

Jane Roberts: Gespräche mit Seth; Die Natur der Psyche

Idries Shah: Die Sufis; Abenteuer des Mulla Nasrudin

Alfred Stelter: PSI-Heilung

Bob Toben: Raum-Zeit und erweitertes Bewußtsein

Alan W. Watts: Zen

John Pierrakos
CORE ENERGETIK
Zentrum Deiner Lebenskraft

Dr. med. Pierrakos' therapeutischer Ansatz basiert auf: 1. Der Mensch ist eine psycho-somatische Einheit. 2. Die Quelle der Heilung liegt im Selbst. 3. Alles Existierende bildet eine Einheit.

Über die Weiterentwicklung des Reichschen Therapieansatzes, in Verbindung mit den Erkenntnissen der neuen Physik und unter Einbeziehung seiner geistig/spirituellen Erfahrungen entwickelte Pierrakos sein Konzept der Core-Energetik, einer Therapie zur Entwicklung des Zentrums der menschlichen Lebenskraft.

Die Pulsation des Lebens bleibt in diesem Buch nicht nur ein philosophisches Gebäude. Dr. Pierrakos verdeutlicht uns die Wahrnehmung der menschlichen Energiezentren (Chakren) und der verschiedenen uns umgebenden Energiefelder (Auren). Unter Angabe der Pulsationsfrequenzen und Beschreibung der Zusammenhänge zu Tieren, Pflanzen und Mineralien stellt er diese in einen direkten Bezug zum universellen Lebensablauf. Mit seiner Erfahrung als Arzt, Körpertherapeut und seinen Energiefeldforschungen entwickelte Dr. Pierrakos ein therapeutisches System der Diagnose und energetischen Behandlung.

Dr. J. Pierrakos, Schüler und Mitarbeiter von Wilhelm Reich, ist mit Dr. A. Lowen Mitbegründer der Bioenergetik. Die Weiterentwicklung führte ihn zur Core-Energetik. Heute forscht, lehrt und praktiziert Dr. Pierrakos weltweit mit seinem »Institute of Core Energetics« in New York.

320 Seiten, gebunden, zahlr. Vierfarbabb. der Energiefelder des Menschen
ISBN 3-922026-74-5

John C. Pierrakos
Eros, Liebe & Sexualität
Die Psychologie der Beziehungen

Wenn wir zulassen, daß die Liebe unser Leben durchströmt, spüren wir in unserem Körper eine starke organische Reaktion: Unsere Atmung wird tiefer, unser Herz wird weiter, unser Puls stärker. Der Zustand der Liebe stärkt unseren Körper und unsere Emotionen, wir öffnen uns neuen Perspektiven und werden von einer göttlichen Energie durchtränkt, einer Energie, die die gesamte Existenz durchströmt.

128 Seiten, kart., ISBN 3-922026-90-7

Ron Kurtz
Körperzentrierte Psychotherapie
Die Hakomi-Methode

Körper und Bewegungen eines Menschen drücken zentrale Anschauungen, Selbstkonzepte, Bedürfnisse, Gefühle und Besonderheiten seines Daseins aus. Psychologische Informationen formen den Körper. In Anerkennung dieser Verbindung (Körper/Geist-Einheit) beginnt die Methode mit dem Körper.

Wir sehen uns Charakteristisches an: Form, Energie, Bewegungen, die Beziehung zur Schwerkraft, und wir benutzen diese Informationen als ein Mittel, mit den Erinnerungen und Anschauungen in Verbindung zu kommen, die die Qualität unserer heutigen Erfahrungen bestimmen. Dabei wollen wir jene emotionalen Kräfte wiedererwecken, die den Körper und die Anschauungen eines Menschen über sich und die Welt ursprünglich geformt haben. Ziel ist es, »nach innen zu gehen«, um das tiefe, oft verborgene eigene Selbst zu entdecken.

Besonderes Kennzeichen der Hakomi-Methode ist die genaue Anwendung der buddhistischen Prinzipien von *Innerer Achtsamkeit* – die Aufmerksamkeit wird auf das gelenkt, was jetzt genau innen vor sich geht – und *Gewaltlosigkeit* – wir unterstützen Abwehr und spontanes Verhalten, lassen entwickeln, anstatt zu konfrontieren und zu bekämpfen.

Durch genaues, langsames und sanftes Arbeiten schaffen wir eine sichere und stützende Atmosphäre, in der Wachstum und Veränderung möglich werden.
Mit den vollständigen Tabellen zum Körperlesen.
320 Seiten, kart., ISBN 3-922026-66-4

Malcolm Brown
Die heilende Berührung
Organismische Psychotherapie

Dieses Buch führt zu theoretischer Klarheit und zum praktischen Verständnis einer Yin/Yang-Körpertherapiemethode, eingebettet in eine grundlegende, humanistische, tiefgehende Art der Behandlung.

Andere Körpertherapien konzentrieren sich überwiegend auf die körperliche Energie, ihre Auf- und Entladung im eigenen System. In dieser mechanistischen Vorstellung spielten die Psyche und Seele jedoch kaum noch eine Rolle zur Heilung der neurotischen Person.

Beeinflußt durch C.G. Jung, A. Maslow, E. Neumann, C. Rogers und D.H. Lawrence entwickelte Brown seine Methode der Lösung der chronischen Muskelspannung und der Reaktivierung der natürlichen geistig/spirituellen Polaritäten der verkörperten Seele und transzendierten Psyche.

Dieses Buch gibt eine neue, tiefere Einsicht in die Zusammenhänge von Persönlichkeitsstruktur und geistigem Wachstum und bringt diese komplexen Strukturen auf organismischer Ebene zu ihrer ursprünglichen Theorie: der dynamischen Polarität.

336 Seiten, geb., ISBN 3-922026-17-4

Gerda & Mona-Lisa Boyesen
Biodynamik des Lebens
Die Gerda-Boyesen-Methode – Grundlage der biodynamischen Psychologie

Jeder Körper reagiert in einer Streßsituation mit Anspannung, aus der der gesunde Körper wieder zu seinem Gleichgewicht zurückfindet. Oft geschieht dies jedoch nicht: Hervorgerufene Gefühle oder Ängste werden nicht ausreichend abgebaut oder verarbeitet, und wir verharren in einem unausgeglichenem Zustand. Die Selbstregulation unseres Organismus findet nicht statt, das Ungleichgewicht manifestiert sich in den Muskeln und unseren inneren Organen; besonders dem Verdauungstrakt. Dieser ist das Hauptregulans für die Freilassung nervöser Energien und besitzt damit die Fähigkeit, Neurosen »zu verdauen« und das vitale Energiegleichgewicht im Organismus zu regeln.

Mit dieser Erkenntnis entwickelte Gerda Boyesen in ihrer klinischen Arbeit die Methode der biodynamischen Psychologie, in der sie die Freudsche Psychoanalyse und die dynamische Physiotherapie mit der Vegetotherapie und Orgontherapie W. Reichs zu einer Synthese vereinte und damit die biologische Basis der Psychodynamik legte.

200 Seiten, kart., ISBN 3-922026-16-8

Burkhard Schroeder
AtemEkstase – Rebirthing

Rebirthing ist eine wirkungsvolle Methode zur körperlichen, emotionalen und geistigen Reinigung und ein effektiver Weg persönlichen Wachstums. Ein gewaltloser Weg, der dich lehrt, deiner Energie zu vertrauen, mit ihr zu fließen, loszulassen, zu tun durch Nicht-Tun. Dein Atem wird dir helfen herauszufinden, wer du bist, dich anzunehmen und dein Herz zu öffnen für Schönheit und Ruhe, Lebendigkeit und Lebensfreude.
128 Seiten, kart., ISBN 3-922026-43-5

Mary E. Loomis
Tochter ihres Vaters
Wenn Frauen in einer Welt der Männer Erfolg haben

Die Tochter übernimmt die Werte ihres Vaters im Glauben, es seien ihre eigenen, und hinterfragt sie somit nicht. Sie lebt damit, ihrem Vater zu gefallen, und er unterstützt sie darin. Sie ist bemüht, das Wunschbild ihres Vaters zu erfüllen, um sich seine Liebe und Bestätigung zu sichern.

In *Tochter ihres Vaters* deckt Mary E. Loomis den inneren Preis auf, den die meisten Frauen zahlen, um den Erwartungen und Erfolgskriterien der männlichen Welt gerecht zu werden. Mit ihrer Erfahrung als Jungsche Therapeutin zeigt sie auf, wie Frauen die Fesseln lösen, ihre verborgene Scham überwinden und damit ihren eigenen Weg finden können.

Ein Wegweiser zur Individuation und Ganzwerdung.
160 Seiten, kart., ISBN 3-922026-81-8

Eva Pierrakos
Bereit sein für die Liebe
Das weibliche und männliche Prinzip und die Illusion der Getrenntheit
– Das Pfadbuch der Beziehungen

Warum sehen wir so selten eine wahrhaft lebendige, langwährende Beziehung voller Harmonie und Freude? Warum sehen wir so selten eine Beziehung, in der liebende Annahme und Vertrauen ineinander auch in Zeiten der Herausforderungen im Leben zu einer Vertiefung der Bindung und des Gefühls zueinander führen?

Bereit sein für die Liebe vermittelt außerordentliche Einsichten in das Wesen unserer unvermeidlichen Beziehungsschwierigkeiten und hilft uns, sie zu überwinden und lebenssprühende Partnerschaften zu formen. Dieses Buch beantwortet mit großem Mitgefühl praktische Fragen zur Sexualität und Spiritualität, zur Scheidung, Angst vor Nähe, der Erschaffung von Gegenseitigkeit und der Kunst, den Funken am Leben zu erhalten.

256 Seiten, kart., ISBN 3-89060-89-3

Reuben Amber
Farbe ist Leben
Ein praktisches Arbeitsbuch zur Heilung mit Farbschwingungen

Farbe ist Schwingung. Sie steht in kontinuierlichem Wirkungsfeld mit uns und durchdringt unser Sein.

Reuben Amber gibt genaue Anweisungen zur Diagnose und Anwendung von Farbe im Umfeld des Menschen, zur Behandlung von Nahrung, Auswahl von Kleidern und Licht, Heilanwendung mit Farbe und zu ihren Auswirkungen auf die Energiefelder, Auras und Chakren. Besonders das Kapitel zur Behandlung spezieller Krankheiten mit den ihnen zugeordneten Farben gibt Ihnen in seiner Einsicht und Ausführlichkeit einen kreativen Ansatz zur praktischen Anwendung und Therapie.

288 Seiten, geb., ISBN 3-922026-79-6

Thomas Armstrong
Ich bin Seele, Geist und Körper
Entwicklungskraft und Potential Ihres Kindes

Kindheit repräsentiert im weiteren Sinne den Zustand des Heilens in uns allen – den Zustand der Einheit. Dennoch bewegt sich das Kind in zwei Entwicklungslinien: Zum einen wächst es auf dieser Welt, paßt sich zunehmend seiner Kultur an und bindet sich in diese ein; zum anderen erinnert es sich seiner göttlichen Ursprünge. Werden beide Bewegungen unterstützt und bleiben die Strömungen ungehindert, so formen sie das wahre Wesen des Kindes. Es gehört sowohl zum Himmel wie zur Erde, und es tritt als Brücke zwischen Licht und Dunkel, Körper und Geist, Ich und Selbst, Mensch und Gott in unser Leben.

»Es ist eines der wichtigsten Bücher auf diesem Gebiet .« (Chris Griscom)
192 Seiten, kart., ISBN 3-89060-59-1

Peggy J. Jenkins
Spiritualität für Kinder & Eltern
50 praktische Anleitungen zur Erfahrung

Kinder, die ein gesundes Gleichgewicht von Verstand und Seele entwickeln, werden Erwachsene mit einer höheren Selbstachtung und einer größeren Fähigkeit, sich den Herausforderungen des Lebens zu stellen. Sie entwickeln eine stärkere Harmonie mit sich und anderen. Viele Eltern möchten das spirituelle Bewußtsein ihrer Kinder entfalten, finden aber keine praktischen Anleitungen dazu. *Spiritualität für Kinder & Eltern* bietet eine Vielzahl von einfachen Lektionen, und jede davon kann man in weniger als 10 Minuten mit den Kindern ausführen.

Die Anleitungen basieren auf universellen Prinzipien, die ungeachtet des Landes, der Kultur oder Religion überall gültig sind.

160 Seiten, kart., ISBN 3-922026-86-9

Reinhard Flatischler
TA KE TI NA
Der Weg zum Rhythmus

Rhythmus ist die Kraft hinter allen Dingen. Sie vereint die unterschiedlichsten Gebiete des Lebens. Rhythmus schenkt uns Vertrauen ins Leben und in uns selbst.

TA KE TI NA ist der Weg, auf dem alle Aspekte von Rhythmus als Einheit erfahren werden. Es ist eine Synthese aus dem rhythmischen Wissen vieler Kulturkreise und zeigt in konsequenter Systematik, wie Rhythmus für jedermann erlernbar ist.

180 Seiten, kart,. illustriert, ISBN 3-922026-48-6 Buch

David V. Tansley
Radionik
Energetische Diagnose und Behandlung

Radionik ist ein System der Diagnose und Behandlung, das die menschliche Fähigkeit der übersinnlichen Wahrnehmung direkt mit einbezieht, um somit die tiefliegende Bedeutung der Krankheit in einem lebenden Organismus zu erkennen.

Radionik kann in jeder Therapieform praktiziert werden. Überwiegend wird sie in Verbindung mit Homöopathie, Schüssler-Salzen und der Bach-Blüten-Therapie angewandt. Radionik ist ein sanfter Ansatz zur Heilung, frei von den unliebsamen Nebeneffekten der herkömmlichen medikamentösen Therapie.

100 Seiten, kart,. illustriert, ISBN 3-922026-44-3

*J*EMANDEN LIEBEN,
DAS HEISST,
IHN ZUM LEBEN
FÜHREN,
SEIN WACHSTUM
HERAUSFORDERN.

– Die Essenz unseres Verlages

Weitere Informationen zu Büchern und Seminaren erhalten Sie von:

SYNTHESIS

Postfach 14 32 06 · D - 45262 Essen · Fax 02 01 - 51 10 49

e-mail: Synthesis@Synthesis-Verlag.com · www.Synthesis-Verlag.com